ものが語る歴史　3
方形周溝墓の再発見
福田　聖

同成社

はじめに

　方形周溝墓は本州島における弥生時代の代表的な墓制である。検出件数も膨大な数に上り、1964年の大場磐雄博士の命名以来、考古学の俎上にのってからの時間の短さにもかかわらず、多くの研究成果が蓄積され、かなりの部分が明らかになっているかのようである。

　研究としての安定的地位を占めたかにみえるなかで、及川良彦氏や伊藤敏行氏によって、後に述べる現在の方形周溝墓研究に関する疑義が提出された。

　私はこれまで方形周溝墓に関していくつかの小文を提出し、現在の研究の不備について取り上げてきたが、両氏の疑義はその意図は別にして、方形周溝墓研究の上で私のそれをはるかに凌ぐ先鋭的なものであった。

　とくに及川氏の疑義の対象は私のフィールドとしてきた地域と重なるものであり、私にとってその衝撃はかなり大きなものであった。両氏の疑義を受ける形で、作業に着手した私は、これまで方形周溝墓について自明と考えられてきたことが何ら明らかでないことを思い知らされ、従来の研究とは異なる方向を模索しはじめることになる。

　本書は、その模索の一つとして、方形周溝墓の持つ要素の個々や、要素間の関係を比較・検討し、方形周溝墓とは何かを探る試みである。

目　次

はじめに

第Ⅰ部　方形周溝墓の条件……………………………………5

序章　疑義の提起……………………………………………………6
　1．疑義の提起／6
　2．検討の範囲／8

第1章　良好な方形周溝墓の様相…………………………………18
　1．大宮台地の方形周溝墓／18
　2．比企丘陵と東松山台地／36
　3．江南台地／44
　4．児玉地域／45
　5．武蔵野台地／55
　6．荒川低地／59
　7．入西遺跡群／67
　8．それ以外の低地／78

第2章　方形周溝墓認定の目安……………………………………81
　1．台地・丘陵の方形周溝墓の各要素／81
　2．低地の方形周溝墓の各要素／84
　3．台地の周溝墓と低地の周溝墓／87
　4．方形周溝墓認定の目安／90

第3章　方形周溝墓と「周溝を有する建物跡」…………………92
　1．周溝を有する建物跡／92
　2．方形周溝墓と周溝を有する建物跡／104
　3．大久保領家片町遺跡の方形周溝墓と建物跡／106

第4章　条件の決定不能……………………………………………… 113

第Ⅱ部　方形周溝墓の再発見……………………………………… 117

第1章　再発見への視座…………………………………………………… 118
　1．相似と相違／118
　2．方形周溝墓研究と土器研究／129

第2章　方形周溝墓の「型式」試論……………………………………… 132
　1．平面形と群構成についてのこれまでの研究／132
　2．平面形と群構成／149
　3．方形周溝墓の「型式」／174

第3章　方形周溝墓の「区画」………………………………………… 180
　1．周溝という「区画」をめぐって／180
　2．「区画」の内部の評価／189
　3．「死」の隠蔽／190

おわりに――方形周溝墓研究の可能性――…………………………… 192

参考・引用文献／198

あとがき／206

装丁・吉永聖児
カバー写真・広面遺跡6号周溝墓
（埼玉県立埋蔵文化財センター提供）

第Ⅰ部　方形周溝墓の条件

序章　疑義の提起

1. 疑義の提起

　方形周溝墓の研究は墓制として認定された当初から、弥生時代と古墳時代を繋ぐ位置を与えられてきた。現在にいたるまで、常に初期国家成立以前の階級社会を具現するものとして取り扱われている。その結果、研究の力点は階級社会の長が初期国家の長にいかにして成長していくのか、世帯や共同体といった単語を駆使して、方形周溝墓がどのようにそれを体現しているのか明らかにすることに置かれ、多くの論文が提出されている。このような研究の動向は、弥生時代から古墳時代の社会の政治的な力関係を理解するのに大きな成果をあげてきた。その一方で、そういった階級的象徴としての理解は、遺構そのものに対する検討を逆に妨げてきたともいえる。

　本書は、この多くの研究成果を批評することが目的ではないので、ここでは近年の代表的なもの、とくに方形周溝墓という遺構そのものを取り扱った本書の内容に大きくかかわるものに限って取り上げるに留めたい。

　方形周溝墓の研究において遺構の検討が本格的に行われた論文は、伊藤敏行の「東京湾西岸流域における方形周溝墓の研究」(伊藤1986・1988)が初めてである。このなかで伊藤は、方形周溝墓の中心埋葬施設、周溝内の溝中土坑をはじめとする諸施設、出土遺物、群構成、立地といったおよそ方形周溝墓を巡るほとんどの問題を取り扱っている。「遺構」としての方形周溝墓の体系的・網羅的研究として高く評価できるものである。

　現在の方形周溝墓の研究は、先にあげた社会構成史的な検討の方向と、伊藤によって先鞭がつけられた遺構としての検討の方向の二つの大きな流れがあるように思われる。

1996年に、山岸良二が編者となって私を含む21名によって共同執筆された『関東の方形周溝墓』(山岸1996)は、最も網羅的に方形周溝墓が検討されたものである。関東地方1都6県の1996年段階で知られている方形周溝墓のほぼすべてが網羅されており、現在行われている方形周溝墓研究の到達点を示している。

　上述の研究は、方形周溝墓を安定した自明な墓制として取り扱ったもので、この段階では方形周溝墓研究の確実な方向性が示されたかにみえた。この安泰ともいえる状況に一石を投じたのが、及川良彦の「関東地方の低地遺跡の再検討」(及川1998)、飯島義雄の「古墳時代前期における『周溝をもつ建物跡』の意義」(飯島1998)、伊藤敏行の「方形周溝墓研究の現状と課題」と題する発表である。

　及川は、東京低地・荒川低地を中心とする低地域の、従来何の疑いもなく「方形周溝墓」とされていた遺構の大部分が、東海・北陸地方で多くみられる「周溝を有する建物跡」であることを指摘した。

　飯島は、及川同様に北陸地方や前橋台地の群馬県玉村町上之手八王子遺跡の「周溝を有する建物跡」を参考に、熊谷市小敷田遺跡の方形周溝墓とされていた遺構が「周溝を有する建物跡」であることを指摘した。

　及川、飯島両氏の論考は、方形周溝墓に対する安直な決めつけを排除したものとみることができる。

　伊藤の発表は、1998年9月法政考古学会にて行われたものである。このなかで伊藤は、伊丹徹が1992年の「西相模の3・4世紀　方形周溝墓をめぐって」のシンポジウムの席上で、大場磐雄の宇津木向原遺跡に関する所見をもとに設定した方形周溝墓の「規定」(伊丹1992)が既に無効であると述べた。加えて山岸が『関東の方形周溝墓』で提起した〈①「方形周溝墓」の当地方における出現時期は、②「方形周溝墓」の伝播ルート、③「方形周溝墓」保有集団の実態は「水稲農耕」集団か、④「方形周溝墓」のもつ祭祀形態は、⑤「方形周溝墓」に埋葬された層の集団内的位置は、⑥「方形周溝墓」群造の意図は、⑦「方形周溝墓」個別形態の差異がもつ意味は、⑧「方形周溝墓」と「弥生墳丘墓」

例えば神門墳墓群などとの関係は、⑨「方形周溝墓」と出現期前方後円墳との関係は、⑩「方形周溝墓」の造墓が途絶えるのは〉という今日的問題点（山岸1996、p.5）が何ら解明されていないと言明し、地道な検討からの再検討の時期に来ていると説いている。

　及川・飯島・伊藤の発表・論文は、研究の現状を打開しようとする強い意思表示ともいえよう。私も、これまで提出してきた小文で研究の偏向につい述べてきたが、フィールドをほぼ同じくする3氏の発表と論文は、大きな衝撃であった。現在まで、私が自明と思っていたすべての事柄が何ら明らかでないという前提のもとに、すべてをこれからはじめなければならない。

　今、われわれに突きつけられているのは、方形周溝墓とは何か、方形周溝墓を認定する条件はあるのか、方形周溝墓は何によって支えられているかというこという問いである。本書はこの問いに対する答えへの、私の試みである。

2. 検討の範囲

　本州島の弥生時代から古墳時代前期の代表的墓制である方形周溝墓について、1の問いを考える際に、既に10,000例を超えるそのすべてについて考えることは到底できない。また、まったくみたこともない地域の例をもとに、この問題を考えることは難しく、有効性も乏しいと思われる。

　そこでこの問題について検討する範囲として、とりあえず私のフィールドである埼玉県を中心とする関東地方の中央域、大宮台地、武蔵野台地、比企地域、江南台地、児玉地域、荒川低地等の低地に限定して取扱うことにしたい（第1図）。

　時期については、当初弥生時代中期からと考えたが、資料数がごく限られることから、最も多くの例が認められる弥生時代終末から古墳時代前期の例に限りたい[1]。埼玉県内の弥生時代後期から古墳時代前期の土器編年は古くは横川好富（横川1982）の、最近では書上元博（書上1995）のものが知られている。また、埼玉県内の方形周溝墓の出土土器については、柿沼幹夫による詳細な編

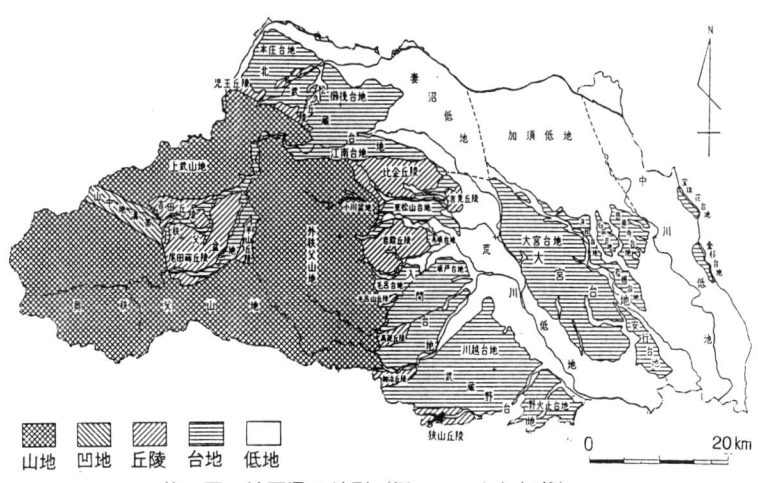

第1図　埼玉県の地形（堀口1986より転載）

年が行われている（柿沼1996）。いずれもが、それぞれ論拠があり、詳細なものではあるが、編年に当たっての考え方が私とは異なるため、ここでは私が現在用いている時期区分を用いる。なお、本書は私の土器論を開陳することが目的ではないので、概略について述べるにとどめたい[2]。

　私は、現在当該期の土器群に大きく2つの画期があると考え、5期に分けて考えている（福田1998）（第2～5図）。この画期は特定器種が器種組成に加わることによって特徴づけられるものではなく、土器作りの全体的方法に関わるものである。全体を特徴づけるものとしては、組み合わせ成形手法と球形胴の器形があげられる。

　第1の画期（1期）は組み合わせ成形手法の本格的採用にある。弥生時代後期の土器と終末期の土器を分けるもので、連綿と続いてきた連続成形手法からの転換という土器作りのうえで最も大きな節目である。背景には、「く」の字状口縁台付甕の東海地方東部の土器群との交流が予想される。しかし、東海地方の土器と当地域の土器では実測図では同様でも、実際にはまったく異なっており、直接の交流ではないことも明らかで、現状では可能性に留めたい。組み合わせ成形手法採用の詳細については別に譲り、ここでは、採用のみを確認

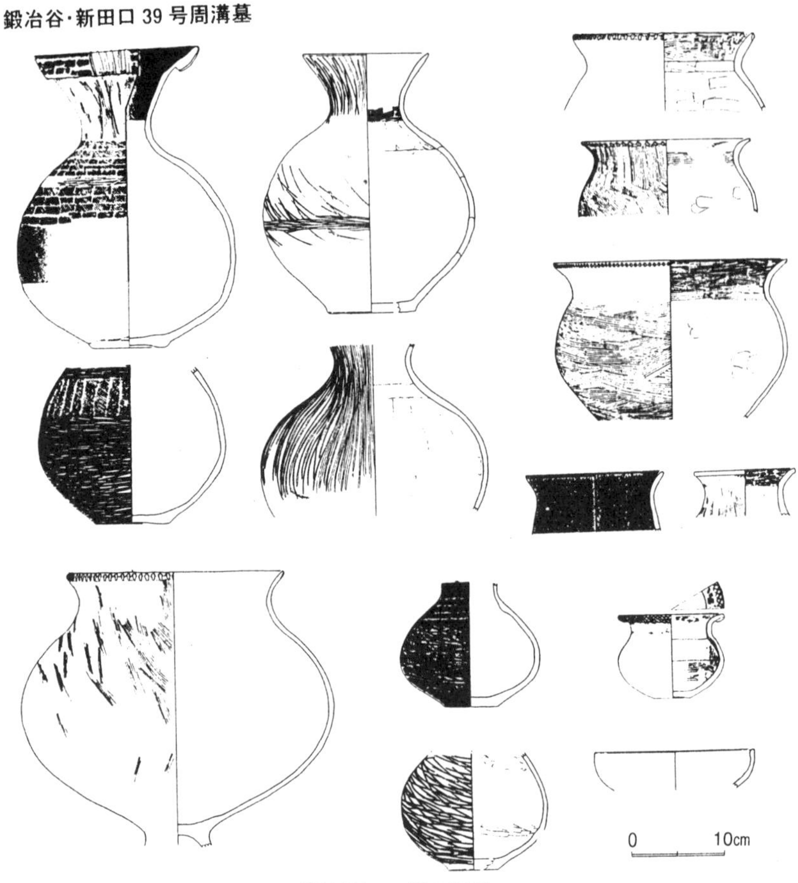

10　第Ⅰ部　方形周溝墓の条件

鍛冶谷・新田口 39 号周溝墓

第 2 図　1 期の資料

しておく。これ以後の土器作りは部分の組み合わせによって行われるようになる。いわば部分の構想の集合によって一つの土器が形作られるようになるわけである。この部分の組み合わせ、構想の集合は個体差を増幅させる起因となり、第 2 の画期までの間、部分を交換、組み合わせることにより、実にさまざまな土器が作られている。

　また、石坂俊郎氏が大宮台地の特徴として指摘するように、弥生時代以来の縄文施文の壺も長く残り、一部 4 期まで認められる（石坂ほか1997）。

序章　疑義の提起　11

鍛冶谷・新田口 48 号周溝墓

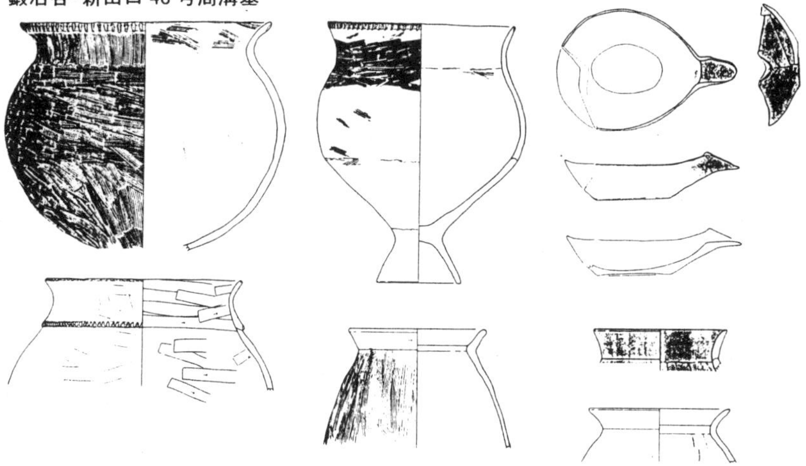

鍛冶谷・新田口 12 号周溝墓

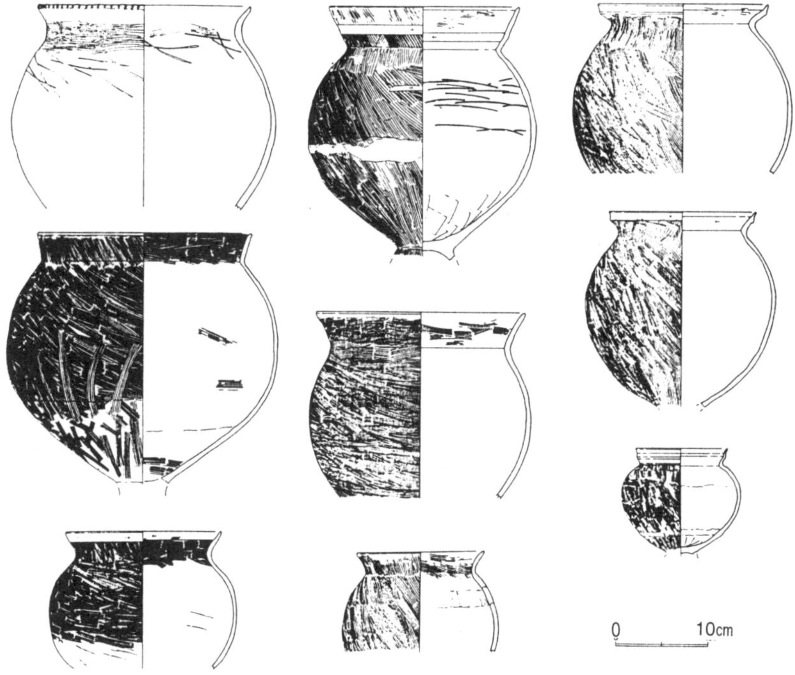

0　　10cm

第3図　2期の資料

12　第Ⅰ部　方形周溝墓の条件

2期（鍛冶谷・新田口12号周溝墓）

3期（鍛冶谷・新田口4号住居跡）

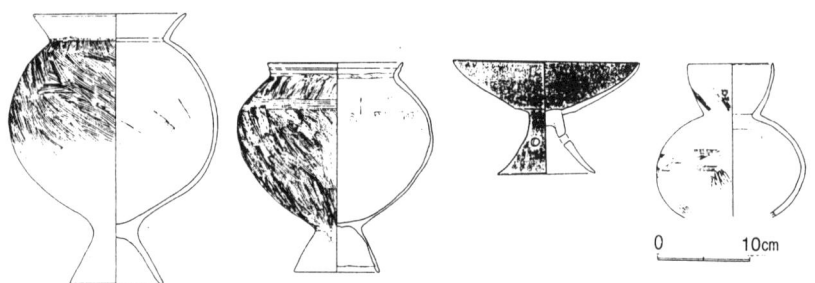

第4図　2・3期の資料

鍛冶谷・新田口 76 号周溝墓

第5図　4期の資料

第1の画期以後第2の画期までの間、土器作り全体に関わる方法的転換は認められない。

　2期には、下膨れ傾向だった器形が、その形態を離れ、球形胴傾向のさまざまな形態が現れる。

　3期は、球形胴の段階である。口縁部も球形を際立たせるかのように、直線的に大きく開くものが多い。この段階で第1の画期以後続いてきた組み合わせ成形手法を用いた球形胴化は一応その到達点に達したかのようである。

　第2の画期は球形胴の到達後にあり、部分の構想の集合であった土器群が、組み合わせ成形手法をとりつつも土器の全体を構想する方向へと向かいはじめる。球形胴から長胴への器形の志向、器壁の均一な厚さがそれを現している。また、この画期とほぼ同時かやや遅れて組成に柱状の脚部を持つ高坏が加わる。

　4期は、球形胴の土器群を基本とするが、長胴化した器形の一群が加わる段階である。

　5期は、球形胴のものもあるが長胴のものが大部分である。球形胴のものは口縁部のしまりが3・4期ほどではない。高坏・器台は径に対して器高が高いものである。器台の出土土器に占める割合はごく小さい。

　新器種については、器台が第1の画期よりやや遅れて、小型丸底土器は2～3期に組成に加わるようになるが、遺跡によって遅速があり一様ではない。背景には、外来的な要素の取り込み方と組み合わせ成形手法による部分の取り扱いの密接な関わりがある。

　この時期の関東地方に東海地方西部系を中心に多くの外来系土器がみられるのはよく知られるところで、本書の対象地域にも多くの外来系土器がみられる。しかし、搬入品と考えられるものは1点もなく、すべてが模倣されたものである。模倣についても巧拙さまざまで、系譜を云々するのに躊躇するものも少なからずある。県南地方のS字状口縁台付甕（以下S字甕と呼称）を例にすると、S字甕であると認識できる特徴は口縁部に認められるのみである。胴部以下については、忠実な模倣を試みているものも少数あるが、ほとんどのものは在来の台付甕と何ら変わらない。このことは模倣の際に口縁部が重視された結果、

つまりS字甕≒口縁部という認識を示している。さらに、口縁端部の形態もそのシャープさと時間軸の関係は一様でなく、口縁部のS字という形態が単なる情報の一つにしか過ぎないことがわかる。このように考えると、埼玉県南部のS字甕はあくまで在来の甕を基本に、情報を一部選択的に取り込み、部分を交換することによって製作されているといえよう。同様の態度は北陸地方の5の字状口縁甕、畿内のタタキ甕等の外来系といわれる土器の模倣においても認められる。また、東海地方等の遠方のものに限らず、縄文に附加条風のものが認められるのは常陸方面との、ナデ甕や粘土の積み上げ痕を残す甕の存在は上総との交流の結果を示すものと考えられる。それらの土器の模倣においても基本的な態度は変わらないようである。

　次に各期の概要について述べる。なお、第2～5図に掲載した資料については、各時期の資料が継続して出土している戸田市鍛冶谷・新田口遺跡（西口1986）の資料を掲載した。

　1期は、鍛冶谷・新田口遺跡39号方形周溝墓、浦和市本村Ⅳ遺跡方形周溝墓（高山1985）、本村Ⅷ遺跡1号住居跡（山田1990）の資料に代表されるものである。器種は複合口縁壺、素口縁壺、台付甕、高坏、鉢があり、組成は前段階と同様である。複合口縁壺は縄文が施文され、区画として沈線、S字状結節が施されるものと無区画のものがある。文様帯は頚部から胴部上位にかけての1段だが、2段のものも少数認められる。浦和市井沼方遺跡12号周溝墓（柳田・小倉1994）では、沈線、S字状結節、無区画のものが伴出しており、区画が新旧を示す直接の指標にならないことを示している。口縁部の複合部の外面には棒状浮文、頚部には円形浮文が貼付されているが、本村Ⅳ遺跡方形周溝墓では、円形朱文が施されている。台付甕は刷毛目調整のものとナデ調整のものがある。後期からの連続成形に加えて、組み合わせ成形手法が一定の割合を占めるようになる。外面刷毛目調整のものは、胴部の刷毛目が横位のものに加えて、縦方向のものが認められる。特徴的なものとして、胴部中位が大きく膨らむ甕がある。鍛冶谷・新田口遺跡39号周溝墓や戸田市上戸田本村遺跡1号溝等で認められ、調整はいずれもナデもしくは不明瞭な刷毛目により行われている。

2期は、鍛冶谷・新田口遺跡12号周溝墓、48号周溝墓、戸田市南原遺跡7号周溝墓（塩野・伊藤1972）、浦和市大久保領家片町遺跡23号周溝墓（山田・近藤・岩井1996）の資料に代表されるものである。器種は複合口縁壺、素口縁壺、台付甕、平底の甕、高坏、器台、鉢があり、この時期から明瞭に器台が組成の一部に加わる。また、高坏も東海系の高坏が主体となる。複合口縁壺は縄文が施文されるものと無文のものがある。縄文があるものは一段の羽状縄文が施されるものがほとんどで、1期同様に区画として沈線、S字状結節が施されるものと無区画のものがある。また所謂網目状撚糸文を持つものが、この時期から認められる。南原遺跡7号周溝墓の壺にはS字状結節で区画された縄文帯の下位に、重複する沈線区画の乱れた縄文施文の山形文が施されるが、施文の乱れや器面の様相、口縁部と胴部の接合状況からは古く位置づけることはできない。1期に引き続き、口縁部の複合部の外面には棒状浮文、頚部には円形浮文が貼付されるが、口縁部、胴部の縄文帯に円形朱文が施される例が多い。台付甕は刷毛目調整のものが大部分で、一部にナデ調整のものがある。組み合わせ成形手法のものが大部分である。外面の調整は、胴部の刷毛目が右下がりの斜方向のものが大部分で、横位のものも乱れがみられる。平底甕はごく一部にみられるのみである。

 3期は、鍛冶谷・新田口遺跡4号住居跡、浦和市大久保領家片町遺跡11号周溝墓（柳田1996）の資料に代表されるものである。器種は複合口縁壺、有段口縁壺、素口縁壺、台付甕、平底の甕、高坏、器台、鉢がある。壺・台付甕とも球形胴である。この時期から一部に坩が組成に加わるようになる。複合口縁壺は縄文が施文されるものと無文のものがある。縄文があるものは一段の羽状縄文もしくは網目状撚糸文が施されるものがほとんどで、無区画のものが大部分だが、S字状結節による区画が認められるものもある。大久保領家片町遺跡11号周溝墓の壺には沈線で区画された網目状撚糸文の山形文が施されるが、南原遺跡の例同様に、施文の乱れや器面の様相、口縁部と胴部の接合状況から古く位置づけることはできない。2期に引き続き、口縁部の複合部の外面には棒状浮文が貼付され、一部に口縁部、胴部の縄文帯に円形朱文が施される例がある。

素口縁壺は口縁部が短いものである。台付甕は刷毛目調整のものが大部分で、一部にナデ調整のものがある。原則として組み合わせ成形手法のもので、口唇部は丸く仕上げるものと、面を持つものがある。胴部の刷毛目は右下がりの斜方向のものである。

　4期は、鍛冶谷・新田口遺跡29号住居跡、76号周溝墓、大久保領家片町遺跡2号竪穴（柳田1996）の資料に代表されるものである。器種は複合口縁壺、有段口縁壺、素口縁壺、広口壺、大型坩、坩、台付甕、平底の甕、高坏、器台、鉢がある。複合口縁壺は原則として無文で、縄文が施文されるものはごく少ない。壺の胴部は球形である。坩は口縁部が長いものである。台付甕は長胴化の傾向がみられる。刷毛目調整のものが大部分で、一部にナデ調整のものがある。原則として組み合わせ成形手法が用いられ、口唇部は丸く仕上げられる。胴部の刷毛目は右下がりの斜方向のものだが、一部に乱れがみられる。高坏、器台は、器高と裾部径がほぼ同一のものが多く、端部が外反する。

　5期は、上大久保新田遺跡20号住居跡（山田1994）、大久保領家片町遺跡17号住居跡（柳田1995）の資料に代表されるものである。良好な資料が得られず、様相は不明な部分が多い。器種は複合口縁壺、坩、台付甕、高坏がある。高坏は柱状の脚部を持つものである。

　本書では、この時期区分に従って記述を進めていく。

　資料の選択については、埋葬施設の検出、盛土の遺存、副葬品的遺物の出土、底部穿孔壺の出土という現在墓であると認定するのに異論がないと考えられる4つの条件のいずれかを満たすものとした。本書では、これを「良好な方形周溝墓」と呼称する。

　次章では、この「良好な方形周溝墓」の様相をみることからはじめたい。

第1章　良好な方形周溝墓の様相

　方形周溝墓の検討に際してはいくつかの要素（例えば平面形）を取り上げることが多いが、前述のようにそのような要素の恣意的選択の有効性について懐疑的にならざるを得ないため、各々の要素についてみていくことにしたい。1基の方形周溝墓についてわれわれが認識できる要素は、平面的・立面的・時間的なさまざまなものがある。本章では平面形、法量、周溝の様相、施設の様相、出土土器、その出土状況等についてみる。

　形態については、周溝の内外の平面形、陸橋部の位置を確認する。

　法量については調査時の確認面の深度に左右されることもあることから、その影響を受けない方台部側の周溝の下場の間の距離で示す。周溝の幅、深さについては確認面から計測するしかないため、そのまま図面の計測値を用いる。

　遺物については、器種と器種構成、変形行為、出土位置、出土状況についてみる。

　また、各々の地域における群構成の様相についても触れることにしたい。

1. 大宮台地の方形周溝墓

個々の周溝墓

　大宮台地では、方台部が削平されているものの埋葬施設が遺存するものや副葬品的な遺物が出土するもの、底部穿孔壺が出土するものなど、良好な例が多くみられる。

　上尾市薬師耕地前遺跡、与野市上太寺遺跡、関東遺跡、大宮市篠山遺跡、上ノ宮遺跡、浦和市井沼方遺跡では埋葬施設が検出されている。

　上尾市薬師耕地前遺跡（赤石1978、第6図）は荒川に西面する南北を小河川

第 1 章 良好な方形周溝墓の様相 19

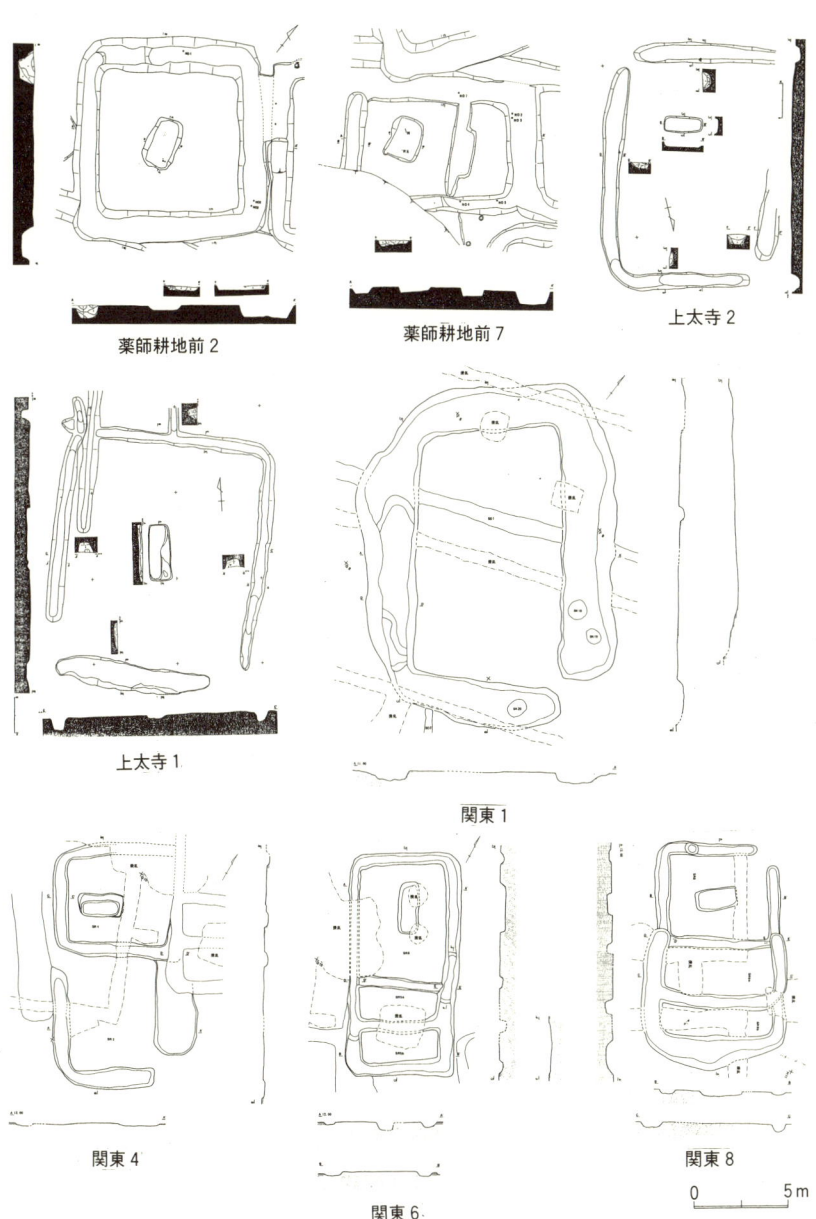

第 6 図 大宮台地の良好な周溝墓(1)（各報告書より転載、S=1：400）

により隔てられた小舌状台地上にあり、同時期の集落である稲荷台遺跡が至近にある。

　2号周溝墓は全体の平面形は整った正方形で、周溝が全周する。方台部は方形で、規模は8.1m四方である。埋葬施設は2.8m×1.8mのやや不整な長方形で、深さは20〜30cmほどである。周溝は幅1.4〜2.0mで、各辺の中ほどがやや膨らみを持つ。北溝の西コーナー際に溝中土坑がある。深さは北溝がやや深いが、その他は平坦で80cmほどである。遺物は埋葬施設からガラス玉11点と台付甕の破片が、北溝中央の確認面直下から埦が、東溝の底面からやや浮いて壺、台付甕が出土している。東溝のものについて、赤石は据え置かれたとしている。器種は壺・小型壺・台付甕・高坏・埦がある。底部穿孔壺は出土していない。時期は3期である。

　7号周溝墓は、1号周溝墓と東溝を共有する。全体の平面形は直線的で、整った正方形であったものを長方形に拡張している。当初のもの（以下第1次と呼称）は周溝の北西に陸橋部が設けられている。拡張したもの（以下第2次と呼称）は周溝が全周する。規模は当初5.2m四方であったものが東に拡張され、8.2m×5.2mになっている。埋葬施設は第1次、第2次それぞれに造られ、第2次のものは第1次の東溝を切っている。規模は第1次のものが2.3m×1.7mのやや不整な長方形で、深さは20cmほどである。第2次のものは2.7m×1.3mのやや不整な長方形で、深さは40cmほどである。周溝は南溝と第1次の東溝がやや細く幅80cm、北溝がやや広く1.5m、共有する東溝は1.9mである。深さは東溝がやや深く60cm、北・東溝は30cm、南溝は30cmほどの深さから段を持って深くなり東溝に続く。遺物は第1次埋葬施設から鉄剣と管玉が、第2次埋葬施設からガラス玉4点、管玉の破片1点が出土している。周溝からのものは遺構の東側、溝底からやや浮いて出土するものが多い。南北の溝の東寄りと東溝の北東コーナー付近から壺が、南溝中層の方台部に接して高坏が出土している。報告者はいずれも据え置かれたとしている。器種は壺・小型壺・高坏・器台がある。焼成前穿孔の壺底部破片が2点、焼成後の底部穿孔壺が1点出土している。時期は3期である。

与野市上太寺遺跡（奥村・秦野1989、第6図）は浦和・大宮支台の西縁、鴻沼低地を臨む位置にある。遺跡は後期の大規模な環濠集落として知られる中里前原遺跡群の一部である。

　1号周溝墓は、3号周溝墓が北側に接続して造られ、1号濠によって切られている。全体の平面形は長方形である。南側に2ヵ所の陸橋部がある。方台部は整った長方形である。規模は12.0m×10.3mである。埋葬施設は3.3m×1.2mの長方形で、深さは20cmほどである。周溝は北・東・西溝が細く幅60cm～1.0m、南溝が広く幅80cm～1.7mほどである。深さは南溝が浅く20cm、西溝が深く90cmで、南溝を除き断面形は逆台形である。底面はほぼ平坦である。埋葬施設、周溝双方の覆土の最上層から焼土が出土している。遺物は埋葬施設と周溝から壺の破片が出土している。南溝の東寄りからは底部穿孔壺が正位の状態で出土している。時期は2期と考えられる。

　2号周溝墓は、1・3号の西側にやや離れて造られている。西溝の大部分と南溝の西側は未調査である。全体の平面形は歪んだ長方形で、方台部も同様である。北西と南東の2ヵ所の陸橋部がある。規模は長軸が11.2m、短軸が8.0m以上になると考えられる。埋葬施設は2.4m×90cmの長方形で、深さは20cmほどである。周溝は幅80cm～1.3mで、深さは東・北溝が浅く30cm、西・南溝が深く50～60cmである。底面はほぼ平坦である。埋葬施設、周溝双方の覆土の最上層から焼土が出土している。埋葬施設からはガラス小玉43点と歯、骨粉が出土している。東溝の南端からは台部が打ち欠かれた台付甕が出土している。時期は2期である。

　与野市関東遺跡（大谷1998、第6図）は浦和・大宮支台の西縁、鴻沼低地を臨む位置にある。中里前原遺跡群の北方約2kmになる。関東遺跡では4・6・8号周溝墓で埋葬施設が検出されている。

　4号周溝墓は、3号周溝墓が南側に接続して造られるもので、5・6号周溝墓に切られる。全体の平面形は長方形で、周溝は全周するが、3号周溝墓も含めると2ヵ所の陸橋部があることになる。方台部は長方形である。規模は5.7m×4.6mである。埋葬施設は2.5m×1.2mの長方形で、深さは20cmほどである。周

溝はほぼ同規模で幅70〜80cm、深さ15〜25cmである。断面形はU字形で、底面はほぼ平坦である。周溝の覆土から焼土が若干出土している。遺物は出土していない。他の周溝墓との関係から時期は2期と考えられる。

　6号周溝墓は、5号周溝墓が南側に接続して造られるもので、3・4号周溝墓を切って築造される。全体の平面形は長方形で、周溝は全周する。方台部は長方形で、規模は6.2m×4.6mである。埋葬施設は2.8m×1.1mの長方形で、深さは35cmほどである。周溝は東・南溝が細く幅60cm、北・西溝が広く幅90cmで、深さも同様に東・南溝が浅く10cm、北・西溝が若干深く25cmである。断面形はU字形で、底面はほぼ平坦である。南東コーナーに5号周溝墓に伴う浅い溝中土坑がある。埋葬施設・周溝の覆土に焼土が若干認められる。遺物は埋葬施設から壺の頸部破片が1点出土したのみである。他の周溝墓との関係から時期は2期と考えられる。

　8号周溝墓は、9号周溝墓が東側に接続して造られるもので、北西側約2mに2・3号周溝墓がある。全体の平面形は長方形で、北西コーナーに陸橋部を持つ。方台部は長方形で、規模は5.4m×4.4mである。埋葬施設は2.2m×1.2mの長方形で、深さは20cmほどである。周溝は東・西溝が細く幅60cm、北・南溝が広く幅90cmである。深さは北・東溝が浅く10cm、南・西溝が若干深く30cmである。断面形はU字形である。底面はほぼ平坦で、西溝に溝中土坑がある。周溝の覆土から焼土が若干出土している。遺物は出土していない。他の周溝墓との関係から時期は2期と考えられる。

　大宮市篠山遺跡（笹森1988、第7図）は、大和田片柳支台の見沼の谷に南面する台地南縁部に立地する。

　4号周溝墓は3号周溝墓に接して造られ、3号周溝墓に切られている。全体の平面形は北側と東側に張り出しを持つ不整な方形である。周溝は全周する。方台部は不整な長方形で、規模は8.2m×9.1mである。埋葬施設は2.9m×1.7mのやや歪んだ長方形で、深さは60cmほどである。周溝は幅1.6mほどで、北側の張り出し部分が最も幅が広く、2.8mほどである。東側の張り出し部分は南側まで回りこむテラス状になっている。深さは1.0mほどで、東溝の北東と南東のコー

第1章 良好な方形周溝墓の様相 23

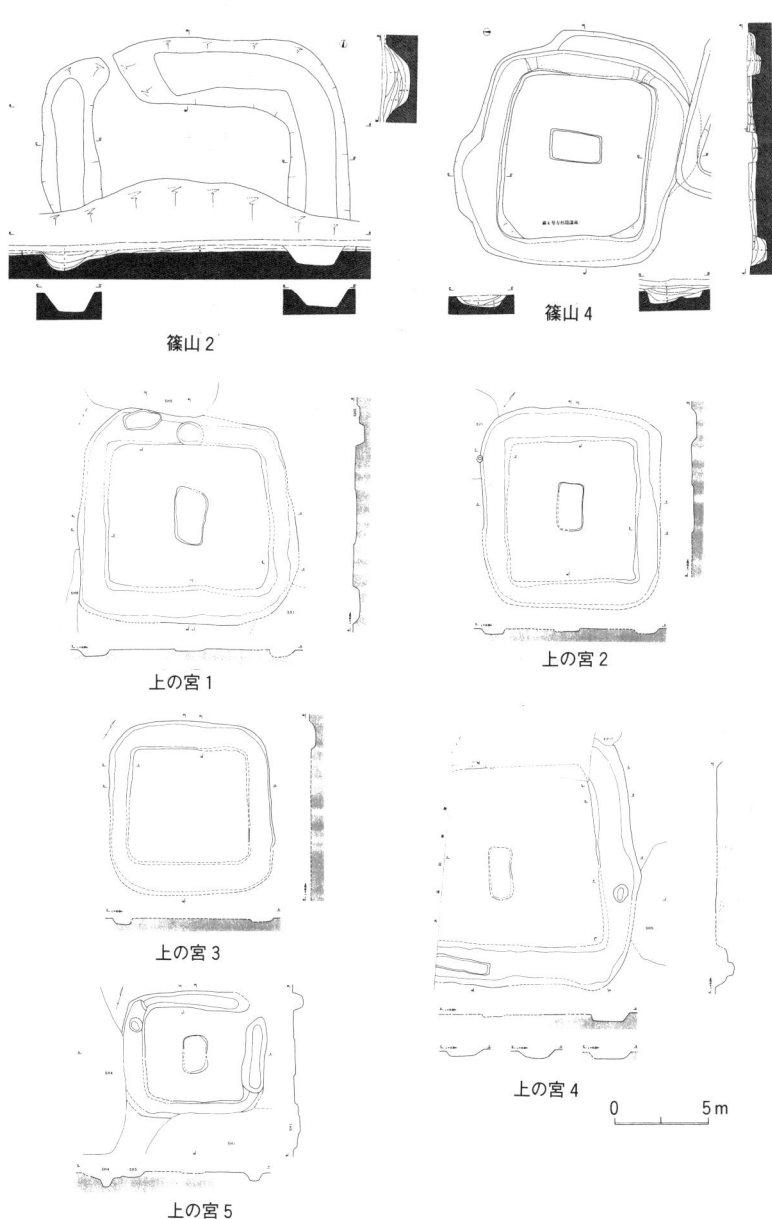

第7図 大宮台地の良好な周溝墓(2)（各報告書より転載、S=1：400）

ナー部がやや浅くなっている。遺物はその北東コーナーのやや浅くなった部分から、ほぼ完形の埦が出土している。他に各溝覆土から壺、小型壺の小片が出土している。時期は3～4期と考えられる。

　大宮市上ノ宮遺跡（新屋・福田1999、第7図）は、大宮台地の南東部大和田・片柳支台の東端に位置する。綾瀬川の谷に面し、調査区の東側は緩斜面になっている。SH1・2・4・5の方台部の中心から埋葬施設が検出されている。

　SH1は、東・西・南溝の一部が撹乱により壊されている。SH5、SH6と切り合うが前後関係は不明である。全体の平面形は各辺がやや丸みを帯びた方形である。方台部は北西－南東方向がやや長い整った方形である。周溝は全周する。規模は9.2m×8.0mである。埋葬施設は、方台部の中央に検出された不整な長方形の土坑である。2.98m×1.75mで、深さは15cm前後と浅い。遺物は出土していない。周溝は幅1.2～2.0mで、北・東溝が1.3～1.5mと細く、とくに北東コーナー付近が狭くなっている。断面形はほぼ逆台形で、立ち上がりは方台部側がやや急になっている。深さは北溝が浅く25cm、それ以外は40～50cmである。底面はほぼ平坦で、北溝に2ヵ所の溝中土坑がある。西側の溝中土坑は不整な長楕円形で、長軸2.1m、短軸1.0m、深さ20～40cmである。埋め戻された可能性がある。東側の溝中土坑は長軸1.4m、短軸1.2m、深さ50cmである。覆土は自然堆積である。遺物は壺6点と台付甕1点、鉢1点が出土している。壺は北溝の溝中土坑西側の確認面直下、南西コーナー、北東コーナーの溝底から10cmほど浮いた位置から出土している。1点は、底部に内側からの焼成後穿孔が施されるものである。時期は3期である。

　SH2は方台部の西側半分、南溝の大部分と、北・東・西溝の一部が撹乱により壊されている。全体の平面形は各辺がやや丸みを帯びた方形と考えられる。方台部は北西－南東方向がやや長い整った方形である。周溝は全周する。規模は、7.8m×7.4mである。埋葬施設は、方台部の中央に検出された長方形の土坑である。2.54m×1.38mで、深さは15cm前後と浅い。底面は平坦である。覆土はローム土を含み、施設が崩れたものである可能性がある。遺物は北西側からガラス小玉4点が、2点は底面に接して、2点は確認面直下から出土している。

周溝は幅1.5〜1.6mのほぼ均等な幅である。断面形はほぼ逆台形で、立ち上がりは方台部側がやや急になっている。深さは25〜30cmで、底面はほぼ平坦である。覆土は方台部と外周からの流れ込み、周溝の立ち上がり部分の崩落土と考えられる。遺物は僅少で、図示されているのは壺1点のみである。西コーナーの方台部側、底面から10cm前後浮いて横転した状態で出土している。方台部から転落したものと考えられる。時期は3期である。

　ＳＨ4は、北東溝と南東溝が調査されている。南東溝がＳＨ5に連結し、ＳＨ5より古い。遺構の東側と南側が攪乱により壊されている。全体の平面形は各辺がやや丸みを帯びた方形である。方台部は整った方形である。周溝は全周する。規模は検出できた範囲で9mを超えている。埋葬施設は、方台部の南側に検出された不整な長方形の土坑である。攪乱により大部分が壊されており、検出されたのは北東側と南東側の辺の一部のみである。主軸方向2.8m以上、短軸方向1.0m以上と考えられる。深さは10〜15cm前後と浅い。覆土は埋め戻しの可能性がある。遺物は出土していない。周溝は北東溝のみが計測可能で幅2.0m、南東溝は幅2.2m以上になると考えられる。西コーナー付近が狭くなるようである。断面形はほぼ逆台形で、立ち上がりは方台部側がやや急になっている。深さは30〜60cmで、北東溝の北側がやや浅く30cm、遺構の南側が深くなり南東溝が60cmである。覆土は自然堆積である。底面はほぼ平坦で、北東溝と南東溝の2ヵ所に溝中土坑がある。北東溝の溝中土坑は不整な円形で、長軸95cm、短軸80cm、深さ80cmである。埋め戻された可能性がある。南東溝の溝中土坑は西端が調査区域外まで伸びている。規模は、調査区内で長軸3.0m、短軸70cm、深さ20cmである。図示されている遺物は壺5点である。時期は3期である。

　ＳＨ5は南溝がＳＨ1、ＳＨ4と切り合っている。ＳＨ1より古く、ＳＨ4より新しい。方台部の南西側と北東側は攪乱により壊されている。北西のコーナーに陸橋部がある。全体の平面形は各辺がやや丸みを帯びた東西に長い方形で、方台部も同様の形態である。規模は6.0m×5.2mで、ＳＨ1〜4に比して小型である。埋葬施設は、方台部の中央に検出された不整な隅丸の長方形の土坑である。2.05m×1.34mで、深さは5〜10cm前後と浅い。底面は西側に若干傾斜

26　第Ⅰ部　方形周溝墓の条件

している。周溝は幅80cm〜1.2mで、東西の溝が幅広く、北西コーナーが狭くなっている。断面形はほぼ逆台形である。深さは15〜55cmで、西・南溝が浅く、北東・南西コーナーで北・東溝に段を持って深くなる。底面はほぼ平坦である。西溝の北寄りには80×50cmの溝中土坑がある。遺物は壺の細片が出土したのみである。他の周溝墓との関係から、時期は3期と考えられる。

　浦和市井沼方遺跡（小倉1987、柳田・小倉1994、第8図）は浦和支台南端、独立的な馬の背状の部分に立地している。遺跡の東側は見沼の低地になってい

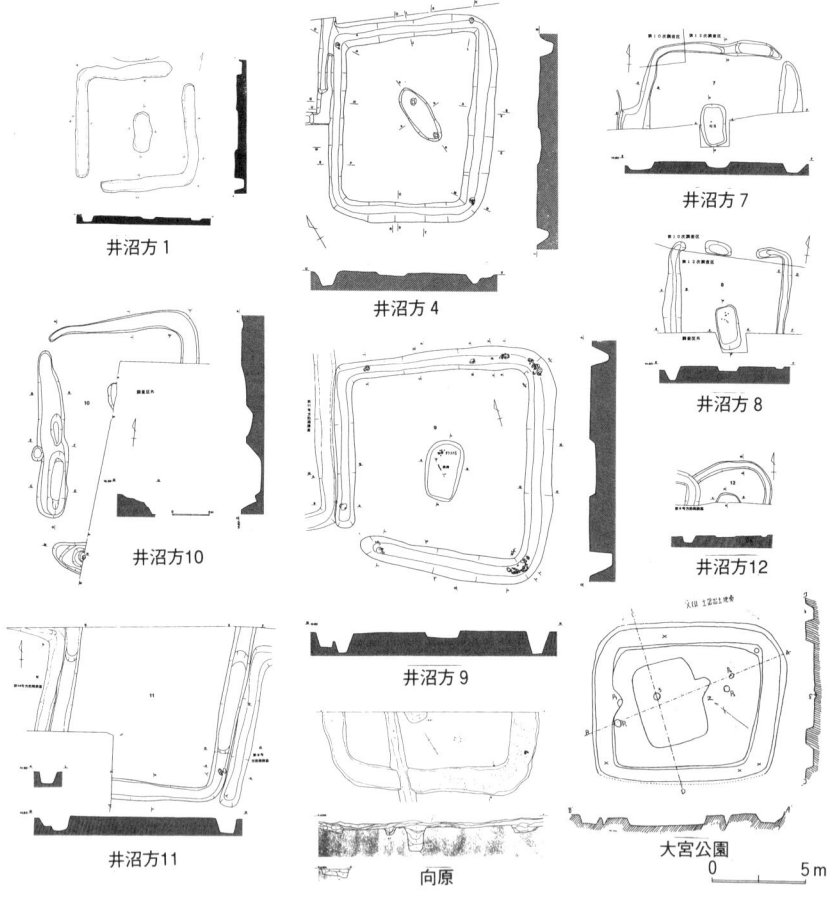

第8図　大宮台地の良好な周溝墓(3)（各報告書より転載、S=1：400）

1号周溝墓は、全体の平面形は整った正方形で、北東と南西の2ヵ所に陸橋部を持つ。規模は5.7m四方である。埋葬施設は2.1m×1.0mの不整な長楕円形で、深さは15cmほどである。周溝は幅50～80cmで、深さは北溝・西溝が30cm、東溝が20cm、北溝がコーナー付近から徐々に深くなり60cmとなる。周溝底面は一面に焼土化している。遺物は壺の小片が出土しているのみである。時期は他の遺構との関係から1期と考えられる。

　4号周溝墓は、3号周溝墓に接して造られ、3号周溝墓を切っている。全体の平面形は若干歪んだ長方形で、周溝は全周する。方台部は歪んだ長方形で、規模は9.3m×7.4mである。埋葬施設は3.4m×1.4mのやや不整な長楕円形で、深さは25cmほどである。周溝は西溝が細く幅80cm、東溝が広く幅1.4mほどである。深さは西溝が浅く35cm、東溝が深く80cmである。北東・南西コーナーがやや浅くなる。方台部側の掘りこみはかなり急である。周溝底面は一面に焼土化している。遺物は、埋葬施設からガラス玉が8点、南東コーナー、北西コーナーの上層から壺が3点、方台部から転落したと考えられる状況で出土している。時期は1期である。

　7号周溝墓は、遺構の北半が調査されている。49号住居跡、13号周溝墓に接して造られている。調査区内の平面形は、隅丸方形である。北西コーナーに陸橋部を持つ。規模は東西方向で7.3mである。埋葬施設は2.3m×1.4mのやや不整な隅丸方形で、深さは40cmほどである。周溝は北溝・西溝が細く幅40～60cm、東溝が広く幅80cm～1.4mほどである。西溝の13号周溝墓と接する部分が張り出しており、1.7mほどになっている。深さは北・西溝が浅く10～25cm、東溝が深く25～45cmである。北西コーナーがやや浅くなる。遺物は、埋葬施設からヒスイの勾玉1点、磨製石斧1点、周溝からは土器の小片が出土している。時期は他の周溝墓との関係から1期と考えられる。

　8号周溝墓は、10号周溝墓に接して造られ、13号周溝墓がやや間隔を置いて東にある。調査区内の平面形は、若干歪んだ方形である。周溝は北溝の2ヵ所に陸橋部を持つ。北溝の掘りこみが浅いために、陸橋部状になった可能性もあ

る。規模は東西方向で5.5mである。埋葬施設は2.3m×1.2mの隅丸長方形で、深さは25cmほどである。周溝は北溝が分断されており1.5m×0.7m、深さ10cmの土坑状である。西溝は幅60cm～1.0m、深さは北に行くに従って浅くなり45～75cmである。東溝は幅40～60cmで、深さは北東コーナー付近で浅くなり10～40cmである。周溝底面は一面に焼土化している。遺物は、埋葬施設からガラス玉が8点出土している。周溝からは土器の小片が出土している。時期は他の周溝墓との関係から1期と考えられる。

9号周溝墓は、第11号周溝墓に接して造られ、第11号周溝墓を切っている。全体の平面形は歪んだ台形である。南西コーナーに陸橋部を持つ。規模は主軸方向の東溝側が10.5m、西溝側が8.8m、直交する軸方向で9.84mである。埋葬施設は3.1m×1.8mのやや不整な隅丸方形で、深さは40cmほどである。周溝は11号周溝墓に接する西溝が細く幅1.0m、その他の溝はほぼ同様の幅で1.0～1.4mほどである。深さは95cm～1.2mで溝底はほぼ平坦である。南溝の南東コーナー付近がやや窪む。周溝底面は一部焼土化している。遺物は、埋葬施設からガラス玉13点と鉄剣が出土している。周溝からは、各コーナーと陸橋部両脇から壺が、北東コーナー、前述の南溝の南東コーナー付近、北西コーナーの上層、西溝の陸橋部の上層からは甕が、北溝の溝底からは片口鉢が、南東コーナーの中層からは勾玉が出土している。時期は1期と考えられる。

12号周溝墓は、遺構の北半分が調査されたもので、5号周溝墓に接して造られている。全体の平面形は、歪んだ円形に近い隅丸方形である。方台部も同様の形態で、規模は東西方向で3.5mと小型である。埋葬施設は一部が調査されたのみで、東西方向で1.3mである。周溝は幅35～50cm、深さ10～20cmで、幅が狭く浅い。遺物は、周溝から土器の小片が出土しているのみである。時期は他の周溝墓との関係から1期と考えられる。

以下は底部穿孔壺の出土により、周溝墓と考えられるものである。

伊奈町向原遺跡（浜野1984、第8図）は大和田片柳支台の北端に位置し、綾瀬川の低地に伸びる小支谷に臨む位置にある。

1号周溝墓は調査区の南端で検出されたもので、東側に近接して2号周溝墓

があり、北側には集落が展開している。北溝と東西の周溝の北半が調査され、検出された全体の平面形は方形で、陸橋部は不明である。方台部は方形で、規模は東西方向で9.4mである。周溝はコーナーでやや狭くなるが幅1.3～1.5m、深さ20～40cmである。周溝の断面形は逆台形である。遺物は北東コーナーの上層から出土している。器種は壺、台付甕、高坏、小型壺で、壺1点に焼成後の底部穿孔が施されている。時期は2期である。

　大宮市大宮公園遺跡（大護・柳田1952、大宮市1968、第8図）は大宮・浦和支台の東側、芝川に注ぐ小河川によって開削された谷に西面する。周溝墓は、方形周溝墓が墓制として認識される以前に調査されたものである。全体の平面形は若干歪んだ長方形で、周溝が全周する。規模は8.5m×6.5mである。周溝は幅1.2～1.4mで、深さは40～50cmである。底面はほぼ平坦である。遺物は、方台部に位置する住居跡の床面からガラス玉2点が出土し、副葬品と考えられている。周溝からは、北西コーナー、南西コーナー、東溝の周溝底から壺2点、高坏2点が出土している。壺のうち1点には焼成後の底部穿孔が施されている。時期は1期である。

　与野市関東遺跡ＳＲ1（第6図）は、ＳＲ2～7の北側約5mに造られ、ＳＲ2と連結溝で結ばれる群中で最大規模のものである。全体の平面形は長方形で、南東コーナーに陸橋部がある。方台部は若干歪んだ長方形で、規模は13.7m×7.9mである。周溝は北・南溝が細く幅2.3～2.4m、東・西溝が広く東溝が幅3.0m、西溝が3.4mほどである。深さは北・南溝が浅く20～40cm、東・西溝が深く東溝が50cm、西溝は中央が段を持って深くなり80cmとなる。周溝の立上りは方台部側で急で、外周は緩やかである。覆土には焼土が含まれる。遺物は上層からの出土が多く、とくに西溝からは壺の細片が廃棄されたと考えられる状況で出土している。また、南溝の陸橋部際からは台付鉢が遺棄した状態で出土している。とくにＳＲ2との間で接合関係が認められる土器がある点は注意される。埋葬施設と周溝から壺の破片が出土している。器種は壺、台付鉢で、壺2点に底部穿孔が施され、そのうち1点には胴部にも穿孔が認められる。時期は2期である。

大宮市篠山遺跡2号周溝墓（第7図）は遺構の北半分が調査されている。全体の平面形はやや丸みを帯びた方形である。北西コーナーが陸橋部である。規模は遺存している東西方向で12.0mである。周溝は幅2.5〜3.2m、深さは1.0〜1.5mである。覆土の下層には焼土・炭化物が含まれる。遺物は北西コーナーの陸橋部北側に壺が2個体並んで出土し、うち1個は焼成後の底部穿孔が施されている。北溝の陸橋部際からも2個体の壺がほぼ完形の状態で出土し、コーナーからは縄文施文の底部穿孔壺が出土している。東溝の中層からは平底甕が出土している。時期は3期である。

上ノ宮遺跡SH3（第7図）は、遺構の南側の方台部の大部分、南西溝の南側半分と北西溝・北東溝の一部が攪乱により壊されている。全体の平面形は各辺がやや丸みを帯びた方形と考えられる。方台部は軸方向の規模を計測できる部分が壊されているため確実ではないが、遺存している部分を参考にすると6.7m程度と考えられる。遺構の西側の様相からは整った方形と考えられる。周溝は幅1.2〜1.5mで、ほぼ均等な幅である。断面形は浅めのU字形で、立ち上がりは方台部側が急になっている。深さは20〜50cmで、北東溝がやや浅めで、底面はほぼ平坦である。遺物は、底部穿孔壺が北東溝の北コーナー側の中央底面から若干浮いた状態で、壺が北西溝の西コーナー側の底面から10cm前後浮いた状態で出土している。いずれも方台部からの転落、流れ込みと考えられる。時期は3期である。

井沼方遺跡10号周溝墓（第8図）は、全体のほぼ4分の3が調査されたもので、8号周溝墓の西側に接して造られ、西側10mには10号周溝墓がある。全体の平面形は、若干歪んだ長方形である。北西・南西コーナーに陸橋部を持つ。方台部は西側が不整な長方形である。規模は調査された範囲で11.1m×6.8mである。方台部には埋葬施設の可能性のある土坑がわずかに確認されている。周溝は幅が一定せず、最も細い北溝の陸橋部際で40cm、最も広い西溝の南西側と南溝の西側で1.6mである。深さは北溝が浅く25cm、東溝・南溝が深く1.0mである。溝中土坑が東溝に2ヵ所あり、南側のものは溝底からさらに50cm掘り下げられ、施設の可能性が高い。遺物は、南溝の最上層から焼成後穿孔の壺が、

西溝から高坏が出土している。時期は1期である。

　11号周溝墓（第8図）は、全体のほぼ3分の2が調査されたもので、東西で9・14号と接して造られている。全体の平面形は長方形になると推定される。調査区内では陸橋部は認められない。方台部も長方形と考えられ、規模は東西方向で8.4mである。周溝は幅90cm〜1.2mで、深さは東西の溝の中央に段を持って深くなり70cm、その他は40cmほどである。西溝の一部の壁と底面が焼土化している。遺物は、南東コーナーから壺が出土している。底部の破片3個体には焼成後の穿孔が認められる。時期は他の遺構との関係から1期と考えられる。

　以上をまとめると、全体の平面形は井沼方12号が円形に近い隅丸方形、篠山4号が不整方形であるほかは、整った方形・長方形である。周溝が全周するものや、コーナーの一つが陸橋部になるものが最も多い。方台部の規模（長軸）は最小の井沼方12号の3.5mから最大の関東SR1の13.7mまで10mほどの開きがある。井沼方12号を除くと、大きく5〜8mの薬師耕地前の2基、関東4・6・8号、上ノ宮SH2・5、井沼方1・7・8・12号、大宮公園と9〜14mのそれ以外に2分できる。周溝の幅（最大）は、井沼方12号の50cmから関東1号の3.4mまで幅があり、80cm〜1.5m前後のものが多い。深さ（最深）は、篠山の2基と井沼方9号以外1mを上回るものはなく、大部分が50cm前後で、井沼方12号は20cmで最も浅い。周溝内の施設は、溝中土坑、テラスが認められるほか、井沼方遺跡の1・4・7・8・9・11号では周溝の底面が焼土化している。溝中土坑は関東SR6・8、上ノ宮SH1・4、井沼方10号のみで、井沼方10号は施設の可能性が高いものである。

　遺物量は多寡があり、器種も多様である。埋葬施設が検出されたものでも関東SR4・8、井沼方7・8・12号のようにまったく遺物が出土していないものもある。遺物量の多寡と周溝墓の規模の相関は不明瞭である。出土土器の器種（第9図）は、台付甕が1点出土したのみの上太寺遺跡2号と向原遺跡の例を除き、壺が半数以上を占める。台付甕・甕の比率は小さく、1割程度にとどまっている。高坏は向原でやや多いが、ほかではそれほど多くない。ここでみ

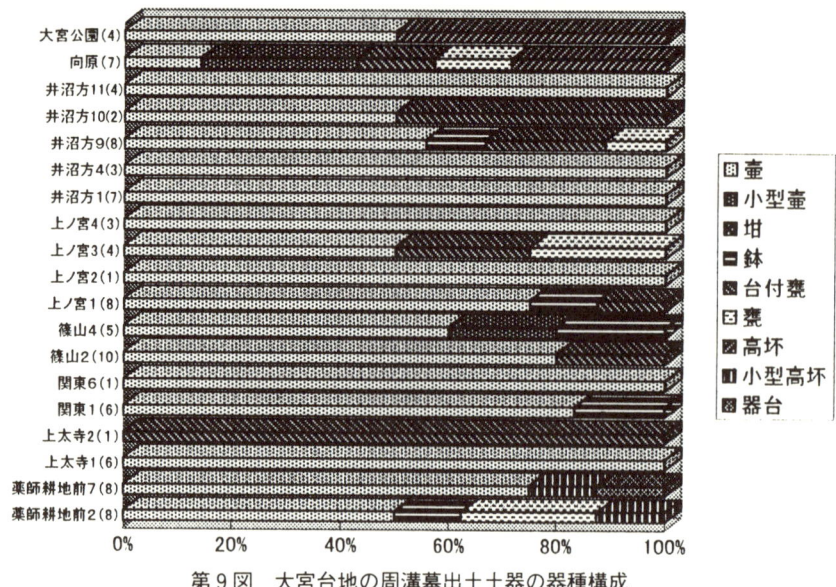

第9図　大宮台地の周溝墓出土土器の器種構成

た大宮台地の例は1〜3期にわたるが、時期による器種の偏りは認められないようである。底部穿孔は薬師耕地前7号、上太寺1号、関東1号、篠山2号、上ノ宮SH1・3、井沼方4・10・11号、向原、大宮公園で認められる。全体に出土量の少ない井沼方10・11号を除いて、出土土器の1〜3割程度である。出土状況は多様だが、薬師耕地前7号、篠山4号、上ノ宮SH1・3、井沼方9号、向原、大宮公園ではコーナーから、上太寺2号、井沼方9号、関東SR1、篠山2号では陸橋部際から出土している。多くは、破片でも大型のものである。

群在の様相 （第10・11図）

　大宮台地で周溝墓とされる遺構の群構成がわかる遺跡は、北から上尾市薬師耕地前遺跡、殿山遺跡（赤石1979）、大宮市上ノ宮遺跡、篠山遺跡、与野市上太寺遺跡、関東遺跡、浦和市井沼方遺跡等である。ここでは確実な周溝墓を含み、3基以上の群の様相がわかる上尾市薬師耕地前、与野市上太寺、関東、篠山、

第1章 良好な方形周溝墓の様相 33

薬師耕地前

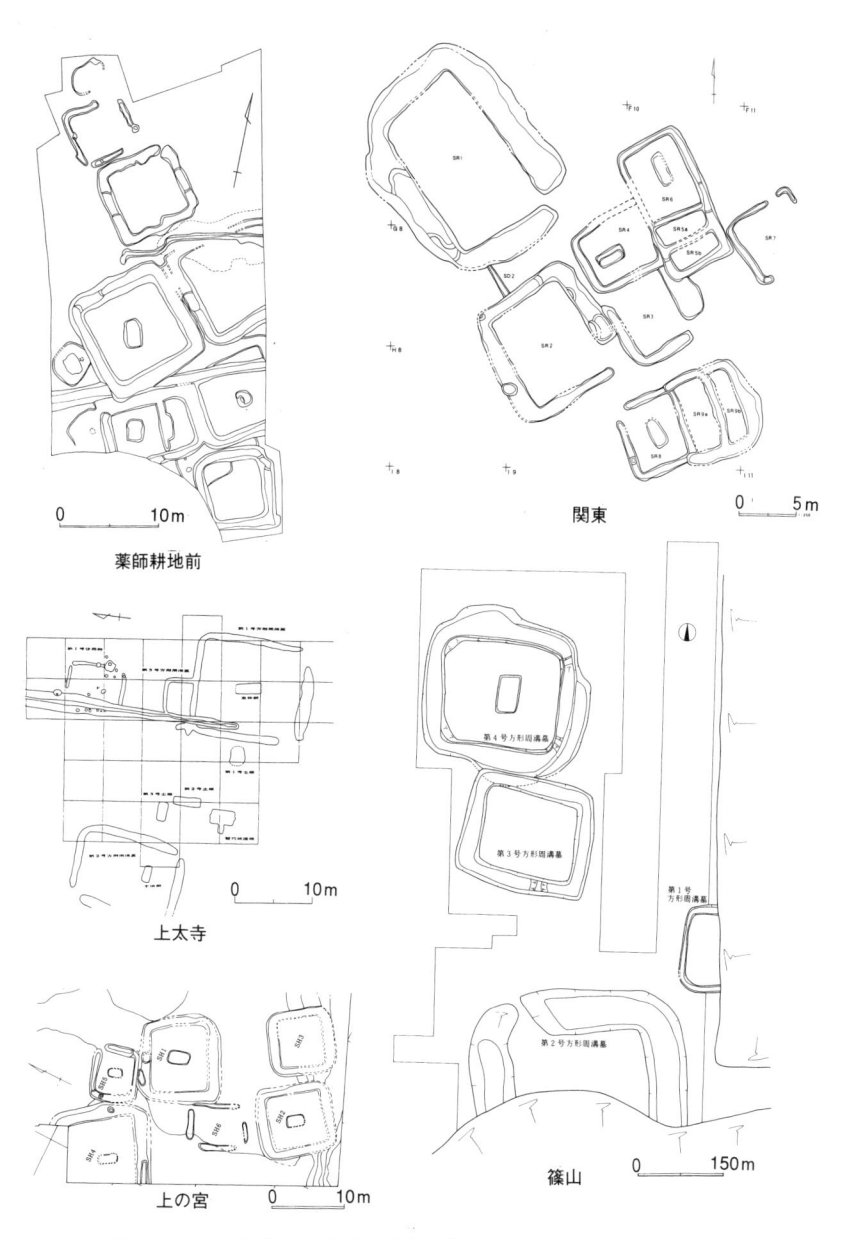

関東

上太寺

上の宮

篠山

第10図 大宮台地の周溝墓の群在の様相(1)（各報告書より転載）

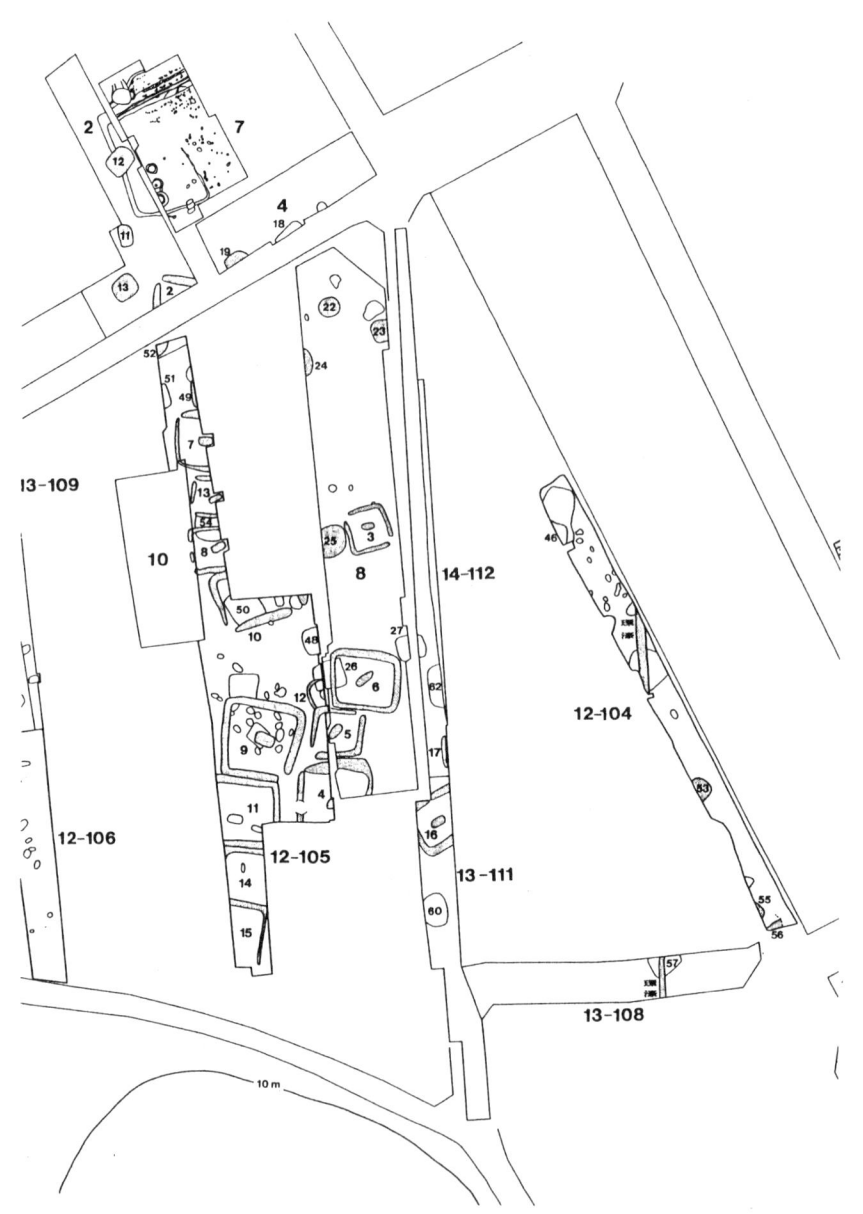

34　第Ⅰ部　方形周溝墓の条件

第11図　大宮台地の周溝墓の群在の様相(2)（栁田・小倉1994より転載）

浦和市井沼方遺跡について、とくに群在の様相に限ってみることにしたい。

　薬師耕地前遺跡は周溝墓とされる遺構が7基調査されている。時期は2・3期にわたり、継続した築造が考えられる。軸方位は北西－南東方向だが、調査区の北側の2～5号、南側の1・6・7号で若干異なっている。7号は拡張されたもので、2―3号、1―7号は東西の周溝を共有する。築造は大きく2回に渡って整然と行われた考えられる。

　上太寺遺跡は周溝墓とされる遺構が3基調査され、そのうち2基には埋葬施設が認められる。時期は2期である。大きく1号とそれに連接して造られる3号の一群と、間隔を置いた2号の2群が認められる。長軸方向はほぼ同一だが、埋葬施設を中心に考えれば1号と2号の軸方向は直交することになる。整然とした築造である。

　関東遺跡は周溝墓とされる遺構が9基調査されている。時期は出土遺物のないものが多く確実でないが、2期と考えられる。軸方位はいずれも北西－南東方向である。ＳＲ5とＳＲ9は、各々ＳＲ4とＳＲ8が拡張されたものである。一定の間隔を置いて、大きくＳＲ1とＳＲ2～7、ＳＲ8・9の3群がある。ＳＲ2～7は周溝を接するか共有している。ＳＲ1・2・8を起点とした整然とした築造が考えられる。

　上ノ宮遺跡は周溝墓とされる遺構が6基調査されている。時期は2～3期と考えられる。軸方位はいずれも北西－南東方向である。ＳＨ1・4・5・6とＳＨ2・3は南北に間隔を置いて造営されている。北群はいずれも周溝を接している。周溝の切り合い関係からは4→5→1→6の順番に造営されたようで、整然とした築造が考えられる。

　篠山遺跡は周溝墓とされる遺構が4基調査されている。時期は3～4期にわたる。軸方位は1・3・4号が北東―南西方向、2号が北西－南東方向である。1号と2号、3・4号は規模が異なり、間隔を置いて築造されることから、各々異なる群になると考えられる。整然とした築造である。

　井沼方遺跡は周溝墓とされる遺構が21基調査されている。時期は1期である。軸方位は若干東に触れるが、基本的に南北方向で3・10・16号は西に振れる軸

方向である。3・5・13号は規模が小さいが、その他はほぼ同規模である。6・9号と10号との間で間隔が開くことから、大きく東西の群に分かれると考えられる。列状の整然とした築造である。

このように大宮台地の周溝墓群は、いくつかの群に分かれて整然とした築造が行われているといっていいだろう。

2.比企丘陵と東松山台地

入西遺跡群を含む比企地域には大きく北比企丘陵、南比企丘陵とそれに挟まれる松山台地が含まれる。埋葬施設が遺存するものや副葬品的な遺物が出土するもの、底部穿孔壺が出土するものなど、良好な例が多くみられる。しかし、そのほとんどが部分的な調査や未報告のものが多く、全容が知られるのは東松山市観音寺遺跡、下道添遺跡、嵐山町行司面遺跡などごく限られている。とくに盛土が遺存し、周溝墓であるか古墳であるか議論が分かれる江南町塩古墳群についても、部分的な調査と測量のみで一部を除いて詳細は不明である。ここでは観音寺、下道添、行司免、塩古墳群の一部である諸ケ谷の各遺跡について概観したい。

個々の周溝墓

観音寺遺跡、行司免遺跡、諸ケ谷遺跡は埋葬施設が検出されたものである。

東松山市観音寺遺跡（宮島1995、第12図）は松山台地の北縁、市ノ川によって形成された低地に突出する舌状台地の先端に立地する。

4号周溝墓は北西溝と北東溝が調査されたものである。宮島秀夫は調査部分と埋葬施設の位置関係を手懸りに四隅の切れる形態で、一辺18m程度の規模と推定している。方台部は方形で、周溝の外側も直線的である。埋葬施設は2.8m×2.5mのやや不整な隅丸方形で、深さは30cmほどである。周溝の規模を長さ・幅・深さの順に示すと、北東溝が11.0m×1.8m×0.4〜0.6m、北西溝が14.5m×1.8m×0.9mである。溝底は平坦である。遺物は埋葬施設とそれぞれの周溝か

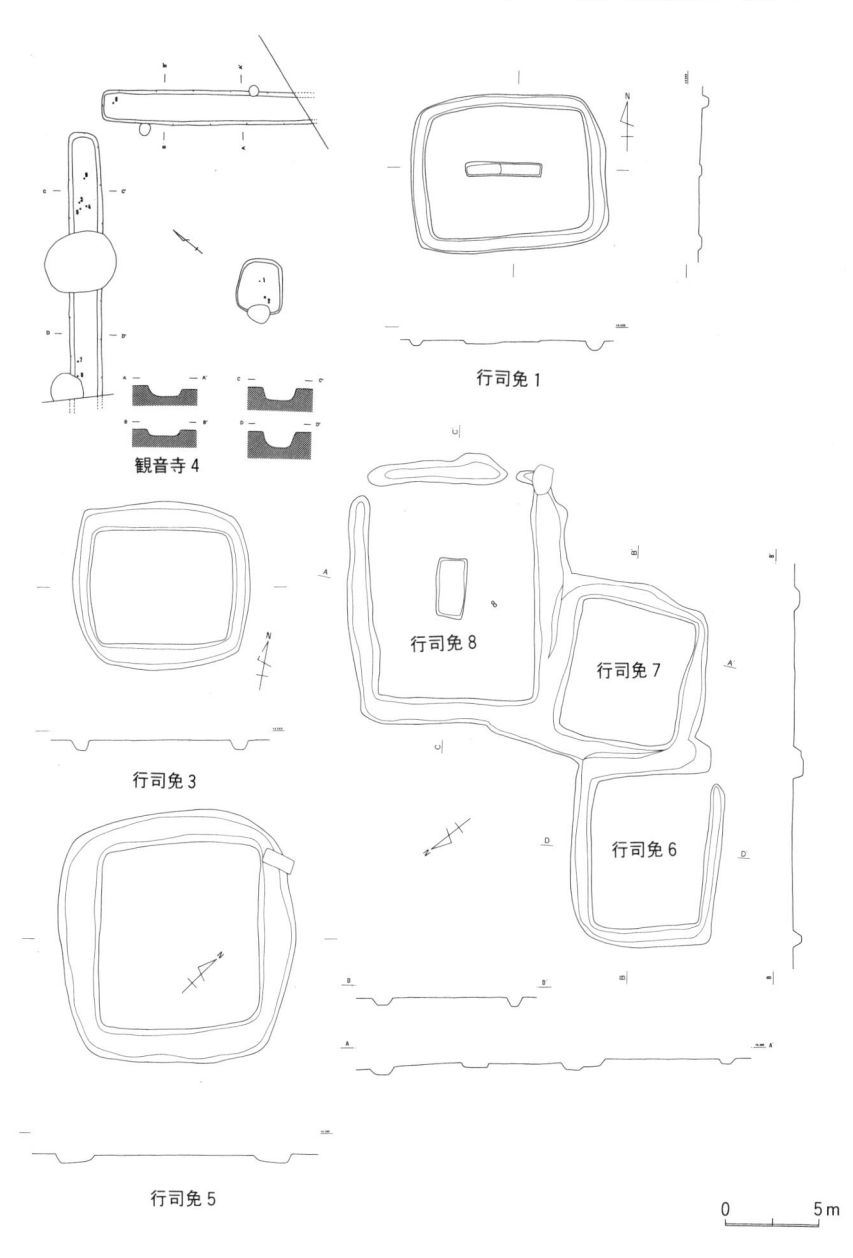

第1章 良好な方形周溝墓の様相　37

観音寺4

行司免1

行司免3

行司免8

行司免7

行司免6

行司免5

0　　　　5m

第12図　比企地域の良好な周溝墓(1)（各報告書・宮島1995より転載、S=1：400）

ら出土している。埋葬施設からは鉄剣と4輪が束ねられた銅釧が出土している。周溝では、とくに北西溝からまとまって壺、甕が出土している。器種は壺・甕で、底部穿孔は施されていない。時期は1期である。

嵐山町行司免遺跡（植木1987、第12図）は松山台地の北縁、都幾川の低地に臨む独立丘状の台地上に立地している。

1号周溝墓は周溝が全周し、各辺が丸みを帯びた隅丸長方形である。方台部は9.1m×7.4mの長方形である。埋葬施設は4.2m×0.7mの長方形で、深さは20cmほどである。西側が若干深くなっている。周溝は幅0.6～1.0mで、深さは東溝が深く50cm、その他は20～30cmである。遺物は出土していない。時期は他の遺構との関係から2～3期と考えられる。

8号周溝墓は7号に切られるもので、全体の平面形は長方形である。北東コーナーと東溝の南寄りに陸橋部を持つ。規模は11.8m×9.3mである。埋葬施設は3.1m×1.6mの長方形で、深さは50cmほどである。周溝は南溝が広く2.1m、その他の溝は1.2～1.3mである。深さは西溝が浅く20cm、その他は40～50cmである。遺物は出土していない。時期は7号との関係から2期と考えられる。

江南町諸ケ谷遺跡（江南町1995、第13図）は塩I支群の1基で、滑川を臨む丘陵頂部付近に位置する。25号は22号の北東にやや離れて造られるもので、1m余りの盛土が遺存している。遺構の東側が調査され、調査区内の全体の平面形は外周がやや不整な方形である。調査区内に陸橋部は検出されていない。方台部は方形で、規模は南北方向で8.2mである。埋葬施設は粘土槨で、掘方3.0×1.5m、深さ25cm、棺部は2.4m×0.6mの長方形で、深さは25cmほどである。周溝は幅1.6mで東溝の中央が狭まる。深さは30～50cm程度で平坦である。断面形は方台部側が急で、外側は緩やかである。周溝の覆土に焼土が若干含まれている。遺物は、埋葬施設から鉄剣とガラス玉4点が出土している。土器は出土していないが、他の周溝墓との関係から時期は3～4期と考えられる。

以下は、底部穿孔壺の出土により、確実な周溝墓と考えられるものである。

下道添遺跡（坂野1987、第13図）は、松山台地の南東、市ノ川と都幾川によって形成された低地に挟まれた馬の背状の台地上に立地する。底部穿孔壺が出

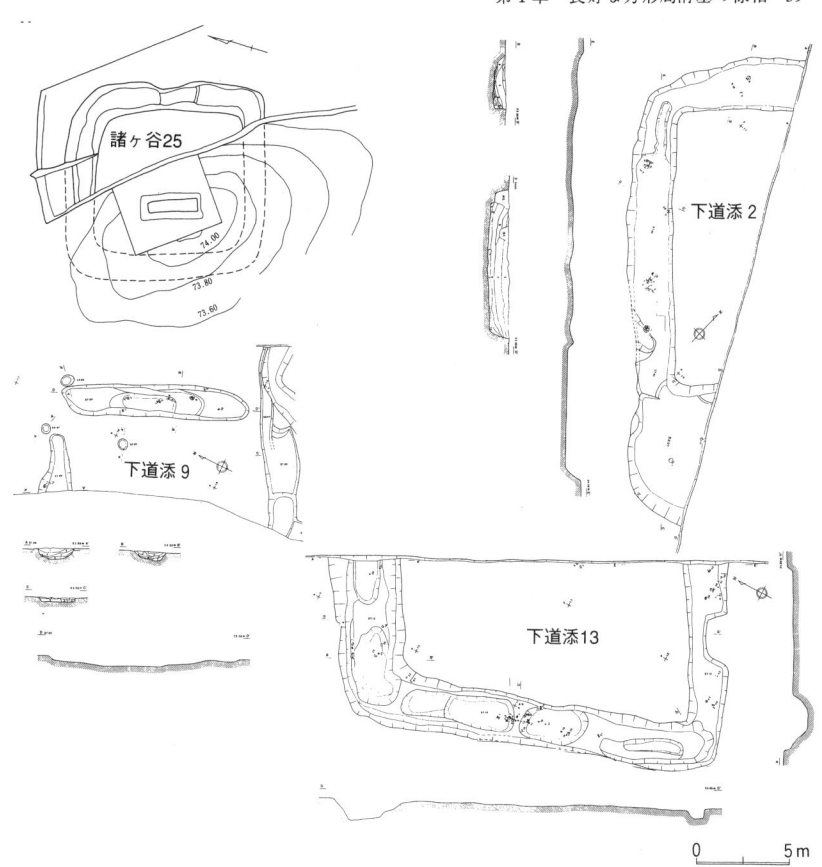

第13図　比企地域の良好な周溝墓(2)（各報告書より転載、S=1：400）

土する周溝墓が3基調査されている。

　報告者は2号墓を前方後方形と推定しているが、入西遺跡群の稲荷前遺跡B区5号、後述する塚本山14号の例などもあり、ここではとりあえず方形周溝墓として取り扱う。2号墓は遺構の西側の一部が調査されたものである。周溝が全周し、南東溝が広くなっている。全体の平面形はやや歪んだ隅丸方形である。周溝の外側の形状はやや不整で、方台部は若干歪んだ方形である。規模は北西―南東方向で15.2mである。周溝の幅は北西溝が細く2.3m、南西溝2.4m、南東溝7.7mで、北西コーナーでとくに細くなり1.6mである。深さは北西溝と南東

溝が深く1.0m、南西溝が浅く40cmである。西コーナーが浅く、南東溝に段を持って深くなる。底面には凹凸があり、北西溝には不整形のテラスがある。覆土には焼土・炭化物が含まれる。遺物は南東溝中央と西コーナー周辺からまとまって出土している。南西溝の一群は、原位置を保ち、供献されたものと推定されている。器種は壺・小型壺・器台・台付甕・甕である。壺5点には焼成前の底部穿孔が施されている。時期は3期である。

　9号墓は遺構の東側が調査されたものである。8号墓の西溝と接している。全体の平面形はやや歪んだ方形である。北側と西側に陸橋部が設けられる。周溝の外側の形状はやや不整で、方台部は若干歪んだ方形である。規模は北西―南東方向で11.2mである。周溝の幅はほぼ同一で1.8m前後である。北西溝は陸橋部付近で細くなる。深さは北西溝と北東溝が深く50cm、南東溝が浅く20cmである。周溝は立ち上がりが10～20cmとごく浅く、中央に向かって深くなる。北東溝は中央に溝中土坑があり、土坑に向かって段を持って深くなっている。溝中土坑は施設の可能性が高いものである。遺物は北東溝中央の溝中土坑付近からまとまって出土している。溝底から20～30cm浮いて出土し、方台部からの流れ込みとされている。器種は壺・小型壺・高坏・台付甕・甕である。壺2個体には焼成後の底部穿孔が施されている。時期は3期である。

　13号墓は遺構の西側が調査されたものである。1号墓の南側、12号墓の北側に位置している。全体の平面形は台形である。周溝は全周し、外周はやや不整で、西コーナー付近に張り出しが、南東溝に凹みが認められる。方台部は台形で、規模は北西―南東方向で16.4mである。周溝は北西溝、南西溝、南東溝の順に細く、順に幅3.8m、幅2.6～2.8m、幅2.2～2.5mである。深さは北西溝が最も深く1.3m、南西溝が0.8～1.1m、南東溝が60～85cmである。断面形から3～4工程の掘削が想定されている。北西溝・南西溝の底面には不整形の溝中土坑が連続してある。遺物は南西溝の中央の中層からまとまって出土し、方台部の崩落に伴うものと推定されている。器種は壺・小型壺・高坏・小型高坏・器台・台付甕・甕である。壺3個体には焼成後の底部穿孔が施されている。時期は3期である。

行司免遺跡（第12図）では４基から底部穿孔壺が出土している。
　３号周溝墓は、２号の南東、４号の西側に一定の距離を置いて造られている。全体の平面形は各辺の中央がやや張る長方形で、周溝は全周する。方台部は若干歪んだ長方形で、規模は8.0m×6.4mである。周溝は東西の溝が細く幅1.0m、南北の溝が広く幅1.5～1.6mほどである。深さは50cmである。周溝の立ち上がりは方台部側が急で、外周は緩やかである。断面形はほぼ逆台形である。遺物の出土状況は不明である。器種は壺、鉢で、壺１点に焼成後の底部穿孔が施されている。時期は３期である。
　５号周溝墓は、４号の北東側に一定の距離を置いて造られている。全体の平面形は各辺の中央がやや張る長方形で、周溝は全周する。方台部は若干歪んだ長方形で、規模は10.6m×9.3mである。周溝は東溝が細く幅1.8m、その他の溝が幅2.1～2.4mである。深さは50cmである。周溝の立ち上がりは方台部側が緩やかで、外周は急である。遺物の出土状況は不明である。小型壺１点が出土し、焼成後の底部穿孔が施されている。時期は３期である。
　６号周溝墓は、７号と東溝を共有している。全体の平面形はやや歪んだ長方形である。南東コーナーに陸橋部が設けられている。方台部は歪んだ長方形で、規模は8.3m×6.6mである。周溝は南溝が細く幅80cm、北・西溝がやや広く幅1.1mである。東溝は広いようだが、共有のため不明である。深さは60cmほどで、底面はほぼ平坦である。周溝の断面形はほぼ逆台形である。遺物の出土状況は不明である。小型壺１点が出土し、焼成後の底部穿孔が施されている。時期は３期である。
　７号周溝墓は、６号と西溝を、８号と北溝を共有する。６～８号のなかで最も新しいものである。全体の平面形は不整な長方形で、周溝は全周する。方台部は歪んだ長方形で、規模は7.7m×6.4mである。周溝は南コーナーで細くなり幅80cm、東・南溝がやや広く幅1.3～1.4mである。深さは30～50cmで、ほぼ平坦である。周溝の断面形はほぼ逆台形である。遺物の出土状況は不明である。壺２点が出土し、うち１点に焼成後の底部穿孔が施されている。時期は２期である。

以上をまとめると、平面形は整った方形・長方形と台形、隅丸あるいは各辺が丸みを帯びた方形がある。周溝は観音寺4号が四隅切れと推定され、行司免8号、下道添9号に不規則に2ヵ所認められるほかは、全周かコーナーの一つに陸橋部を持つものである。方台部の規模（長軸）は、最小の行司免7号の7.7mから下道添2号の15.2mまで7mほどの開きがある。大型の下道添2・13号を除くと大部分が8～12mほどである。周溝の幅（最大）は行司免1号の1.0mから下道添2号の南東溝の7.7mまで幅があり、1.5～2.5m前後のものが多い。深さは、50cm～1.3mで、50cm程度のものが最も多い。周溝内の施設は、溝中土坑、テラス、段が認められる。溝中土坑は下道添9・13号で認められ、9号のものは遺物が集中して出土し施設の可能性が高いものである。

遺物量は多寡があり、器種も多様である。行司免1・8号、諸ケ谷では遺物が出土していない。遺物量の多寡と周溝墓の規模の相関は不明瞭である[3]。出土土器の器種（第14図）は、出土量の少ない行司免5・6・7号を除き、壺が3割から半数を占める。吉ケ谷式の観音寺4号では、甕が7割程度となっている。高坏は3期の下道添で一定の割合を占めている。器台は下道添13号で多いのみである。底部穿孔は、観音寺4号を除いて遺物が出土したすべての例で認められ、個体数の少ない行司免5・6・7号等を含むことから不明瞭だが、全体の2～4割程度と考えられる[4]。出土状況は多様で、下道添2号以外はコーナーからまとまって出土する様相は認められず、特定の周溝からの場合が多いようである。下道添2号では原位置を保ったと推定される一群が出土している。

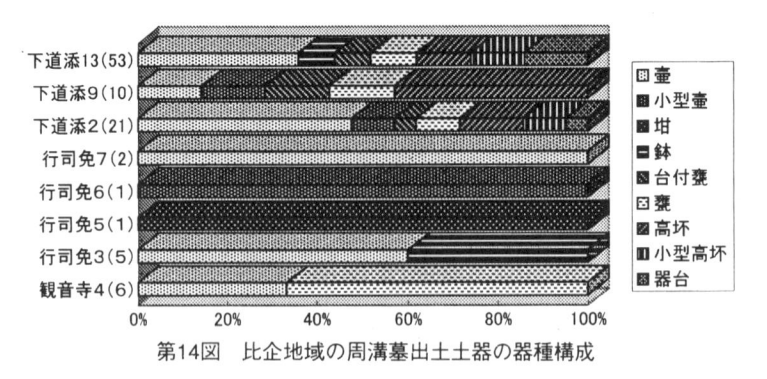

第14図　比企地域の周溝墓出土土器の器種構成

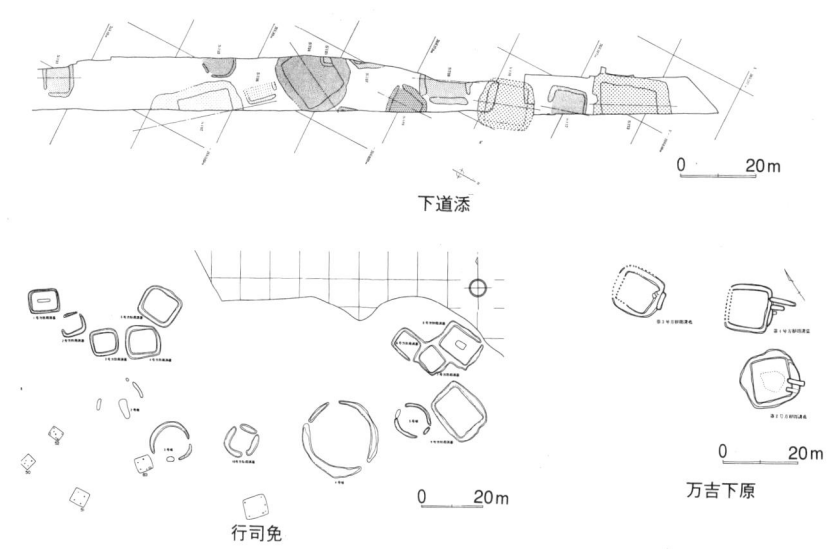

第15図　比企地域・江南台地の周溝墓の群在の様相（各報告書より転載）

その他は、方台部からの転落、流れ込みが多いようである。

群在の様相（第15図）

　比企地域で周溝墓とされる遺構の群在の様相がわかる遺跡は、北から東松山市古凍根岸裏遺跡（村田1981）、下道添遺跡、観音寺遺跡、嵐山町行司免遺跡、滑川町新井遺跡（木村1986）、大里村船木遺跡（出縄・冨沢1992）、江南村塩西遺跡（新井1984）がある。ここでは確実な周溝墓を含み、3基以上の群の様相がわかる下道添遺跡、行司免遺跡について、とくに群在の様相に限ってみることにしたい。

　下道添遺跡は周溝墓とされる遺構が13基調査されている。時期は3期で一部4期に下る可能性があり、継続した築造が考えられる。2期の集落を壊して造られている。軸方位は北西－南東方向と北東－南西方向とがあり、後者は1例のみである。軸方位と平面形に相関は認められない。築造は3つの群が互いに周溝を隣接させて整然と行われた考えられる。

　行司免遺跡は周溝墓とされる遺構が10基調査され、そのうち2基には埋葬施

設が認められる。大きく調査区の北側、北東側とその中間の3ヵ所に築造されている。時期は2～3期で、北東側の群が前出する可能性がある。北側の一群は1基を除いて東西の軸方向、北東と中間の一群は北西—南東の軸方向である。6～8号は周溝を共有し、その他は一定の間隔を空けて造られている。整然とした築造である。

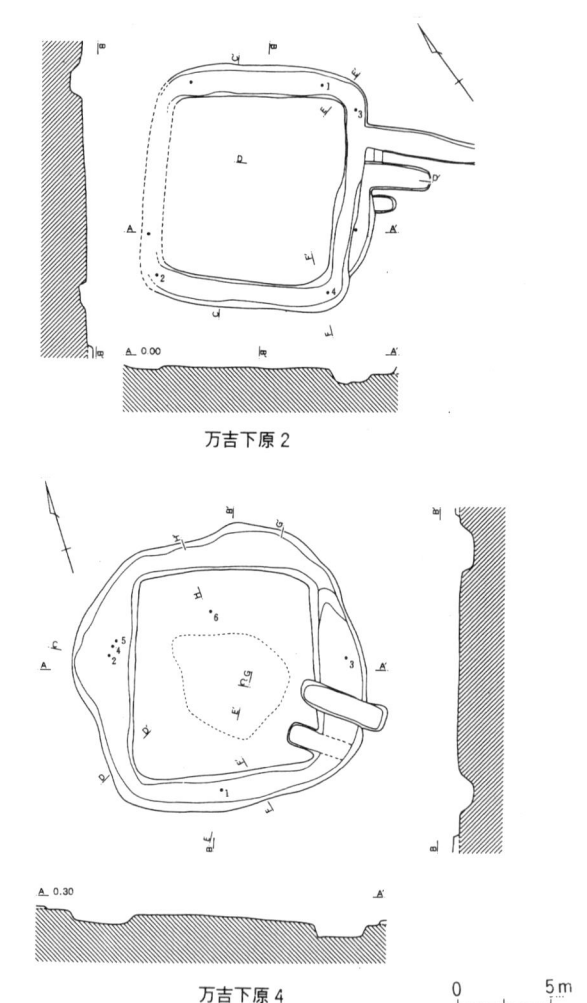

3. 江南台地

比企丘陵の北側に接する江南台地では、熊谷市万吉下原遺跡（駒宮・山川ほか1991、第16・17図）で、盛土の遺存する周溝墓が調査されている。遺跡は江南台地の北縁に立地し、南2kmには荒川が東流する。

2号周溝墓は各辺が丸みを帯びた不整な隅丸方形である。周溝は全周するが全体的に浅く、外側の形状は不整で凹凸がある。方台部は不整な長方形で、規模は11.2m×10.4mである。盛土は方台部の中心に径11m、高さ約75cmの地膨れ状で遺存している。後世の耕

万吉下原2

万吉下原4

第16図　万吉下原遺跡2・4号周溝墓（報告書より転載）

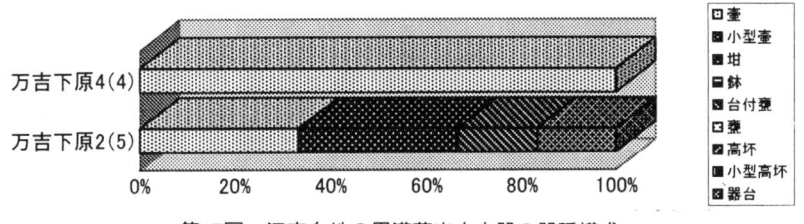

第17図　江南台地の周溝墓出土土器の器種構成

作を受け著しく変形しており、埋葬施設は検出されていない。方台部にロームの広がりが確認されたことから、報告者は粘土床の埋葬施設と推定している。周溝は西溝が広く3.6m、南溝が細く2.0mである。深さは西溝が浅く50cm、その他の溝は80cm前後である。遺物は、方台部から土錘が、西溝の張出し部から壺と坩がまとまって出土している。器種は壺・坩・鉢がある。時期は5期である。

　4号周溝墓は整った方形である。周溝は全周する。方台部は方形で、規模は12.8m×11.7mである。盛土は方台部の中心に、径9.5m、高さ約50cmの地膨れ状で遺存している。後世の耕作を受け著しく変形しており、埋葬施設は検出されていない。周溝はほぼ均等の幅で1.4〜1.8m、深さ50〜80cmである。東溝にテラスが設けられている。遺物は、壺4点が各コーナーを中心に出土している。時期は5期である。

　周溝墓とされる遺構は3基調査されており、軸方向を若干違えるが、一定の間隔を置いて築造されている。

4.児玉地域

　児玉地域の丘陵上の周溝墓は山崎山、大久保山、生野山の独立丘陵上に立地するものが多い。

　山崎山丘陵には、安光寺、千光寺の2遺跡があり、いずれも古墳群と同一の地点に立地している。山崎山丘陵は、利根川に注ぐ小山川の支流志戸川、藤治川の流れる本庄台地に囲まれている。塚本山遺跡は女堀川と志戸川に囲まれた大久保山に立地する。神流川の扇状地である本庄台地上には諏訪遺跡がある。

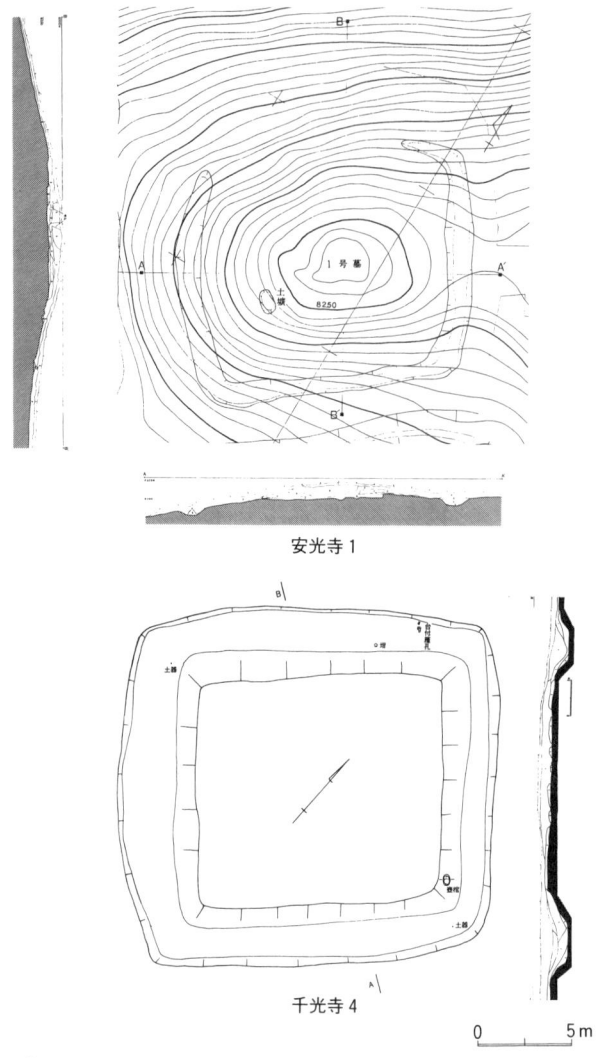

個々の周溝墓

まず方台部の盛土が遺存する例をみることにしたい。

岡部町安光寺遺跡（増田1981、第18図）では、盛土と埋葬施設が検出された周溝墓が1基調査されている。1号墓は東西にやや膨らむ隅丸方形で、方台部も同様の形態である。北側に陸橋部を持つ。規模は13.8m×11.6mである。盛土は方台部の中心に、径5m、高さ約70cmの地膨れ状で遺存している。埋葬施設は南西側に土坑が検出されている。周溝は東西の溝が広く1.3m、南溝が細く0.8mである。深さは南溝が浅く20cm、その他の溝は40cm前後である。遺物は、東溝から高坏が出土しているのみである。時期は5期もしくはそれ以後と考えられる。

岡部町千光寺遺跡（増田・市川1975、第18図）では、盛土と壺棺が検出され

安光寺1

千光寺4

0　　　　　5m

第18図　児玉地域の良好な周溝墓(1)（各報告書より転載、S=1：400）

た周溝墓が1基調査されている。4号墓は整った方形で、周溝は全周する。方台部は方形で、規模は15.8m×14.4mである。盛土は方台部の中心に、径10m、高さ約60cmの地膨れ状で遺存している。後世の耕作を受け著しく変形しており、埋葬施設は検出されていない。周溝は西溝が広く幅4.2m、東溝が細く幅2.7m、南北の溝は幅3.0～3.5mである。深さは1.5～2.0mで底面は平坦である。溝の立ち上がりは方台部側がなだらかで、外周が急である。東溝のコーナーに近い部分の方台部側に壺棺が埋設されている。壺棺は2個の土器を組み合わせている。中から算盤玉3、臼玉4点が出土している。北溝からは台付甕と完形の坩が溝底から出土している。器種は壺、坩、台付甕である。時期は5期より後である。

　美里町塚本山遺跡（増田1977、第19図）では、盛土の遺存する周溝墓が2基調査されている。2号周溝墓は遺構の南東側が調査されたものである。全体の平面形は隅丸方形である。周溝は外周が不整形で、北東と南西の2ヵ所に陸橋部があり、調査された部分はL字形の平面形になっている。方台部は方形で、規模は未調査区も対称形であれば13.8m×12.8mとなる。盛土は方台部の東側に高さ約50cmで遺存し、方形の形状と考えられている。調査区内では埋葬施設は検出されていない。周溝は南溝が広く幅3.6m、東溝が細く幅3.0m前後で、深さは30cmほどである。溝の立ち上がりは方台部側が急で外周がなだらかである。遺物は南溝の溝底から器台が、東溝の溝底から小型壺が出土している。器種は壺、小型壺、器台である。時期は4期である。

　14号周溝墓は遺構の西側が調査されたもので、盛土と埋葬施設が遺存する。全体の平面形は西側が突出する不整な方形である。周溝は外周が不整で、南東のコーナーと西溝の中央の2ヵ所に陸橋部がある。方台部は若干歪んだ方形で、規模は17.3m×14.4mである。盛土は方台部の中央に高さ約1mほど遺存する。埋葬施設は方台部の中央に2基検出されている。規模は第1埋葬施設が3.7m×1.0m、深さ30cm、第2埋葬施設は幅1.5mで長軸方向は不明である。周溝は西溝が極端に広く幅5.5m、その他の周溝は幅2.5～3.0m前後である。深さは北溝が浅く30cm、南溝が50cmほどである。遺物は埋葬施設から鉄鏃と剣が、

48　第Ⅰ部　方形周溝墓の条件

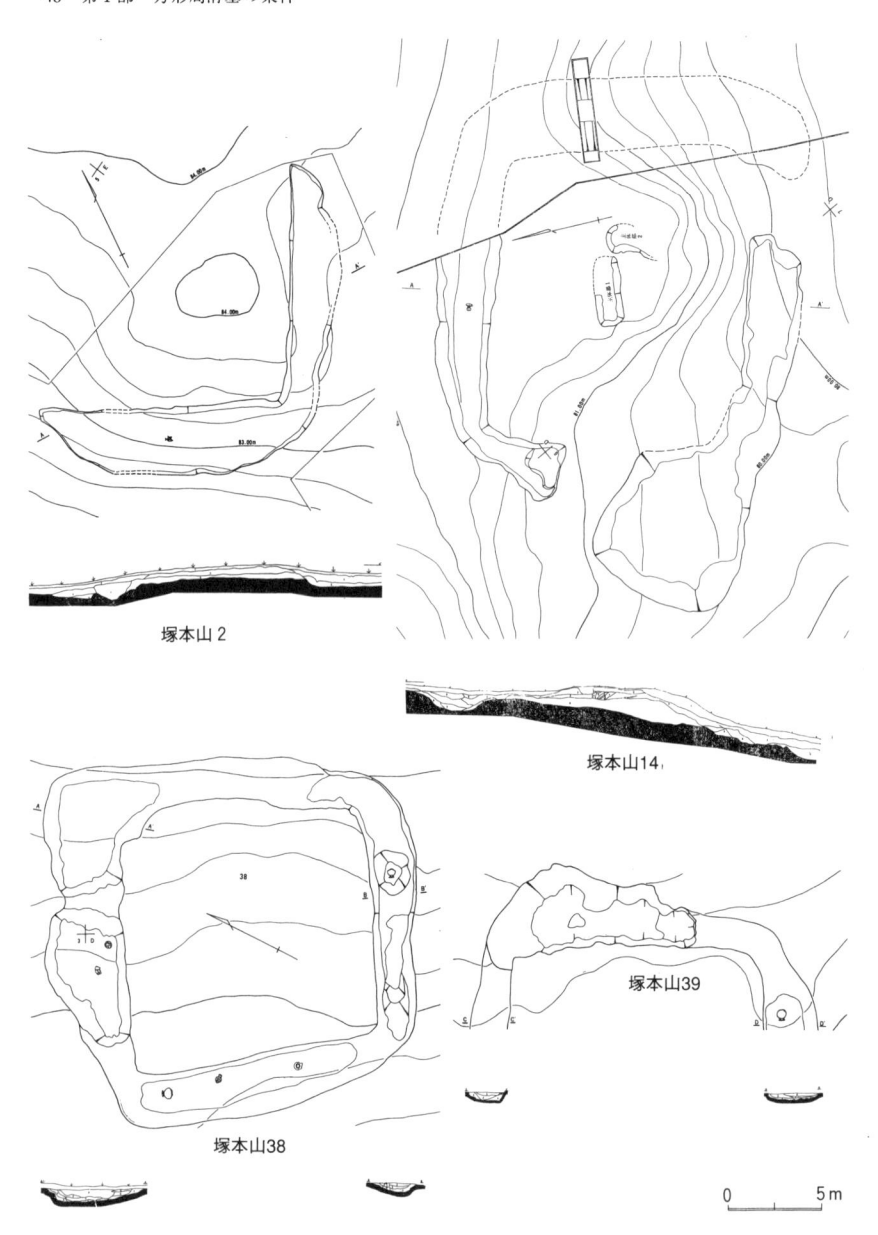

塚本山 2

塚本山14

塚本山38

塚本山39

0　　　　5m

第19図　児玉地域の良好な周溝墓(2)（各報告書より転載、S＝1：400）

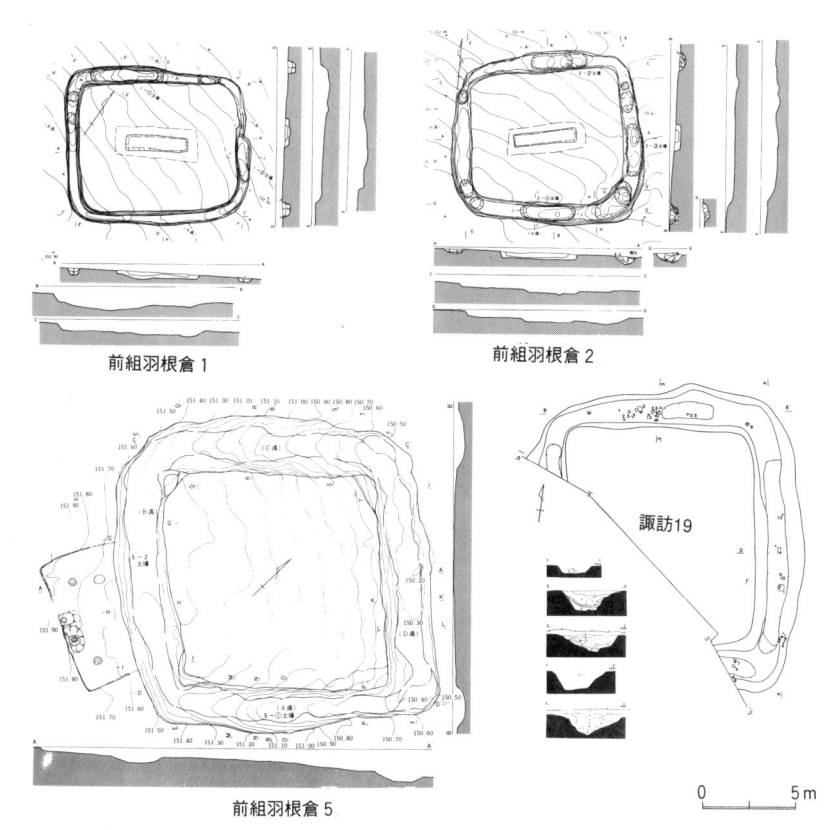

第1章　良好な方形周溝墓の様相　49

前組羽根倉1

前組羽根倉2

前組羽根倉5

諏訪19

0　　　　5m

第20図　児玉地域の良好な周溝墓(3)（各報告書より転載、S＝1：400）

北溝から高坏・壺が出土している。器種は壺、高坏、台付甕である。時期は4期である。

　神川町前組羽根倉遺跡（柿沼・書上他1985、第20図）は谷水田に面した児玉丘陵に立地している。埋葬施設の検出されている周溝墓が2基、副葬品的な性格を持つ可能性がある鉄鏃を出土していてる周溝墓が1基調査されている。

　1号周溝墓は東側に2・3号周溝墓がある。全体の平面形は長方形で、周溝は全周する。方台部は6.7m×5.4mの長方形である。埋葬施設は方台部中央に1基検出され、2基の溝中土坑からも玉が出土することから、埋葬施設と考えられる。方台部中央の埋葬施設は3.4m×1.3mの長方形で深さは20cmほどであ

る。棺部は、2.4m×40cm、深さ8cmにさらに掘り下げている。周溝は北東溝が細く幅30cm、その他の溝は幅40〜60cmで、溝中土坑のある部分は幅が広く70〜80cmである。深さは北東溝が浅く10cm、その他の周溝は20〜40cmである。溝中土坑はさらに20cmほど掘り下げられている。遺物は方台部の埋葬施設から鉄鏃が、北側の溝中土坑から碧玉製の勾玉が、東側の溝中土坑から滑石製の管玉が出土している。土器は南西のコーナーの溝底から鉢が出土しているのみである。時期は他の遺構との関係から3期と考えられる。

　2号周溝墓は3号周溝墓が南側に隣接し、1号周溝墓が西にある。全体の平面形は隅丸長方形で、周溝は全周する。方台部は6.4m×5.5mの長方形である。埋葬施設は方台部中央に1基検出されている。埋葬施設は3.3m×1.2mの長方形で深さは20〜30cmほどである。ローム土により2.6m×0.5mの棺座が造られ、ローム槨となっている。周溝は北東・北西コーナーが細く幅30cm、その他の周溝は幅80cm前後で、溝中土坑のある部分は広く0.9〜1.1mである。深さは北東・北西コーナーが浅く5cm、その他の部分は20〜40cmで、溝中土坑はさらに10cmほど掘り下げられている。溝底には北溝、東溝、南東コーナー、南溝に4ヵ所の溝中土坑が検出され、2－1〜3土坑は施設の可能性が高いものである。そのほかにも細かな凹凸が認められる。遺物は上層から壺等の小破片が出土するのみだが、方台部の南西コーナー、南溝の溝中土坑付近から碧玉製の管玉と珠文鏡が表採されている。時期は他の遺構との関係から3期と考えられる。

　5号周溝墓は埋葬施設は検出されていないが、周溝から副葬品的性格を持つと考えられる鉄鏃が出土している。2・3号周溝墓が西側に、6号周溝墓が東側に隣接するものである。全体の平面形は若干歪んだ方形で、周溝は全周する。方台部は13.4m×13.1mの若干歪んだ方形である。周溝は東溝の北東コーナー付近が細く幅1.5m、その他の周溝は幅2.5〜3.2mである。深さは北東・北西コーナーが浅く20cm、その他の部分は40cmで、底面は平坦である。遺物は北溝と南溝の溝底から若干浮いて鉄鏃が出土している。土器は上層から壺等の小破片が出土するのみである。時期は他の遺構との関係から3期と考えられる。

　以下は、底部穿孔壺の出土により周溝墓と考えられるものである。

塚本山遺跡38号周溝墓は39号が西側に隣接するもので、北溝が幅広の不整な方形である。北溝の中央に陸橋部を持つ。方台部は方形で、規模は14.4m×14.3mである。周溝は、北溝が溝の中央から東側にかけて広く幅4.0m、その他の溝幅は2.0～3.0mである。深さはコーナーが浅めで、中心に向かって深くなる。北溝の幅広の部分は一段深く60cmで、南溝は40cmである。南溝には溝中土坑があり、施設の可能性が高いものである。溝の立ち上がりは方台部側がなだらかで、外周が急である。遺物は南溝の溝中土坑から遺棄された状態で壺が、北溝、西溝の溝底に接して壺・鉢が出土している。壺のうち1点には焼成後の底部穿孔が施される。器種は壺、鉢である。時期は4期である。

39号周溝墓は38号が東側に隣接するもので、遺構の東側が調査されている。東溝は幅広で外周の形態が不整である。方台部は方形で、規模は南北方向で14.1mである。周溝は東溝が溝の中央から北側にかけて広く幅4.0m、その他の溝は幅1.7～2.8mである。深さは北溝の幅広の部分が一段深いようだが断面が示されず不明である。北溝が40cm、南溝は30cmである。溝の立ち上がりは方台部側がなだらかで、外周が急である。遺物は南溝の溝底に接して焼成後の底部穿孔壺が2点出土している。時期は4期である。

本庄市諏訪遺跡（柿沼・小久保1979、第20図）は本庄台地に立地する。19号周溝墓は全体の平面形が隅丸長方形のもので、陸橋部は調査区内では確認されていない。方台部は11.6m×10.9mの長方形である。周溝は北西コーナーが細く幅60cm、その他の周溝は幅0.9～1.3mである。深さは北溝や各コーナーが浅く20cm、その他の部分は70cmほどである。底面は平坦である。周溝の立ち上がりは方台部側が急で、外周はなだらかである。遺物は各周溝から出土しているが、北溝に溝底に接するものがあるほかは、いずれも上層から中層にかけて出土している。器種は壺、高坏、台付甕、坩、鉢である。壺のうち1点には焼成後の穿孔が施されている。時期は5期である。

以上をまとめると、全体の平面形は方形が基調である。整った方形あるいは長方形と隅丸の方形、万吉下原2号や塚本山の外周の形態が不整なものという3つに分けられる。陸橋部は安光寺1号が1辺が大きく開くもので、塚本山2

号がコーナー2ヵ所、塚本山14号が1辺の中央とコーナーの1ヵ所、塚本山38号が1辺の中央に設けられている。それ以外は全周する。方台部の形態は、安光寺1号がやや隅丸だが、その他はいずれも整った方形、あるいは長方形である。方台部の規模（長軸）は最小の前組羽根倉2号の6.4mから最大の千光寺4号の15.8mまで10mほどの開きがある。大きく6〜7mの前組羽根倉1・2号、11.6mの諏訪19号、14〜18mのそれ以外と3分できる。周溝の幅（最大）は、前組羽根倉1・2号の30cmから塚本山2号の3.0mまで幅があり、80cm〜1.5m、2.0〜2.7m前後のものが多い。深さ（最深）は、前組羽根倉2号の5cmから千光寺4号の1.5mまで幅があるがほとんどが50cmを下回り、30cm前後のものが多い。周溝内の施設は、溝中土坑が認められるほか、千光寺4号では東溝に壺棺が検出されている。溝中土坑は前組羽根倉1・2号、塚本山38号のみだが、施設の可能性が高いものである。

　遺物量は多寡があり、器種も多様である。埋葬施設が検出されたものでも前組羽根倉2・5号のように、土器が出土していないものもある。遺物量の多寡と周溝墓の規模の相関は不明瞭で、最も多くの遺物を出土した諏訪19号は中規模である。出土土器の器種（第21図）は、出土量が少ないこともあり不明瞭だが、壺が一定の割合を占めるようである。ここでみた児玉地域の例は4〜5期にわたるが、時期による器種の偏りは不明確である。底部穿孔は塚本山38・39

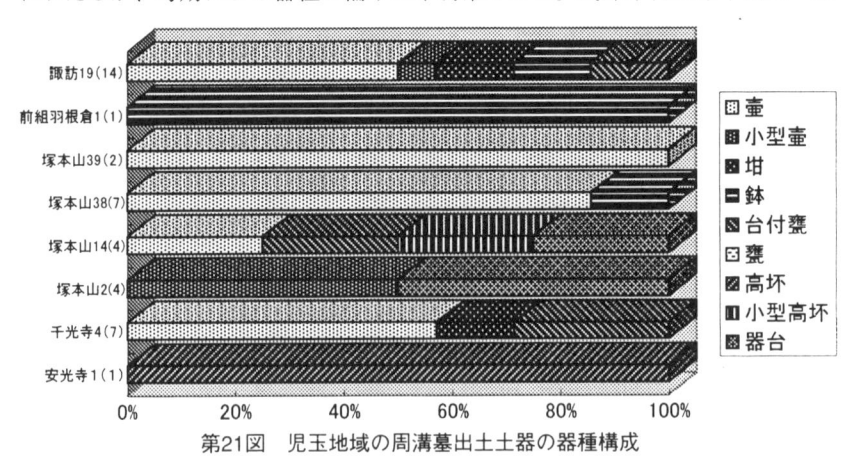

第21図　児玉地域の周溝墓出土土器の器種構成

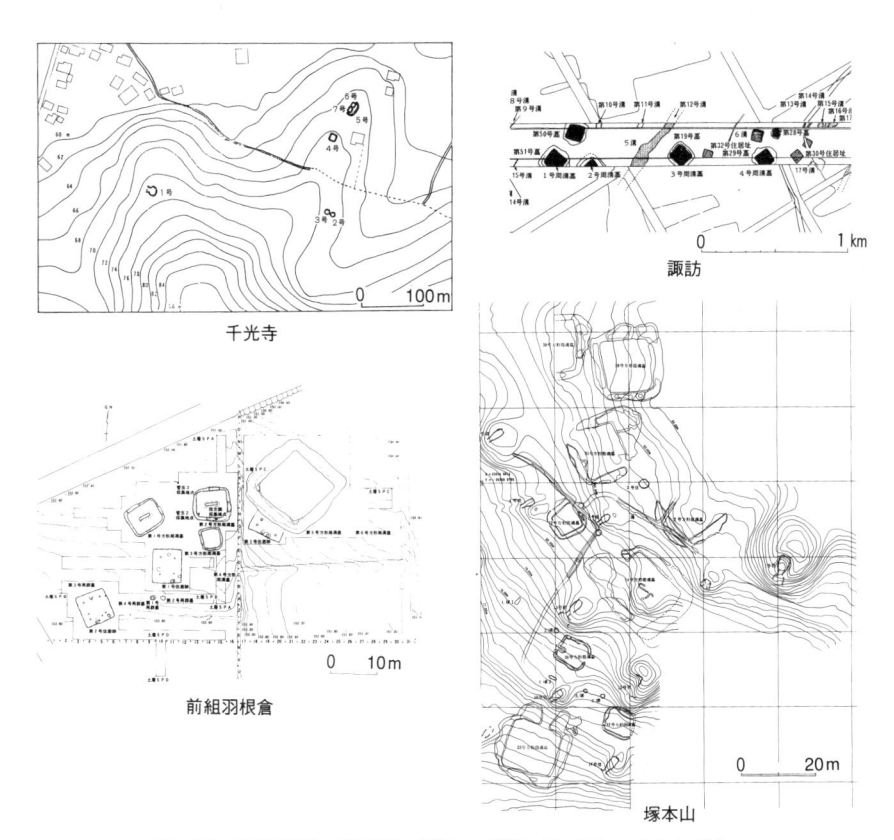

第1章 良好な方形周溝墓の様相 53

第22図 児玉地域の周溝墓の群在の様相（各報告書より転載）

号、諏訪19号で認められる。全体に出土個体数の少ない塚本山39号を除いて、出土土器の1〜2割程度である。出土状況は上・中層から出土するほか、塚本山38号では溝中土坑から遺棄された状態で、千光寺4号、塚本山2・38・39号、諏訪19号では溝底に接して出土している。前組羽根倉1号では溝中土坑から碧玉製の勾玉と滑石製の管玉が出土している。土器は破片でも大型のものが多い。

群在の様相（第22図）

児玉・美里地域で周溝墓とされる遺構の群在の様相がわかる遺跡は、北から神川町前組羽根倉遺跡、児玉町塩谷大塚遺跡（恋河内1990）、本庄市飯玉東遺

跡（増田・駒宮1979）、本庄市諏訪遺跡（佐藤1989、増田1990）、本庄市下野堂遺跡（本庄市1976）、美里町塚本山遺跡、美里町神ケ谷戸遺跡（美里町1986）、岡部町千光寺遺跡がある。多くは部分的な調査や概略図のみの公表であるため、ここでは確実な周溝墓を含み、3基以上の群の様相がわかる前組羽根倉遺跡、諏訪遺跡、塚本山遺跡、千光寺遺跡について、とくに群在の様相に限ってみることにしたい。

　前組羽根倉遺跡は周溝墓とされる遺構が6基調査されている。時期は土器が少なく不明瞭だが、3期と考えられる。2期の集落を壊して造られている。軸方位は東西方向の2・3号と北西－南東方向の1・4～6号とがあり、前者は小型で、後者は1号を除き大型である。4・6号は平面プランの検出のみのため確実でないが、いずれも全周形と考えられる。築造は2つの群が一定の間隔を取りながら整然と行われた考えられる。

　諏訪遺跡は周溝墓とされる遺構が6基調査されている。時期は3～4期で、軸方向はいずれも南北方向である。築造は一定の間隔を取りながら整然と行われている。

　塚本山遺跡は周溝墓とされる遺構が11基調査されている。時期は3～4期で継続した築造が考えられる。軸方位は南北方向の38・39号と、南西―北東方向の33号、南東－北西方向のそれ以外に分かれるが、陸橋部の開口方向を勘案すればさらに細分が可能である。軸方向は等高線に沿っており、地形的な制約も軸方向の決定要因になっているのがわかる。規模は南東―北西軸のものには大小があるが、それ以外はいずれも大型である。31・38・39号は近接しているが、それ以外は10mほどの間隔を置いて造られている。

　千光寺遺跡は、周溝墓とされる遺構が3基調査されている。時期は5期より後で、軸方向はいずれも北東―南西方向である。大きく大型の4号と小型の6・7号の2群に分かれる。6・7号は周溝が接しており共有している。

5. 武蔵野台地

　武蔵野台地では、埋葬施設の検出された富士見市北通遺跡、東台遺跡、新座市新開遺跡、上福岡市権現山遺跡、所沢市東の上遺跡、周溝から碧玉製管玉が出土した志木市西原大塚遺跡、底部穿孔壺が出土した三芳町本村南遺跡等の周溝墓が知られている。だが、大部分は部分的な調査であり、ここでは全容が報告されている富士見市北通遺跡と東台遺跡、所沢市東の上遺跡の例についてみることにしたい。

個々の周溝墓

　富士見市北通遺跡（高橋1987、第23図）は、柳瀬川の低地に南面する小舌状台地上に立地する。小支谷の対岸には大規模な環濠集落である南通遺跡がある。
　26地点8号周溝墓は遺構の北側が調査されたもので、南側は土取りにより破壊されている。全体の平面形は方形で、調査区内では陸橋部は確認されていない。方台部は方形で、規模は東西方向で10.8mである。埋葬施設は2.8m×1.3mのやや不整な隅丸長方形で、深さは10cmほどである。周溝は幅1.2～1.7mで北側の張出しを含めると2.0mになる。深さは北溝が浅く1.0m、東・西の溝は1.4mである。断面形は逆台形である。北溝の方台部側に高坏と壺を組み合わせた壺棺が、西溝には溝中土坑がある。溝中土坑について報告者は、施設としては疑問を感じるとしている。壺棺は周溝がある程度埋没した段階で掘りこまれている。遺物は、埋葬施設からガラス玉31点と鉄剣が出土している。周溝からは北溝中央の壺棺周辺の上層から焼成後底部穿孔の壺・器台・焼成前底部穿孔の鉢が、北西コーナーの中層から焼成後の底部穿孔壺が出土している。時期は2期である。
　富士見市東台遺跡（会田1978、富士見市1986、第23図）は柳瀬川の低地に南面する水子支台の縁辺に立地する。
　1号周溝墓は、全体の平面形が隅丸方形で、南西コーナーに陸橋部を持つも

56　第Ⅰ部　方形周溝墓の条件

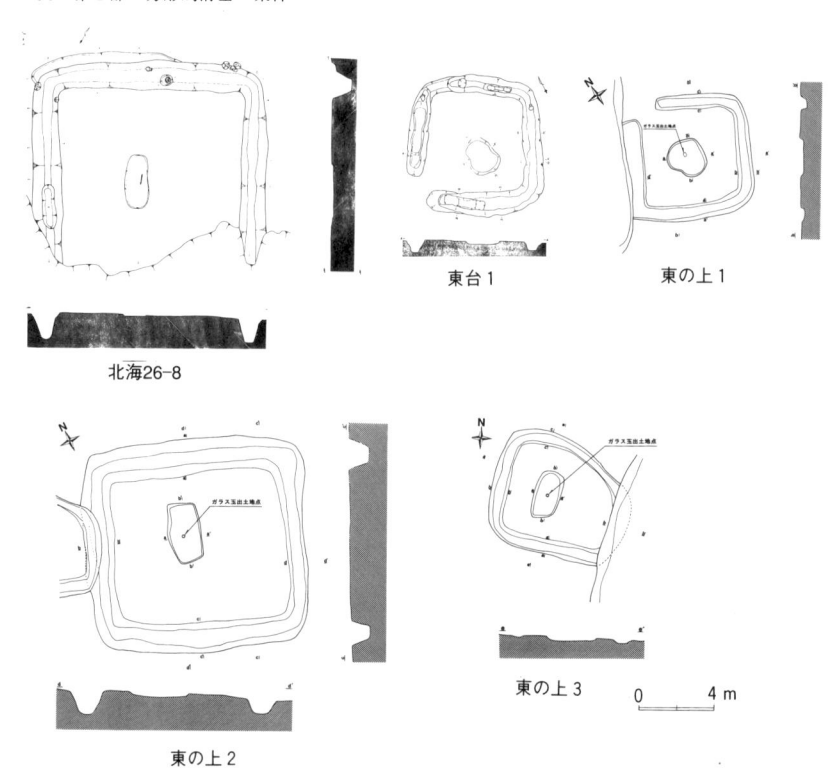

東台1

東の上1

北海26-8

東の上3

東の上2

第23図　武蔵野台地の良好な周溝墓（各報告書より転載、S＝1：400）

のである。方台部は直線的な辺を持つ方形で、規模は5.8m四方である。埋葬施設は周溝の軸方向に対して斜めの軸で設けられる。2.0m×1.5mの不整な方形で、深さは15cmほどである。周溝は南溝が広く幅1.3m、その他の溝は幅80cm～1.0mである。深さは40～70cmで、南溝、西溝に溝中土坑が認められる。断面形は逆台形である。遺物は、北東・北西コーナーの溝底から20cmほど浮いて焼成後の底部穿孔壺が出土している。時期は2期である。

　所沢市東の上遺跡（粕谷・千葉1995、第23図）は柳瀬川の低地に臨む台地縁辺に立地する。方台部に埋葬施設が検出された周溝墓3基が調査されている。

　1号周溝墓は、2号周溝墓の東に接して造られている。全体の平面形は若干歪んだ方形で、方台部も同様の形態である。北西コーナーに陸橋部を持つ。規

模は5.2m四方である。埋葬施設は2.2m×1.8mの不整な円形で、深さは25cmほどである。周溝は幅80cm～1.0mで、深さ30～45cmで、底面はほぼ平坦である。断面形は逆台形である。覆土には若干の焼土、炭化物が含まれている。遺物は、埋葬施設からガラス玉が5点出土している。周溝からの遺物は土器の小破片のみである。時期は他の遺構との関係から1期と考えられる。

　2号周溝墓は、1・3号周溝墓に接して造られている。全体の平面形は若干歪んだ方形で、方台部も同様の形態である。周溝は全周する。規模は6.8m×6.1mである。埋葬施設は3.1m×80cmの不整な長方形で、深さは20cmほどである。周溝は北溝がやや広く幅2.0m、南溝が幅1.6m、南東コーナーが狭く1.0mである。深さは東溝が浅く70cm、北溝と西溝が深く1.2m、南溝が90cmである。底面はほぼ平坦である。断面形は逆台形である。覆土には若干の焼土、炭化物が含まれている。遺物は、埋葬施設からガラス玉が9点、北東・北西コーナーの中層から焼成後の底部穿孔壷が各1点、南溝中央の中層から台付甕が出土している。時期は1期である。

　3号周溝墓は、2号周溝墓の周溝を切って造られている。全体の平面形は歪んだ隅丸長方形で、方台部も同様の形態である。周溝は全周する。規模は4.1m×3.4mで小型である。埋葬施設は2.5m×1.4mの不整な隅丸長方形で、深さは25cmほどである。周溝は南・西溝がやや広く幅90cm、北溝が狭く幅40cmである。深さは25～40cmほどで、底面はほぼ平坦である。断面形は逆台形である。覆土には若干の焼土、炭化物が含まれている。遺物は、埋葬施設からガラス玉が2点、南西コーナーの中層から壷が1点出土している。時期は1期である。

　以上をまとめると、全体の平面形は方形と隅丸方形、長方形があるが、いずれも直線的な辺を持つ整った方形・長方形である。陸橋部は周溝が全周するものか、コーナーの一つが陸橋部になるものである。方台部の規模（長軸）は北通26－8号が最大で10.8m、それ以外は4～7mで小型である。周溝の幅（最大）は、東の上2号の2.0m、北通26－8号の1.7mと、それ以外に2分できる。深さ（最深）は、東の上2号の1.2m、北通26－8号の1.4mと、40～70cmのそれ以外に2分できる。周溝内の施設は、北通26－8号で壷棺と溝中土坑が、東

58　第Ⅰ部　方形周溝墓の条件

台1号で西・南溝に溝中土坑が認められる。東台1号南溝のものは施設の可能性が高いが、その他は不明である。

　遺物量は全体的に少なく、東の上1号では出土していない。遺物量は最大規模の北通26－8号が最も多いが、そのうちの2点は壷棺のため、規模との相関は速断できない。出土土器の器種（第24図）は、壷がほぼ半数を占めるようである。底部穿孔は、北通26－8号、東台1号、東の上2号で認められる。北通26－8号の鉢を除いていずれも焼成後穿孔である。穿孔率は全体の出土量が少ないため不明瞭だが、北通26－8号では3割程度である。出土状況は、北通26－8号、東台1号、東の上2号で底部穿孔壷がコーナーから出土している。北通26－8号では壷棺の埋置後に周辺に土器が置かれたとされている。出土土器はいずれも完形に近く、破片でも大型のものである。

群在の様相（第25図）

　武蔵野台地で周溝墓とされる遺構群が検出された遺跡は、北から上福岡市権現山遺跡（笹森1983・1984・1986）、富士見市東台遺跡、北通遺跡（今橋ほか1975、小出1978・1989）、志木市西原大塚遺跡（尾形1990、佐々木1991・1998）、朝霞市向山遺跡（照林1986）、新座市新開遺跡（新座市1987、斯波1989）、所沢市東の上遺跡、宮前遺跡（飯田1986）などである。ここでは確実な周溝墓を含み、3基以上の群の様相がわかる東台遺跡、東の上遺跡について、とくに群在の様相に限ってみることにしたい。

　東台遺跡では周溝墓が3基調査されている。いずれからも底部穿孔壷が出土

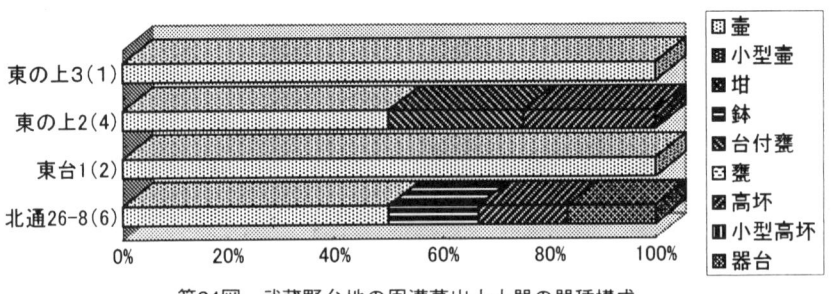

第24図　武蔵野台地の周溝墓出土土器の器種構成

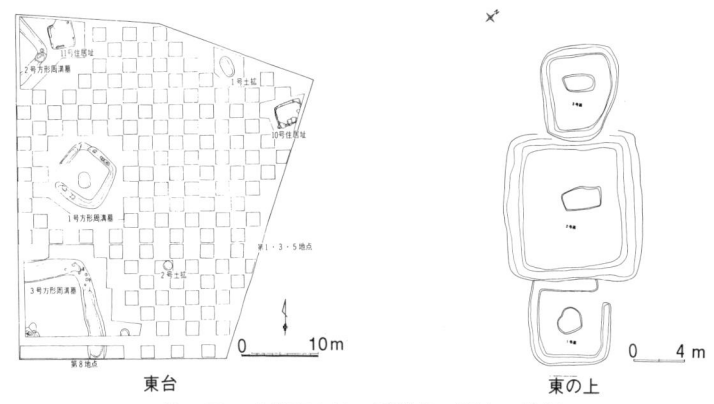

第1章　良好な方形周溝墓の様相　59

第25図　武蔵野台地の周溝墓の群在の様相

している。時期は2期で、軸方位は北東－南西方向の1・2号と、北西－南東の3号の2方向がある。いずれも10mほどの間隔を空けて築造されている。

東の上遺跡では周溝墓とされる遺構が3基調査され、いずれからも埋葬施設が検出されている。時期は1期である。2号を中心に東西に1・3号が、周溝を接して築造されている。

権現山遺跡、西原大塚遺跡、向山遺跡、新開遺跡も全容は明らかでないが、方台部が切り合うようなことはなく、整然とした築造である。

6. 荒川低地

荒川低地で現在までに方形周溝墓とされる遺構が検出されている遺跡は、旧入間川の左岸の自然堤防上に立地しているものが多く、右岸のものは鳩ヶ谷市三ツ和遺跡、東京低地の東京都板橋区舟渡遺跡（山崎ほか1998）、北区豊島馬場遺跡（中島・小林1995）、足立区舎人遺跡（佐々木ほか1996）、伊興遺跡（実川・小林・小田1992）などが知られているにすぎない。当然のことながら本来両者を一括して検討する必要があるが、ここでは便宜的に荒川低地の例、すなわち旧入間川の左岸の例に限って概観することにしたい。

個々の周溝墓

浦和市下大久保新田遺跡1号周溝墓（山田1994）、戸田市南町遺跡1号周溝墓（福田1987）は埋葬施設の検出されたものである。このほかに未報告だが、川島町尾崎遺跡3号周溝墓[5]でも埋葬施設が検出されている。これらの遺跡はいずれも旧入間川左岸の自然堤防上に立地する。

下大久保新田遺跡1号周溝墓（第26図）は北溝と東溝、南溝の一部が調査されたものである。全体の平面形は各辺が丸みを帯びた隅丸方形である。南西側に陸橋部を持つ。方台部の形態は各辺が丸みを帯びた隅丸方形である。規模は長軸方向で12.15mである。埋葬施設は3.1m×2.36mの隅丸長方形で、深さは20cmほどである。周溝は北溝が幅1.0m、深さ25～40cmで、コーナーで幅広となる。南溝は幅60cm、深さ10cmで、ブリッジから若干離れた位置に1.4×0.7m、深さ40cmの溝中土坑がある[6]。遺物は北溝の中央、南溝の溝中土坑、埋葬施設北側のピットから、いずれも溝底から浮いて出土している。いずれも各個体がある程度まとまりのある破片の状態である。器種は壺・広口壺・小型壺・台付甕・S字甕・器台・高坏・鉢がある。底部穿孔壺は出土していない。時期は4期である。

南町遺跡1号周溝墓（第26図）は、南溝と東西の周溝の南側が調査されたものである。全体の平面形はやや丸みを帯び、方台部の形態は整った方形である。規模は主軸方向で14.6mである。埋葬施設は長軸3.0m以上、短軸1.0m以上と推定される不整方形である。深さは5～10cmである。周溝は溝幅1.4～2.0m、深さは南西→北東方向で50cm→1.0mと深くなる。南西コーナーには溝中土坑がある。遺物は南西・南東の両コーナーと南溝の西寄りの上層から、破片の状態で出土している。両コーナーでは赤彩の縄文施文の壺が破砕された状態で出土している。出土器種は壺・台付甕・小型壺・高坏・鉢である。また底部穿孔の可能性がある壺の底部破片が2点出土している。時期は3期である。

以下は副葬品的な遺物の出土により、方形周溝墓と考えられるものである。浦和市大久保領家片町遺跡は旧入間川左岸の自然堤防上に、草加市蜻蛉遺跡（鈴木1985）は荒川低地と中川低地の狭間、毛長川流域左岸の自然堤防上に立地する。

大久保領家片町遺跡26号周溝墓（山田ほか1996、第26図）は、周溝から鉄剣が出土している。遺構の西側半分は調査区域外にかかる。全体の形態は各辺が直線的な方形である。方台部の平面形はほぼ方形である。調査区内では陸橋部は確認されていない。規模は、南北方向で12.8mである。周溝は幅2.2～2.9mで、深さは北溝・東溝80cm～1.0m、南溝は深く1.4mである。南溝は方台部側の壁面にテラスとまではいえないが段が認められる。遺物は底面からやや浮いた状態で出土している。器種は壺・小形壺・甕である。鉄剣は南溝の中央付近で底面から30cmほど浮いて出土している。時期は4期である。

　蜻蛉遺跡3号周溝墓は副葬品の可能性が高い勾玉、切子玉の出土から周溝墓であると考えられるものである。東西のコーナーが未調査だが、トレンチ等により全体の規模や形態が明らかになっている。全体の平面形はほぼ整った方形で、周溝が全周あるいはコーナーに陸橋部を持つものである。方台部はやや丸みを帯びた方形で、規模は22.4m×20.6mである。周溝は幅3.0～3.5m、深さは20cm～50cmで、北東・北西溝が深い。溝底はほぼ平坦である。北西コーナーの下層には炭化物・焼土が多く含まれる。遺物は各周溝から細片の状態で出土し、とくに北西コーナーに多い。下層から上層まで一様に出土しており、コーナー部分は方台部からの流れ込みと考えられる。勾玉は南東溝の南コーナー寄りの溝底から10cmほど浮いて、切子玉は北東溝の中央の溝底から20cmほど浮いて出土しており、方台部からの流れ込みと考えられる。出土器種は壺・小型壺・甕・台付甕・器台・土玉である。時期は5期である。

　以下は、底部穿孔壺の出土により方形周溝墓と考えられるものである。

　戸田市鍛冶谷・新田口遺跡は旧入間川左岸の自然堤防上に立地している。

　大久保領家片町遺跡11号周溝墓（山田ほか1996、第26図）は、南溝が後世の溝に切られるが、ほぼ全体の様相が窺えるものである。全体の平面形は隅丸の台形である。方台部は南北辺のやや長い台形で、周溝の外側はやや丸みを帯びている。規模は長軸の北側が13.5m、南側が15.6m、短軸の測定可能個所で15.2mである。溝幅は1.3～2.1m、深さ50cm～1.0mである。コーナーは50～70cmほどで浅くなっており、西溝の中央がやや深く掘り込まれている。遺物はコーナー

62 第Ⅰ部 方形周溝墓の条件

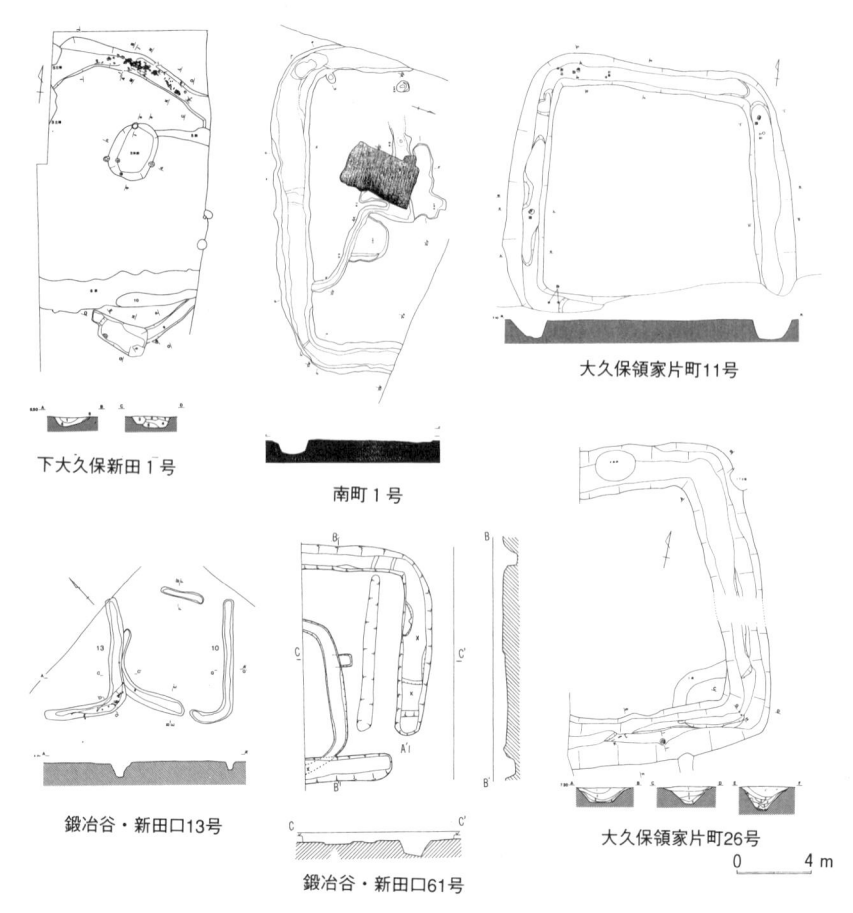

下大久保新田1号

南町1号

大久保領家片町11号

鍛冶谷・新田口13号

鍛冶谷・新田口61号

大久保領家片町26号

0　　　　　4 m

第26図　荒川低地の良好な周溝墓（各報告書より転載、S＝1：400）

付近を中心に溝底からやや浮いて出土している。壺は方台部の肩に置かれたものが転落したと考えられる。器種は壺・甕・高坏で、壺と高坏が多い。ほかに土錘、石鏃が出土している。壺のうち2点は底部が穿孔され、1点は胴部に穿孔されている。時期は3期である。

　鍛冶谷・新田口遺跡13号周溝墓（西口1986、第1図）は、平面形はL字形で、南東・南西溝のみが検出されている。規模は北東―南西方向で5.8m、北西―南東方向で3.8mである。周溝は幅70cm、深さ70cmほどで、底面は平坦である。

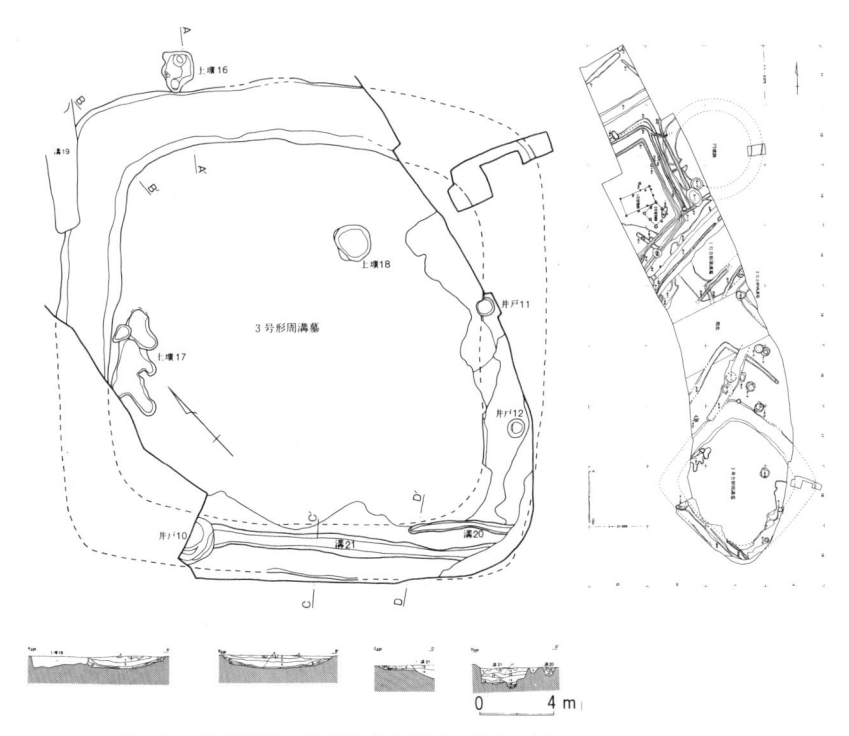

第27図　蜻蛉遺跡3号周溝墓と群在の様相（鈴木1985より転載）

南コーナーの底面から底部穿孔壺が出土している。時期は2期である。

　61号周溝墓（塩野・伊藤1968、第26図）は遺構の南半分が調査され、南溝の全体と東西の周溝の南半分が調査されている。平面形は南西コーナーに陸橋部を持つ各辺の整った方形と考えられる。規模は東西方向で5.0mである。周溝は幅1.3～1.7mで、コーナーが20cm前後と浅く、周溝の中央に向かって段を持って深くなり50cm前後となる。南溝の方台部側にテラスが認められる。遺物は、南溝の周溝中央と陸橋部寄りに底面からやや浮いて底部穿孔壺が出土している。時期は1期を遡るものである。

　以上をまとめると、平面形は整った方形と、隅丸あるいは各辺が丸みを帯びた方形の2種類がある。方台部の規模は最小の鍛冶谷・新田口61号（5.0m）から最大の蜻蛉3号の22.4mまで17mほどの開きがある。蜻蛉3号を除くと、大

64　第Ⅰ部　方形周溝墓の条件

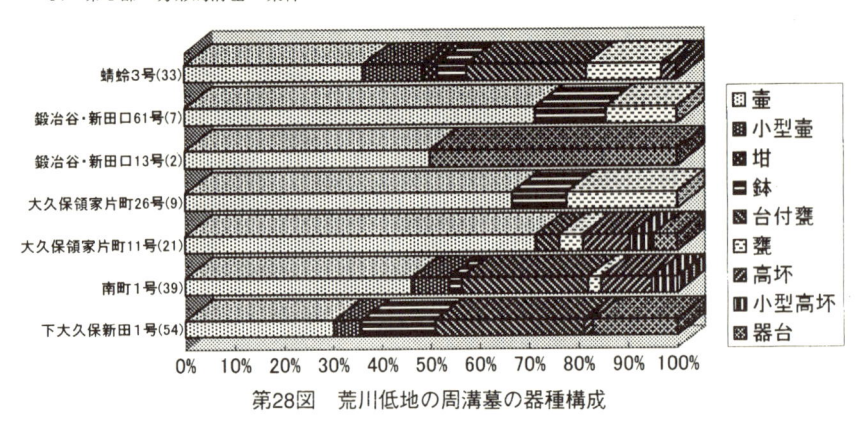

第28図　荒川低地の周溝墓の器種構成

きく5〜8mの鍛冶谷・新田口遺跡の2基と12〜16mのそれ以外に2分できる。周溝の幅は60cmから3mまで幅があり、1.3〜2.0m前後のものが多い。深さは、最も浅いもので10cm、最も深いもので1.4mと幅があり、50cmから1mのものが多い。周溝内の施設は、溝中土坑、テラス、段が認められる。溝中土坑は施設の可能性が高いものである。

　遺物量は多寡があり、器種も多様である。遺物量の多寡と周溝墓の規模の相関は不明瞭である。出土土器の器種（第28図）は、3期までの4基については壺が半数以上を占め、4・5期の下大久保新田1号と蜻蛉3号では3割程度となっている。台付甕・甕については逆に4・5期の2基の比率が高く、3期には高いものと低いものの両者がみられる。高坏は南町1号でやや多いが、ほかではそれほど多くない。器台は下大久保新田で多いがほかは少ない。底部穿孔は南町1号、大久保領家片町11号、鍛冶谷・新田口13・61号のみで認められる。全体に出土量の少ない鍛冶谷・新田口の例を除いて、出土土器の一割にも満たない。出土状況は多様で、大久保領家片町11号、鍛冶谷・新田口13・61号のように方台部から転落したと考えられる状況、下大久保新田1号、大久保領家片町26号のようにまとまりのある破片が浮いて出土する状況、南町1号、蜻蛉3号のように細片が大量に出土する状況がある。

群在の様相

　荒川低地で周溝墓とされる遺構の群構成がわかる遺跡は、北から川島町尾崎遺跡、浦和市大久保領家片町遺跡、戸田市鍛冶谷・新田口遺跡、同南原遺跡（塩野・伊藤ほか1972）、同南町遺跡、草加市蜻蛉遺跡である。ここでは確実な周溝墓を含み、3基以上の群の様相がわかる大久保領家片町遺跡、鍛冶谷・新田口遺跡、蜻蛉遺跡について、とくに群集の様相に限ってみることにしたい。

　大久保領家片町遺跡（第29図）は周溝墓とされる遺構が30基調査されている。時期は2～4期にわたり、継続した築造が考えられる。軸方位はほとんどのものが北西－南東方向で、調査区の南側の11・12・16号が東西もしくは南北方向の軸である。軸方位と平面形の関係は認められない。調査区の北半は密集した築造はみられず、1－3号は南溝を共有して造られている。調査区の北側にも若干みられるが、調査区の南側、とくに23号以南は入れ子状あるいは知恵の輪状に激しく重複して造られる。この南側のものは周溝が細く、周溝の中央に陸橋部を持ち、各辺が丸いものが多いのが特徴的である。

　鍛冶谷・新田口遺跡（第29図）は周溝墓とされる遺構が110基以上調査されている。時期は1期以前から4期にわたり、1万㎡を超える調査区のほとんどすべてから周溝墓とされる遺構が検出されている。埋蔵文化財調査事業団調査地点B区4～9号では、一定程度の密度で間隔を置く、あるいは周溝が接して築造されているのに対して、A区1号、B区1～3号の調査区のものは入れ子状あるいは知恵の輪状に激しく重複している。周溝の中央部に陸橋部を持つものや1辺が欠けるものが多い点が特徴的である。

　蜻蛉遺跡（第27図）は周溝墓とされる遺構が部分的にではあるが3基調査されている。時期は5期である。規模には大小があり、一定の軸方向で間隔を置いて築造されている。また、1・2号周溝墓と3号周溝墓の間には区画溝（福田1996）がある。

　このように荒川低地の周溝墓群は、大久保領家片町遺跡の北側や鍛冶谷・新田口遺跡のB区4～9号、蜻蛉遺跡のように、比較的整然と一定の間隔を置く、あるいは周溝が接して造営される一群（戸田市南原遺跡、南町Ⅰ遺跡も同様で

66 第Ⅰ部 方形周溝墓の条件

鍛冶谷・新田口

A区1号
A区5号
A区6号
B区1号
B区2号
B区3号
B区5号
B区4号
B区6号
B区7号
B区9号

第1地点
第8地点
第5地点

0　　20m

0　　　　40m

大久保領家片町

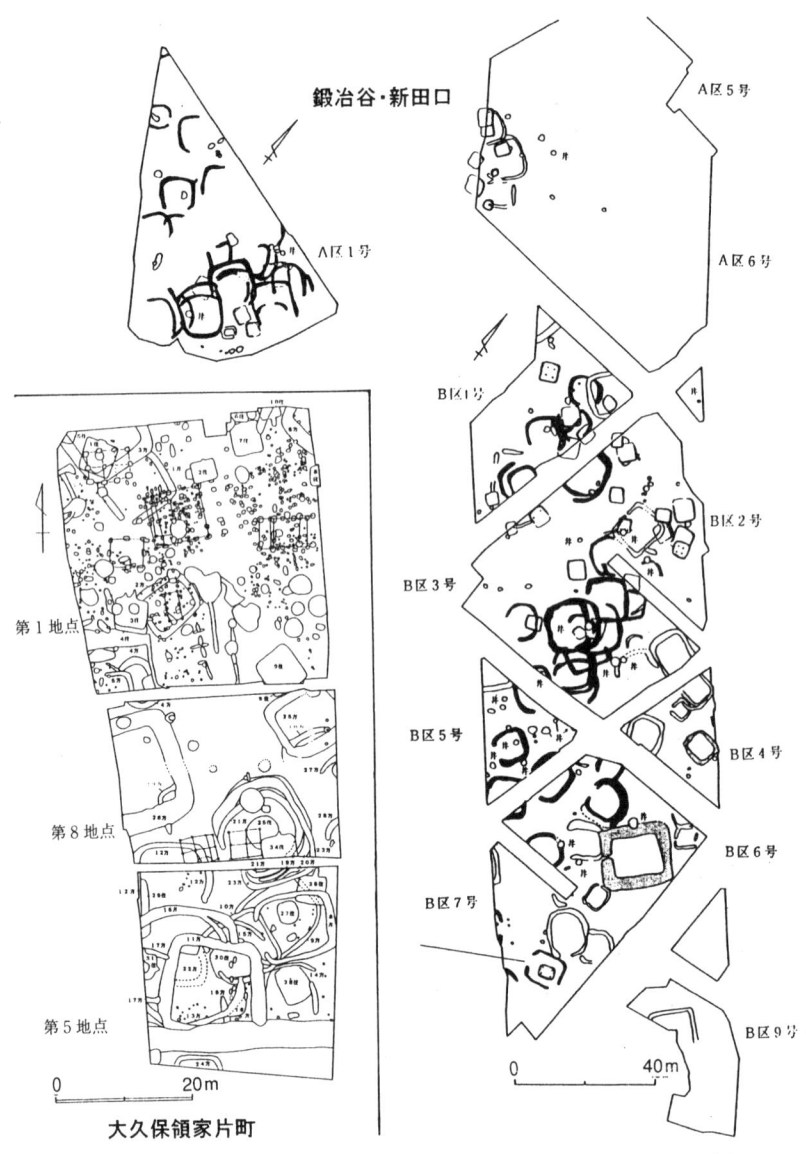

第29図　荒川低地の周溝墓の群在の様相（及川1998、報告書より転載）

ある）がある一方、大久保領家片町遺跡の南側や鍛冶谷・新田口遺跡のA区1号、B区1～3号のように入れ子状あるいは知恵の輪状に激しく重複して造られるという二つの群の様相があるのがわかる。この2様相のいずれにも確実な周溝墓と考えられるものが含まれる点は注意を要する。

7. 入西遺跡群

　荒川低地と並んで、越辺川に面する低台地上に位置する坂戸市入西遺跡群の稲荷前、広面、中耕の各遺跡で大規模な周溝墓群が検出されている。地形区分上では台地だが、実際にはほとんど自然堤防と同様の景観であるため低地の例として考えることにしたい。荒川低地同様に良好な例について概観する。

個々の周溝墓

　入西遺跡群には荒川低地のように埋葬施設の検出されたものは存在しないが、方台部の盛土が遺存していたものが4例みられる。
　広面遺跡SZ9（村田1990、第30図）は、盛土を除いた全体が調査されたものである。入西遺跡群中で最大のものである。全体の平面形は丸みを帯びた不整な円形に近く、南西辺の中央には南方向に斜めに延びる陸橋部がある。また、北東辺と南東辺の中央には突出部が設けられている。方台部はほぼ方形である。規模は25.6m×23.2mである。盛土は現在でも確認面から高さ2mほどあり、田園風景の広がるなかではっきりそれとわかるほどの高まりがある。溝幅は南東側が広いが一定せず8.0～13.0m、深さは1.0～1.2mである。北東側の突出部の正面はやや深く掘り窪められている。陸橋部の方台部際には幅1.0m、深さ70cmの溝が掘りこまれている。遺物は陸橋部の方台部際とその東側の周溝、南東側の突出部周辺から溝底から浮いた状態で出土している。底部穿孔はいずれも焼成前のものである。両コーナーでは赤彩された縄文施文の壺が破砕された状態で出土している。出土器種は壺・小型壺・高坏・器台である。時期は4期である。

68　第Ⅰ部　方形周溝墓の条件

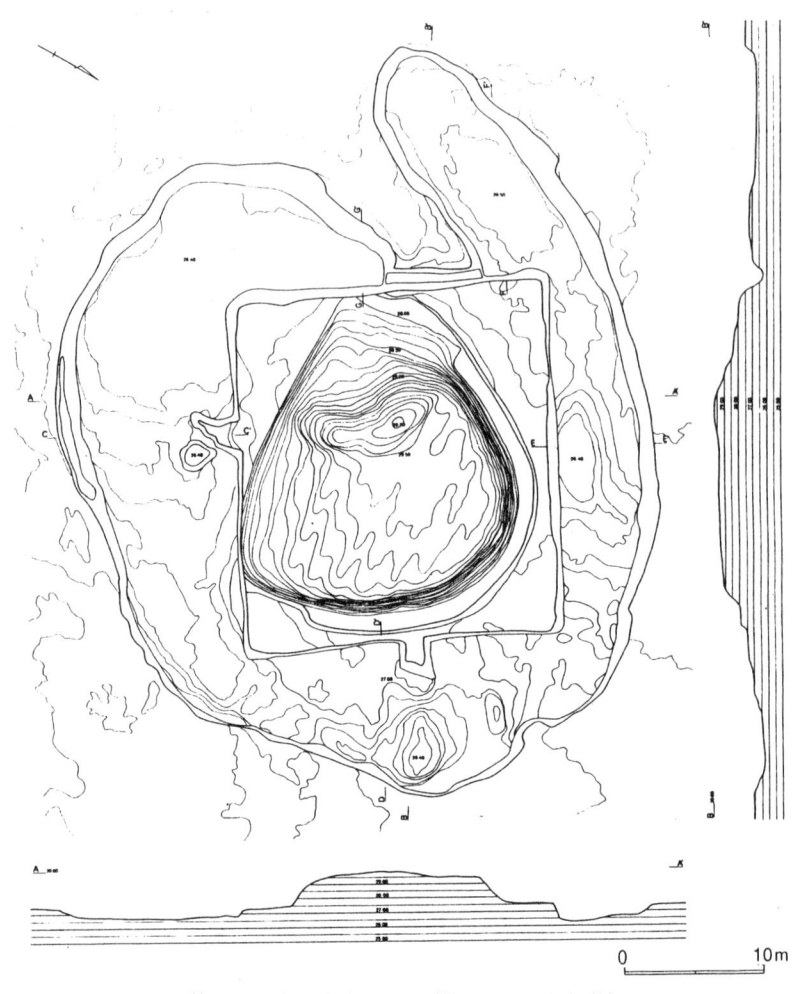

第30図　広面遺跡ＳＺ9　(村田1990より転載)

　中耕遺跡ＳＲ21（杉崎1993、第31図）はＳＲ16・17・19・20・22・30・31・32の各周溝墓に囲まれて造られている。全体の平面形は各辺が丸みを帯びた隅丸方形で、周溝は全周する。方台部は東西にやや長い長方形である。規模は16.2m×14.3mである。盛土は方台部のほぼ中央に高さ約80cmの地膨れ状態で検出されている。後世の耕作を受け著しく変形しており、埋葬施設は検出さ

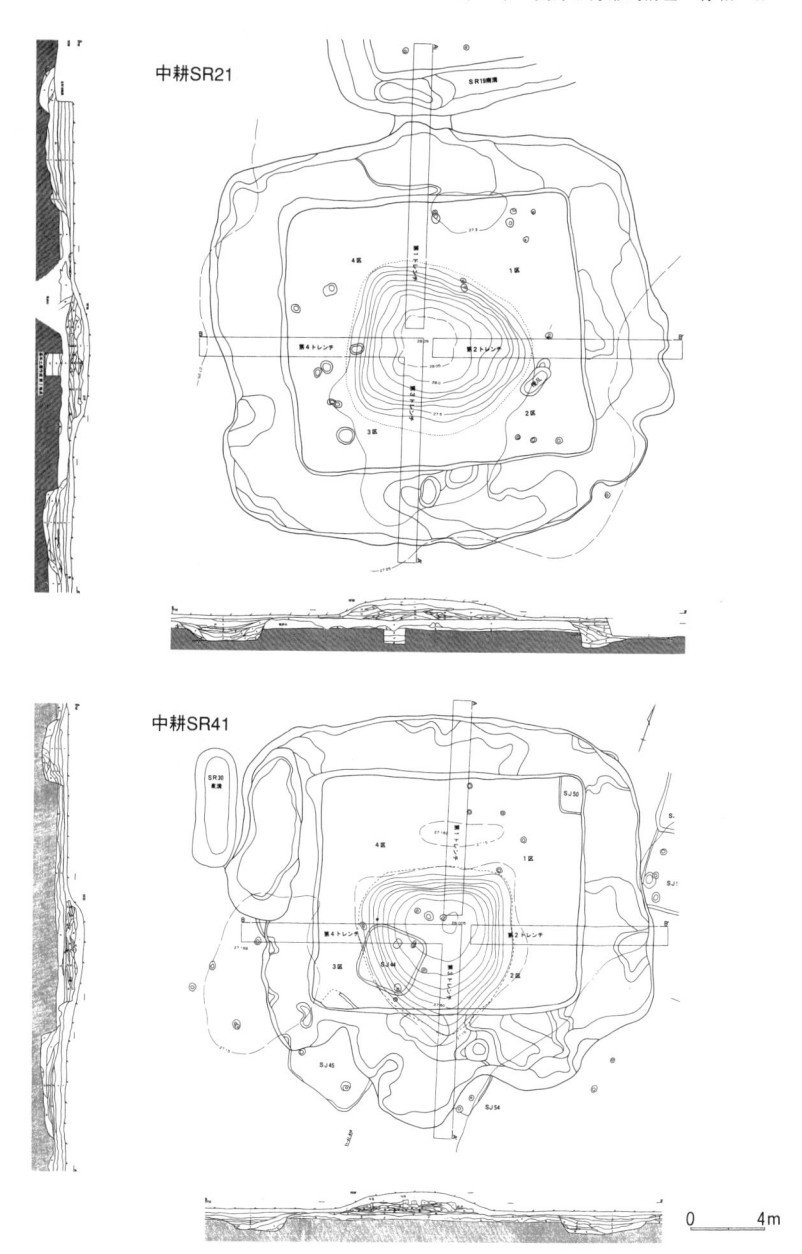

第1章　良好な方形周溝墓の様相　69

中耕SR21

中耕SR41

第31図　中耕遺跡ＳＲ21・41（杉崎1994より転載、Ｓ＝1：400）

れていないが、中世のものと考えられる直上の盛土攪乱層中から刀子が出土している。周溝は幅4.1～4.7m、深さ70cm～1.0mで、南溝の底面に浅い窪みが認められる。遺物は各周溝から出土しているが、とくに南溝の中央から完形に近いものが炭化材とともに、溝底あるいは若干浮いて多く出土している。北溝、西溝からも遺棄された状態で出土している。土器は多く、図示されたものだけでも80点に上る。器種は壷・小型壷・台付甕・台付鉢・器台・装飾器台・高坏・鉢がある。壷、小型壷のうち16個には焼成後の底部穿孔が施されている。時期は3期である。

　ＳＲ41（第31図）は、ＳＲ30に接して造られ、ＳＲ30より新しい。全体の平面形は各辺が丸みを帯びた不整な隅丸方形である。方台部は東西にやや長い長方形である。周溝は全周するが全体的に浅く、外側の形状は不整でとくに南溝は著しく凹凸がある。規模は14.5m×12.6mである。盛土は方台部の南寄りに高さ約60cmの地膨れ状で遺存している。後世の耕作を受け著しく変形しており、埋葬施設は検出されていない。周溝は北・東・西溝が細く幅3.3～4.3m、深さ50～80cmである。南溝は広く幅6.2m、深さ60cmである。西溝には9.0m×3.1m、深さ1.4mの長楕円形の土坑が掘りこまれている。遺物は南西コーナーから台付甕、小型壷、高坏の破片でが多く出土している。また西溝の土坑の底面から二股鋤と底部穿孔壷が出土している。器種は壷・小型壷・台付甕・台付鉢・器台・装飾器台・高坏・鉢がある。壷は焼成後の底部穿孔が施される。時期は3期である。

　中耕遺跡ＳＲ42は盛土が遺存するが、攪乱が多く遺構の南側はほとんど破壊されているため、ここでは割愛したい。

　以下は底部穿孔壷の出土等で周溝墓と考えられるものである。

　広面遺跡ＳＺ2（第32図）は、各辺が丸みを帯びた隅丸方形で、周溝は全周する。方台部は若干歪んだ方形である。規模は8.2m×7.8mである。周溝は幅2.4～2.6mでコーナーは細くなり1.8m、深さは西・南溝が60cm、北・東溝が30～40cmである。遺物は西溝からのものが多く、溝底から浮いた状態で出土している。器種は壷・小型壷・器台・高坏・鉢である。壷3個には焼成後の底部穿

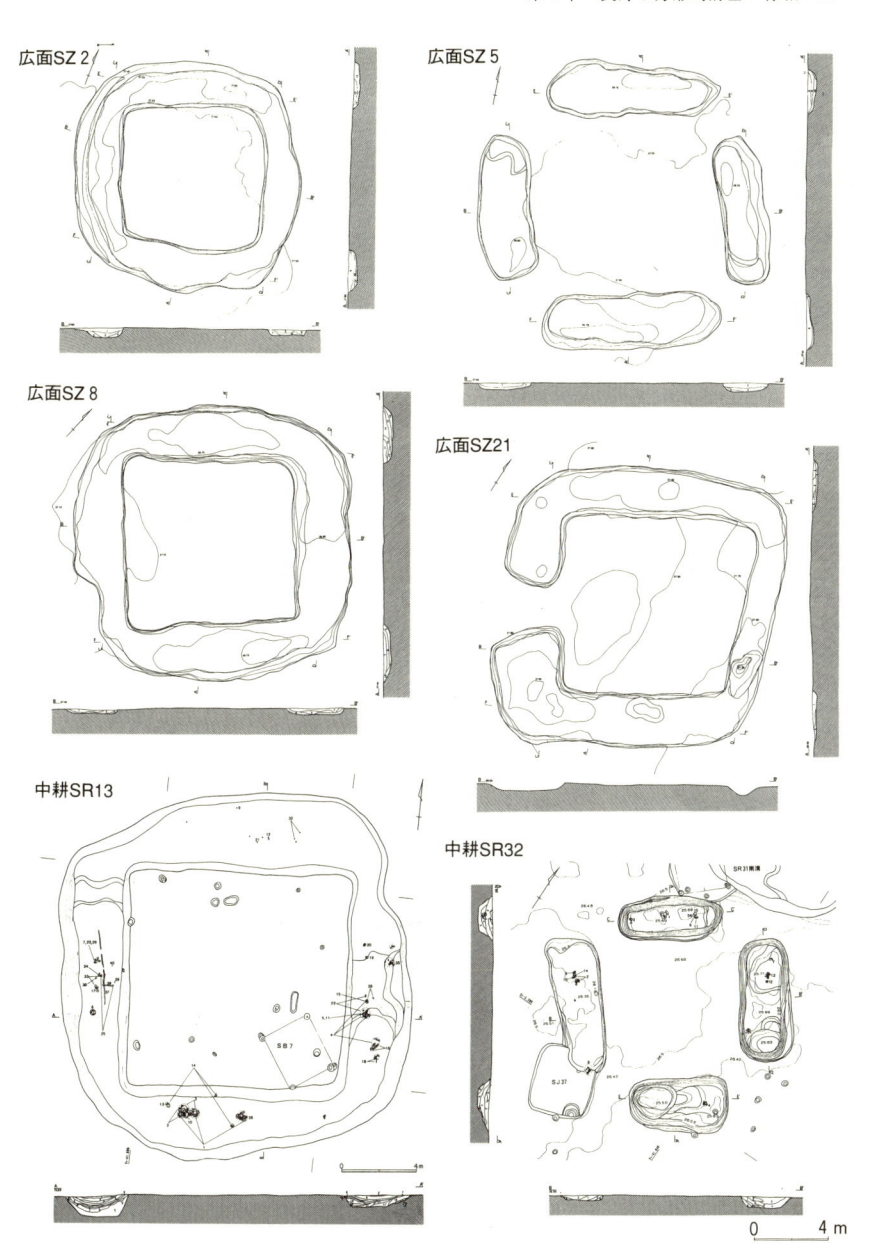

第1章　良好な方形周溝墓の様相　71

第32図　入西遺跡群の良好な周溝墓(1)（各報告書より転載、S＝1：400）

孔が施されている。時期は4期である。

　ＳＺ5（第32図）は、外周が丸みを帯びた隅丸方形で、四隅が切れるものである。方台部は正方形である。規模は11.0m×9.9mである。周溝の規模を長さ、幅、深さの順に記すと北溝が9.5m×3.1m×0.5m、東溝が7.8m×2.4m×0.5m、南溝が9.8m×3.0m×0.5m、西溝が7.6m×3.0m×0.4mである。遺物は南溝から溝底から浮いた状態で出土している。器種は壺・小型壺・器台・高坏・鉢である。壺3個には焼成後の底部穿孔が施されている。時期は4期である。

　ＳＺ8（第32図）はＳＺ19を避けて築造され、西コーナーが括れている。周溝は全周する。全体の平面形は各辺が丸みを帯びた隅丸方形である。方台部は若干歪んだ方形である。規模は10.1m×9.1mである。周溝は幅3.0m前後で西コーナーは細くなり1.6m、深さは南西溝が浅く20cm、ほかは40～70cmである。遺物は南コーナー付近と北西溝の西コーナー寄りの溝底から出土している。器種は壺・小型壺・器台・高坏・鉢である。壺にはすべて焼成後の底部穿孔が施されていた。時期は4期である。

　ＳＺ21（第32図）は各辺が丸みを帯びた隅丸方形で、方台部は若干歪んだ方形である。周溝は西溝の中央に陸橋部を持つ形態である。規模は10.7m×9.9mである。周溝は北東溝が細く幅1.7m、南西溝が広く幅4.0m、北西溝、南東溝はそれぞれ幅2.6m、3.0mである。深さは30～50cmで浅い。遺物は陸橋部南側と南東溝の溝底から出土している。器種は壺・小型壺・台付甕・器台・鉢である。壺2点、小型壺1点には焼成後の底部穿孔が施されている。時期は3期である。

　中耕遺跡ＳＲ13（第32図）は周溝が全周し、各辺が丸みを帯びた隅丸方形のものである。方台部は12.4m×12.2mの方形である。周溝は幅3.6～4.2mである。深さは50cm～1.3mで各コーナーが浅くなる。遺物は各周溝から出土しているが、北溝の遺物は破片のみである。その他の遺物は完形率が高く、溝底から若干浮いて出土している。西溝では壺、器台、高坏とともに竿状の木製品が出土している。器種は壺・小型壺・器台・高坏・鉢である。壺にはすべて焼成後の底部穿孔が施されている。時期は4期である。

　ＳＲ32（第32図）は四隅が切れる平面形のものである。方台部は方形で、周

溝の外側も直線的である。規模は8.4m×7.8mである。周溝の規模を長さ、幅、深さの順に示すと北溝が5.7m×2.3m×0.9m、東溝が6.4m×2.9m×0.6m、南溝が5.4m×3.0m×0.9m、西溝が7.2m×2.8m×0.4mである。東溝、南溝の溝底には不整形の掘り込みがある。遺物はそれぞれの周溝からいずれも溝底から浮いて出土している。とくに北溝からはまとまって壺、小型壺、器台、高坏が出土している。また東溝南側の方台部肩からは朱が若干出土している。器種は壺・小型壺・台付甕・器台・高坏・装飾高坏・鉢である。壺・小型壺には1点を除き焼成後の底部あるいは胴部に穿孔が施されている。時期は3期である。

　稲荷前遺跡B区SR05（富田1994、第33図）は周溝が全周するもので、北溝が広く、溝の中央が陸橋部状に直線的に浅くなっている。全体の平面形はやや歪んだ隅丸方形である。周溝の外側の形状はやや不整で、方台部は若干歪んだ方形である。規模は12.3m×10.2mである。周溝の幅は北溝が広く7.5m、東溝が3.0m、南溝が2.5m、西溝が3.8mである。深さは凹凸があるが60〜90cm前後である。北溝は中央部分を方台部に直交するように陸橋部状に浅くし、直線的に両側を深く掘り込んでいる。遺物は南溝中央と北東コーナー付近からまとまって出土している。とくに南溝からは壺、小型壺、器台が溝底からまとまって出土している。器種は壺・小型壺・器台・台付甕・鉢である。壺には焼成後の底部穿孔が施されている。時期は4〜5期である。

　C区SR01は、周溝が全周し南溝が広いものである。全体の平面形はやや歪んだ隅丸方形である。周溝の外側の形状はやや不整だが直線的である。方台部は方形で、規模は15.2m×14.2mである。周溝の幅は北東部の広がりを考慮しなければ北・東・西溝が2.5〜3.0mで、南溝が4.2mである。北東の広がりは幅2〜3mである。底面は平坦で、深さは10〜40cmである。遺物は多く、各周溝から出土しているが、南溝中央と東溝の南東コーナー付近からまとまって出土している。とくに南溝からは壺、小型壺、器台が溝底から若干浮いて一括して出土している。出土器種は壺・小型壺・高坏・器台・装飾器台である。壺・小型壺の大多数には焼成後の底部穿孔が施されている。時期は3期である。

　C区SR07は周溝が全周するもので、北西コーナーの一部が調査されていな

74　第Ⅰ部　方形周溝墓の条件

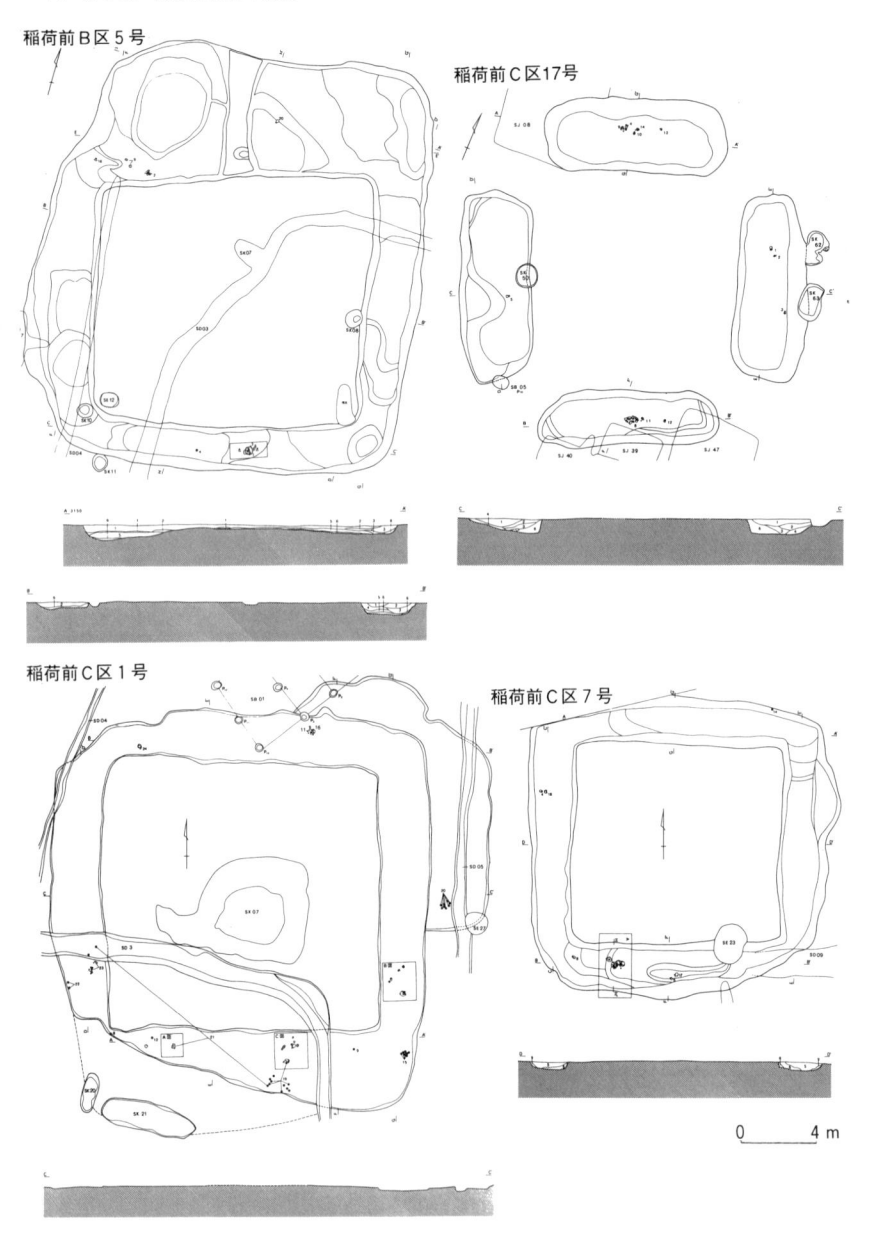

稲荷前B区5号

稲荷前C区17号

稲荷前C区1号

稲荷前C区7号

0　　　4m

第33図　入西遺跡群の良好な周溝墓(2)（各報告書より転載、S＝1：400）

いが全容を知ることができるものである。全体の平面形はやや歪んだ隅丸方形
である。周溝の外側の形状は東溝が張り出しを持ち、南東コーナーが狭くなる
が、全体的には直線的である。方台部は方形で、規模は11.5m×11.4mである。
周溝は幅2.6〜3.2mである。深さは60〜80cmで、北・東・南溝には段あるいは
土坑状の掘り込みが認められる。遺物は各周溝から出土しているが、とくに南
溝西側の段では壺と鉢が底面から若干浮いて出土している。出土器種は壺・小
型壺・台付甕・高坏である。壺・小型壺・鉢の約半数には焼成後の底部穿孔が
施されている。時期は4期である。

　C区SR17は四隅が切れる平面形のものである。方台部は方形で、周溝の外
側も直線的である。規模は12.3m×11.8mである。周溝の規模を長さ、幅、深さ
の順に示すと北溝が10.0m×3.9m×0.9m、東溝が9.6m×4.0m×0.8m、南溝が
9.9m×2.9m×0.8m、西溝が10.2m×3.9m×0.8mである。遺物はそれぞれの周
溝からいずれも溝底から浮いて出土している。とくに北溝の最下層からはまと
まって壺、器台、高坏が出土している。器種は壺・広口壺・小型壺・器台・高
坏である。壺のうち3点には焼成後の底部あるいは胴部に穿孔が施されている。
時期は4期である。

　以上をまとめると、全体の平面形は各辺が直線的な方形と隅丸で各辺の中央
がやや張り出し丸みを帯びた方形の2種類がある。陸橋部のあり方は、各コー
ナーが切れる四隅切れのもの、1辺の中央が切れるもの、コーナーの一つが切
れるもの、全周するものがある。規模の大きなものは、広面SZ9を除き、い
ずれも全周形である。方台部の形態はいずれも直線的な辺を持つ方形が中心で
ある。方台部の規模は最小の広面SZ2の8.2mから最大の広面SZ9の25.6m
まで17mほどの開きがある。突出した規模の広面遺跡9号を除いて、大きく15
m前後の中耕SR21・41、稲荷前C区SR01、12m前後の中耕SR13、稲荷前
B区SR05、C区SR07・17、8〜10m前後の広面SZ2・5・8・21、中耕
SR32の3つのまとまりがある。周溝の幅は8〜13mの広面SZ9を除けば、
2.5〜4.0mほどのものが中心で、規模が小さければ細く、大きければ太い傾向
が認められるようである。深さは広面SZ9を除いて1mを超えるものはまれ

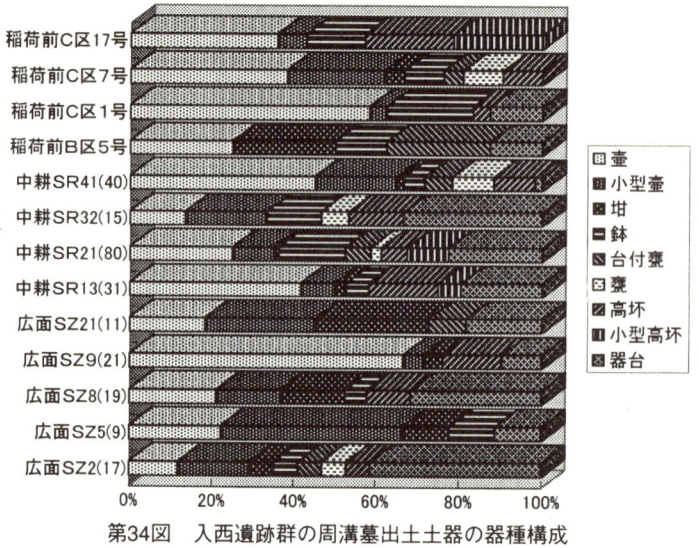

76　第Ⅰ部　方形周溝墓の条件

第34図　入西遺跡群の周溝墓出土土器の器種構成

　で、全体的に浅めである。周溝内の施設はテラスが認められるものが多い。入口部の段やピットもいくつかの例で認められる。溝中土坑は中耕ＳＲ41に大規模なものがあるが、それ以外は掘り方と考えられるもので、埋葬施設としてのものや儀礼の施設と考えられるものは認められず、一般的ではないようである。
　遺物量は、規模の大小と必ずしも相関しないようである。出土状況は広面ＳＺ９で破砕が認められるほかは、周溝底面もしくは若干浮いた状態で出土するものが多い。中耕ＳＲ13・21では遺棄されたと考えられる状態で出土している。いずれも特定の周溝から集中して出土し、多量の完形に近いものである点が注意される。
　出土土器の器種（第34図）は、壺・小型壺・鉢・器台の多さが目を引く。時期にかかわらず、壺・小型壺・鉢が約半数を占めている。逆に台付甕・甕はごく少ない。高坏も多いとはいえないようである。壺・小型壺・鉢に底部穿孔が施される例が多く、出土器中の15～30％に上る。
　入西遺跡群の良好な周溝墓に共通している点は、方台部が直線的な方形である点、周溝の幅と規模に相関が認められる点、周溝の深さが浅めである３点である。

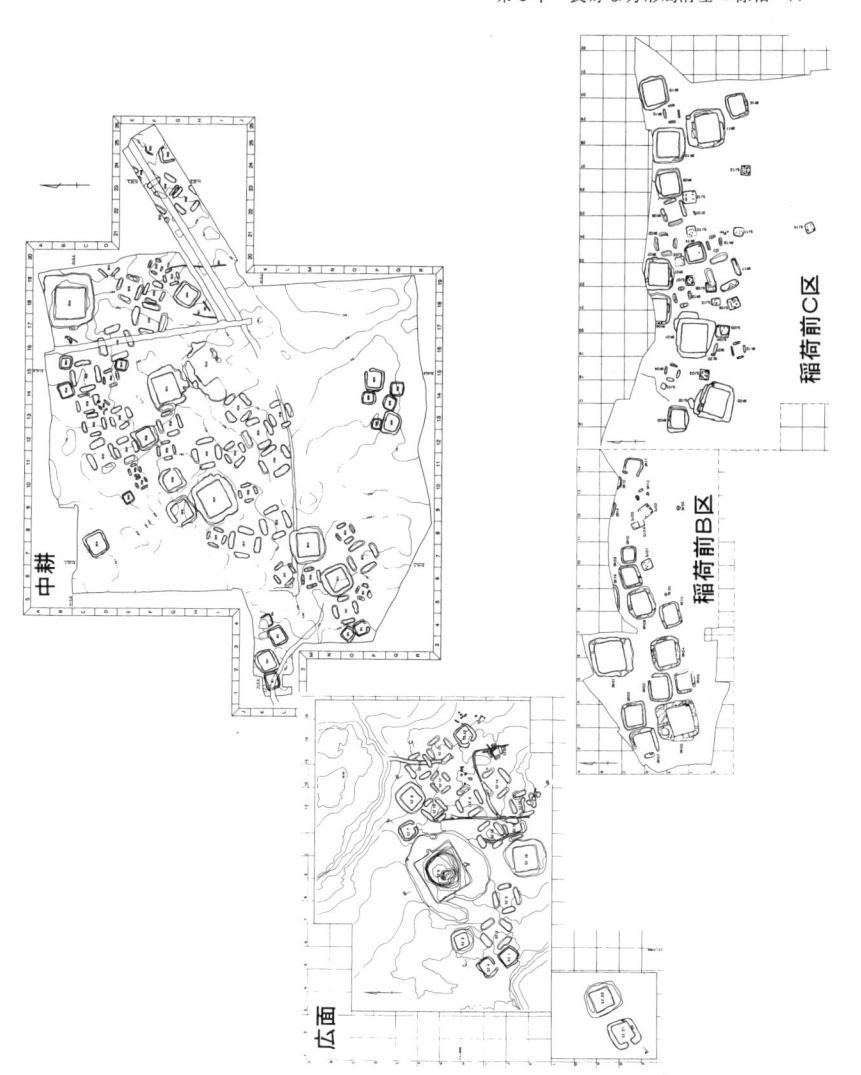

第1章 良好な方形周溝墓の様相 77

第35図 入西遺跡群の周溝墓の群在の様相（各報告書より転載、S＝1：1500）

群在の様相（第35図）

　中耕遺跡は周溝墓とされる遺構が68基調査されている。時期は3〜4期にわたり、先行する集落を壊して造られている。その造営過程については既に杉崎

茂樹が示しているが、いくつかの群が同時期に一定の割付のなかで造営を整然と行ったとする見解は支持できるものである。平面形には四隅切れの形態のものと全周あるいは一隅切れのものがある。四隅切れが先行して造られるが、同じ群を構成しており、全周、一隅切れタイプのもののみで構成されるⅧ群のみが大きく異にするが、そのほかは軸方位等も異ならない。切り合い関係はほとんど認められず、あっても周溝の一部においてのみである。

　広面遺跡、稲荷前遺跡についても中耕遺跡同様の群在の様相である。

8. それ以外の低地

　埼玉県内の河川流域の低地には、このほかにも周溝墓とされている遺構が多数存在するが、底部穿孔壺が出土し、周溝墓として確実なものは深谷市東川端遺跡（中村・瀧瀬1990）、美里村南志渡川（岡本1982、菅谷・岡本1986）川里村舟塚遺跡（さきたま資料館1992）と数少ない。

　また、副葬品的遺物が出土しているのは土製釧を出土した行田市鴻池遺跡（田部井・金子1977）のみである。

個々の周溝墓

　ここでは、資料が公開され、遺構の全容を知ることができる利根川支流の福川の自然堤防上に位置する深谷市東川端遺跡と、元荒川の支流忍川の自然堤防上に位置する行田市鴻池遺跡について概観することにしたい。

　東川端遺跡１号周溝墓（第36図）からは、底部穿孔壺が出土している。周溝が全周し、全体の平面形はやや歪んだ方形である。周溝の外側の形状は南北の溝が張り出しを持つが、全体的には直線的である。方台部は東西がやや長い長方形で、規模は12.8m×10.2mである。周溝は幅1.3～1.8mである。深さは40～50cmで、西・南溝が深い。北溝の溝底からは炭化物と灰が出土している。遺物は南溝から集中して、壺と鉢が底面もしくは若干浮いて、上層からは大形の壺が出土している。出土器種は壺・小型壺・高坏である。小型壺の半数には焼成

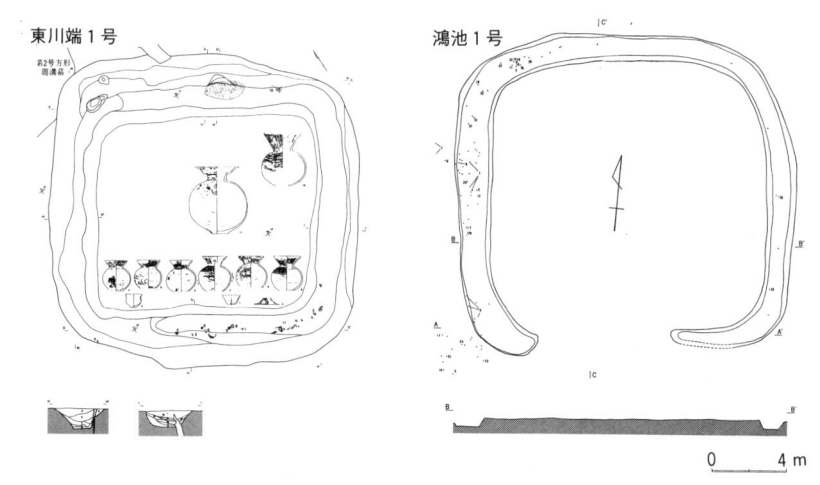

第36図　東川端1号・鴻池1号周溝墓（各報告書より転載、S＝1：400）

後の底部穿孔が施されている。時期は4期である。

　鴻池遺跡1号周溝墓（第36図）は副葬品と考えられる土製釧が出土している。平面形は1辺の中央に陸橋部を持つもので、全体の平面形はやや歪んで丸みを帯びた方形である。方台部は丸みを帯びた方形で、規模は15.4m×14.6mである。周溝は幅1.3～2.0mで、深さは40～50cmである。遺物は西溝中央、北西コーナーから集中して、上層から下層にかけて出土している。出土器種は壺・小型壺・台付甕・高坏・器台である。土製釧は北西コーナーの溝底から出土している。時期は5期である。

　上述の2遺構をみると平面形は整った方形と、隅丸あるいは各辺が丸みを帯びた方形である。周溝は東川端が全周、鴻池は一辺の中央が大きく開く陸橋部を持つ。方台部の平面形は両者とも各辺がやや丸みを帯びた方形である。規模、周溝の幅、深さも、流域を異にするのにそれほど異ならない。周溝内の施設は認められない。遺物は量の多寡があり、出土状況もやや異なる。

　出土土器の器種構成（第37図）は東川端でとくに小型壺が多く、鴻池では時期的なものもあるのだろうが、台付甕、高坏の多さが目を引く。

80　第Ⅰ部　方形周溝墓の条件

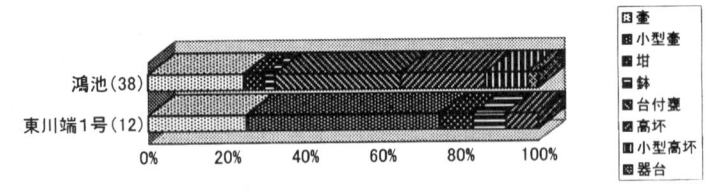

第37図　東川端・鴻池遺跡出土土器の器種構成

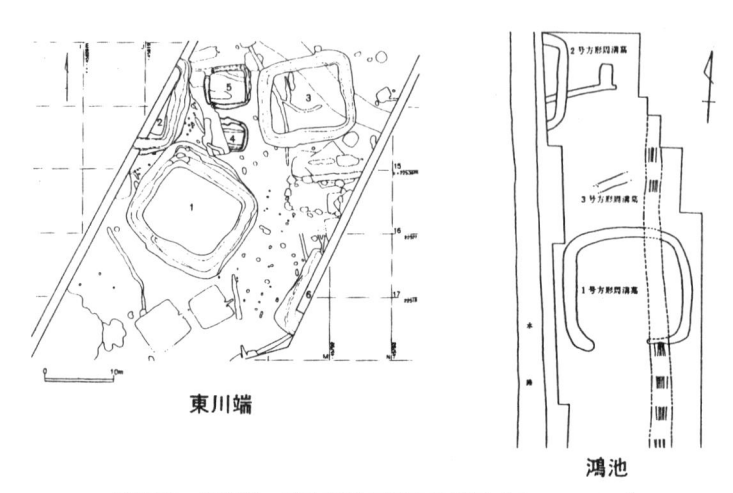

第38図　東川端・鴻池遺跡の群在の様相（S＝1：1000）

群在の様相（第38図）

　東川端遺跡では周溝墓とされる遺構が6基調査されている。時期はいずれも4期である。群は大きく軸方向を同じくしてコーナーを接して造られる1・2号と6号、それとは軸方向を違える規模に大小がある3〜5号の2群に分かれる。いずれも一定の間隔を置いて築造されている。

　鴻池遺跡は軸方向が明らかな1・2号は軸をそろえて、一定の間隔を置いて築造されている。

　両遺跡とも重複や破壊はみられない。

第2章　方形周溝墓認定の目安

　本章では第1章でみた埼玉県内の台地、丘陵、低地の「良好な方形周溝墓」の各要素についてまとめ、両者にどれだけの対応や差異があるかをみることにしたい。

1. 台地・丘陵の方形周溝墓の各要素（第1・2表）

　全体の平面形　関東SR1、篠山4号、万吉下原4号、塚本山14・38・39号は方形を基調とするものの外周は不整である。とくに塚本山14号は陸橋部の片側が異様に拡幅され、陸橋部が方台部に対して斜めに取り付く格好になっている。また、井沼方12号は円形に近い隅丸方形である。その他のものは比較的直線的な辺の方形・長方形である。薬師耕地前7号、関東SR6・8では一定方向に周溝が連接することによる「拡張」がみられる。薬師耕地前7号では拡張に対応する埋葬施設が認められる。

　方台部　井沼方12号が隅丸方形である以外は、若干歪む例はあるが整った正方形、長方形、台形である。

　陸橋部　全周のもの（22例）が最も多い。次いでコーナーの一つが陸橋部になるもの（10例）が多い。四隅切れのものは観音寺4号、一辺の中央が陸橋部になるものは塚本山14・38号である。また、L字状で二隅が切れるものや一辺の2ヵ所が切れるものも認められる。

　周溝の幅と深さ　ある程度遺構全体の規模の大小と周溝の規模に相関があり、規模が大きいものが幅が広く深く、小さいものは細く浅い傾向がある。ただし上太寺の周溝は細く浅く、一概にはいえないようである。

　施設　溝中土坑、テラス、段が認められる。溝中土坑は関東SR6・8、上

82　第I部　方形周溝墓の条件

第1表　埼玉県における台地・丘陵の良好な周溝墓

遺跡名	遺構No.	平面形	陸橋部	方台部形	規模(m) 長軸	規模(m) 短軸	溝幅周(m) 最狭	溝幅周(m) 最広	深さ(m) 最浅	深さ(m) 最深	盛土	穿孔率	施設	時期	備考
薬師耕地前	2	方形	全周	方形	8.1	8.1	1.4	2.0	0.6	0.8	無	0	—	3期	中心埋葬施設
	7-1	方形	1-隅	方形	5.2	5.2	0.8	1.5	0.3	0.6	無	37.5	—	3期	中心埋葬施設
	7-2	長方形	全周	長方形	8.2	5.2	1.1	1.5	0.3	0.6	無	—	—	—	埋葬施設・拡張
上大寺	1	長方形	2-隅	長方形	12.0	10.3	0.6	1.7	0.2	0.9	無	33.3	—	2期	中心埋葬施設
	2	長方形	2-隅	長方形	11.2	8.0	0.8	1.3	0.3	0.6	無	0	—	2期	中心埋葬施設
関東	1	長方形	1-隅	長方形	13.7	7.9	2.3	3.4	0.2	0.8	無	33.3	—	2期	埋葬施設・拡張
	4	長方形	全周	長方形	5.7	4.6	0.7	0.8	0.2	0.3	無	0	土杭	2期	中心埋葬施設
	6	長方形	全周	長方形	6.2	4.6	0.6	0.9	0.1	0.3	無	0	土杭	2期	埋葬施設
	8	長方形	1-隅	長方形	5.4	4.4	0.6	0.9	0.1	0.3	無	0	—	2期	埋葬施設・拡張
篠山	2	不整方形	1-隅	不整長方形	12.0	—	2.5	3.2	1.0	1.5	無	33.3	テラス	3期	中心埋葬施設
	4	方形	全周	方形	9.1	8.2	1.6	2.8	0.4	1.0	無	0	土杭	3〜4期	中心埋葬施設
上ノ宮	1	方形	全周	方形	9.2	8.0	1.2	2.0	0.3	0.5	無	12.5	土杭	3期	中心埋葬施設
	2	方形	—	長方形	7.8	7.4	1.5	1.6	0.3	—	無	0	—	3期	埋葬施設
	3	方形	—	方形	6.7	—	1.2	1.5	0.2	0.5	無	25	—	3期	埋葬施設
	4	方形	1-隅	方形	6.0	5.2	2.0	—	0.3	0.6	無	0	土杭	3期	埋葬施設
	5	方形	2-隅	長方形	5.7	5.7	0.8	1.2	0.2	0.6	無	0	土杭	3期	埋葬施設
井沼方	1	長方形	全周	長方形	9.3	7.4	0.5	0.8	0.2	0.3	無	0	底面焼土	1期	埋葬施設
	4	長方形	1-隅	長方形	7.4	—	0.8	1.4	0.4	0.8	無	16.6	底面焼土	1期	埋葬施設
	7	隅丸方形	2-北北溝	隅丸方形	7.3	—	0.4	1.7	0.1	0.5	無	0	底面焼土	1期	埋葬施設
	8	台形	1-隅	台形	5.5	—	0.4	1.0	0.1	0.8	無	0	底面焼土	1期	埋葬施設
	9	台形	2	台形	10.5	9.9	1.0	1.4	1.0	1.4	無	0	土杭	1期	埋葬施設
	10	長方形	—	長方形	11.1	6.8	0.4	1.6	0.3	1.0	無	50	底面焼土	1期	埋葬施設
向原	11	長方形	—	長方形	8.4	—	0.9	1.2	0.4	0.7	無	75	—	1期	埋葬施設
	12	円形	—	円形	3.5	—	0.4	0.5	0.1	0.2	無	0	—	1期	—
大宮公園	1	方形	—	方形	9.4	—	1.3	1.5	0.2	0.4	無	14.3	—	2期	埋葬施設
		長方形	全周	長方形	8.5	6.5	1.2	1.4	0.4	0.5	無	25	—	2期	埋葬施設

第2章 方形周溝墓認定の目安

遺跡名	号	平面形	周溝(四隅)	主軸	長辺	短辺	溝幅	溝深	溝幅2	溝深2	埋葬施設有無	%	埋葬施設種別	時期	備考
観音寺免	4	方形	(四隅)	方形	—	—	1.8	—	0.4	0.9	無	0		1期	埋葬施設
行司免	1	隅丸長方形	全周	長方形	9.1	7.4	0.6	1.0	0.2	0.5	無	0		2～3期	埋葬施設
	3	長方形	全周	長方形	8.0	6.4	1.0	1.6	0.5	—	無	40		3期	
	5	長方形	1-隅	長方形	10.6	9.3	1.8	2.4	0.5	—	無	100		3期	
	6	長方形	全周	長方形	8.3	6.6	0.8	1.1	0.6	—	無	100		3期	
	7	長方形	2	長方形	7.7	6.4	0.8	1.4	0.3	0.5	無	50		2期	
	8	長方形	全周	長方形	11.8	9.3	1.2	2.1	8.2	0.5	無	0		2期	埋葬施設
諸ヶ谷	25	方形	—	方形	8.2	—	1.6	—	0.3	0.5	有	0		3～4期	埋葬施設
	2	隅丸方形	2	方形	15.2	—	2.3	7.7	0.4	1.0	無	19	テラス,段	3期	
下道添	9	方形	全周	方形	11.2	—	1.8	—	0.2	0.5	無	20	土杭	3期	
	13	台形	2	台形	16.4	—	2.2	3.8	0.6	1.3	無	5.7	土杭	3期	
万吉下原	2	隅丸方形	全周	長方形	11.2	10.4	2.0	3.6	0.5	0.8	有	0	テラス	5期	
	4	方形	全周	方形	12.8	11.7	1.4	1.8	0.5	0.8	有	25		5期	埋葬施設
安光寺	1	隅丸方形	1	隅丸方形	13.8	11.6	0.8	1.3	0.2	0.4	有	0	壺棺	5期以後	
千光寺	4	方形	全周	方形	15.8	14.4	2.7	4.2	1.5	2.0	有	0		5期以後	
塚本山	2	隅丸方形	2	方形	13.8	12.8	3.0	3.6	0.3	—	有	0	土杭	4期	
	14	不整方形	2	方形	17.3	14.4	2.5	5.5	0.3	0.5	有	0		4期	
	38	不整方形	1-中央	方形	14.4	14.3	2.0	4.0	0.4	0.6	無	14.3	土杭	4期	
	39	不整方形	—	方形	14.1	—	1.7	4.0	0.3	0.4	無	100		4期	
前組沢根倉	1	長方形	全周	長方形	6.7	5.4	0.3	0.8	0.1	0.6	無	0	土杭	3期	
	2	隅丸方形	全周	長方形	6.4	5.5	0.3	1.1	0.05	0.5	無	0	土杭	3期	
	5	方形	1-隅	方形	13.4	13.1	1.5	3.2	0.2	0.4	無	0		3期	
諏訪	19	隅丸方形	1-隅	長方形	11.6	10.9	0.6	1.3	0.2	0.7	無	7.1	壺棺,土杭	5期	埋葬施設
北通	8	方形	—	方形	10.8	—	1.2	1.7	1.0	1.4	無	33.3	土杭	2期	埋葬施設
台	1	隅丸方形	1-隅	方形	5.8	5.8	0.8	1.3	0.4	0.7	無	100		2期	埋葬施設
東の上	1	方形	全周	方形	5.2	5.2	0.8	1.0	0.3	0.5	無	0		1期	埋葬施設
	2	方形		方形	6.8	6.1	1.0	2.0	0.7	1.2	無	50		1期	埋葬施設
	3	隅丸方形	全周	隅丸方形	4.3	4.1	0.4	0.9	0.3	0.4	無	0		1期	埋葬施設2基

ノ宮ＳＨ１・４、井沼方７・10号、下道添９・13号、塚本山38号、前組羽根倉１・２号、北通26－８号、東台１号で認められる。この内施設の可能性が高いものは井沼方10号、下道添９号、塚本山38号、前組羽根倉１・２号、東台１号である。前組羽根倉１号では、管玉、勾玉が出土し、埋葬施設と考えられる。下道添９号、塚本山38号は土器が出土している。井沼方１・４・７～10号は底面が焼土化している。

テラスは篠山４号、下道添２号、万吉下原２号で認められる。不整形の下道添２号を除き、周溝を拡張するように周溝の外周に広く取り付くものである。また、まったく施設が存在しないものもある。

遺物量 全体的に少なく、10点以上出土しているのは篠山４号、下道添９・13号のみである。規模の大小との相関は不明瞭である。

器種構成 時期にかかわらず壺の優位性が認められる。遺物量がある程度あって壺の比率が低いのは下道添９号のみである。また、台付甕、高坏が一定の割合を占める例が認められる。

底部穿孔壺の出土比率 全体の出土量が少ないものは割合が高いが、それ以外は５～30％前後が多い。規模との相関はないようである。

出土状況 多様だが、大宮台地・江南台地・武蔵野台地ではコーナーや陸橋部からの出土例が多く、比企・児玉地域では特定の周溝からの集中した出土がみられる。ほとんどのものが完形率の高いものである。

群在の様相 整然とした様相で、大部分のものが一定の間隔を置いて築造されている。周溝が重複する例はなく、接するか共有する程度である。薬師耕地前７号、関東ＳＲ６・８では一定方向に周溝が連接することによる「拡張」がみられる。

2. 低地の方形周溝墓の各要素

全体の平面形 バラエティーがあり、方形、隅丸方形がある。広面遺跡ＳＺ９は不整な円形である。概して入西遺跡群で周溝が全周するものは周溝の外周が

第2章 方形周溝墓認定の目安 85

第2表 埼玉県における低地の良好な周溝墓

遺跡名	遺跡No.	平面形	陸橋部	方台部形	規模(m) 長軸	規模(m) 短軸	周溝幅(m) 最狭	周溝幅(m) 最広	深さ(m) 最浅	深さ(m) 最深	盛土	穿孔量	周溝内の施設	時期	備考
下大久保新田	1	隅丸方形	1-中央	隅丸方形	12.2	—	0.6	1.0	0.1	0.4	無	0	土杭	4期	中心埋葬施設
南町	1	隅丸方形		方形	14.6	—	1.4	2.0	0.5	1.0	無	7.6	土杭、段、テラス	3期	中心埋葬施設
大久保額家片町	11	隅丸台形		台形	15.6	—	1.3	2.1	0.5	1.0	無	4.7		3期	
	26	方形		方形	12.8	—	2.2	2.9	0.8	1.4	無	0	テラス	4期	鉄剣
鍛冶谷・新田口	13	方形	2-L	方形	5.8	3.8	0.7	—	0.7	—	無	50		2期	
	61	方形	1-隅	方形	5.0	—	1.3	1.7	0.2	0.5	無	28	段、テラス	1期以降	勾玉、切子玉
鯖	3	方形	—	隅丸方形	22.4	20.6	3.0	3.5	0.2	0.5	無	0		5期	
広面	2	隅丸方形	全周	正方形	8.2	7.8	2.4	2.6	0.3	0.6	無	17.6	テラス	4期	
	5	方形	四隅	正方形	11.0	9.9	2.4	3.1	0.4	0.5	無	22.2	入口段、中央段	4期	
	8	隅丸方形	全周	正方形	10.1	9.1	1.6	3.0	0.2	0.7	無	15.7		4期	
	9	不整円	1-中央	正方形	25.6	23.2	8.0	13.0	0.1	1.2	有	23.8	張出	4期	盛土は未調査
	21	隅丸方形	1-中央	正方形	10.7	9.9	1.7	4.0	0.3	0.5	無	27.2	周溝内ピット	3期	木製品
中耕	13	隅丸方形	全周	正方形	12.4	12.2	3.6	4.2	0.5	1.3	無	33.3	テラス、段	4期	焼土、炭化物
	21	隅丸方形	全周	長方形	16.2	14.3	4.1	4.7	0.7	1.0	有	21.2		3期	
	32	方形	四隅	正方形	8.4	7.8	2.3	3.0	0.4	0.9	無	20		3期	
	41	隅丸方形	全周	長方形	14.5	12.6	3.3	4.3	0.5	0.8	有	2.5	土杭、段	3期	底面凹凸
稲荷前	B5	隅丸方形	全周	正方形	12.3	10.2	2.5	7.5	0.6	0.9	無	12.5		5期	陸橋部状の掘残し
	C1	隅丸方形	全周	正方形	15.2	14.2	2.5	4.2	0.1	0.4	無	37.5	テラス	4期	
	C7	隅丸方形	全周	正方形	11.5	11.4	2.6	3.2	0.6	0.8	無	23.8	テラス	4期	
	C17	方形	四隅	正方形	12.3	11.8	2.9	4.0	0.8	0.9	無	21.4	入口段、テラス	4期	
東川端	1	方形	全周	長方形	12.8	10.2	1.3	1.8	0.4	0.5	無	33.3		4期	炭化物
鴻池	1	隅丸方形	四隅	隅丸方形	15.4	14.6	1.3	2.0	0.4	0.5	無	0		4期	土製剣

不整なものが多いようである。

　方台部　入西遺跡群のものはすべて方台部が整った正方形もしくは長方形で、荒川低地とその他の低地のものはそれに加えてかなり丸みを帯びた隅丸方形のものがある。

　陸橋部　全周のものが最も多い。次いで一辺の中央が開くものが多いが、荒川低地と入西遺跡群では様相が異なる。荒川低地のものは陸橋部の幅が広く、中央が大きく開くが、入西遺跡群のものは幅が狭い。鴻池1号も荒川低地のものに近い。また、入西遺跡群では四隅切れのものが半数程度含まれ、周溝墓群なかで一定の位置を占めているのがわかる。鍛冶谷・新田口遺跡のものにはさまざまな形態があり、本稿で取り上げただけでも一隅切れ（61号周溝墓）、L字状で二隅が切れるもの（13号周溝墓）がある。

　施設　周溝内の施設は荒川低地のものに施設としての溝中土坑が認められるのに対して、入西遺跡群では一般的ではないようである。テラスや段は荒川低地、入西遺跡群の双方で認められるが、まったく施設が存在しないものもある。

　また、荒川低地では方台部に埋葬施設が認められるのに対して、それ以外の低地では認められない。とくに盛土の調査がなされた中耕遺跡で検出されていない点が注意される。盛土の高さの相違を反映すると考えられる。

　周溝の幅と深さ　入西遺跡群とそれ以外では様相が異なる。入西遺跡群では、規模の大小と周溝の規模に相関があり、規模が大きいものが幅が広く深い。また、全体的に浅めの傾向がある。それ以外の低地の周溝墓の周溝は規模との相関はそれほど明らかでなく、概して幅が狭く周溝が深めである。また、蜻蛉遺跡3号周溝墓は幅が広く浅めで、入西遺跡群の様相に近い。

　遺物量　遺物量は規模の大小とほぼ相関関係があり、規模の大きいものに多く、小さいものには少ない。

　器種構成　一概にはいえないが、強いていうならば大型のものに壺が多いようである。

　底部穿孔壺の出土比率　総じて入西遺跡群の周溝墓の割合が高く2〜3割前後、それ以外は低く5〜10％前後が多い。規模との相関はないようである。

出土状況　出土状況は多様だが、入西遺跡群では多量の完形率の高い土器が遺棄されており、特徴的である。

群在の様相　入西遺跡群は、整然とした様相を呈し、大部分のものが一定の間隔を置いて築造されている。周溝が重複する例はなく、接する程度である。それに対して荒川低地では、1遺跡のなかで大きく2つの様態が認められる。その第1は、入西遺跡群同様の整然とした築造であり、第2は鍛冶谷・新田口、大久保領家片町の一部にみられる不規則な入れ子、あるいは知恵の輪状の複雑な重複である。

3. 台地の周溝墓と低地の周溝墓

全体の平面形　方形を基調とするが、入西遺跡群や台地のいくつかの例では外周の形態が不整である。広面SZ9の外周形は円形に近い。また、井沼方12号や下大久保新田1号、鴻池1号は隅丸方形である。整った方形とそれ以外というように分けられるようである。

方台部の形態　台地・丘陵のものは井沼方12号を除き、すべて直線的な辺を持つ方形、長方形、台形である。低地でも入西遺跡群をはじめ大部分のものが同様である。だが、その一方で低地のものには下大久保新田1号、鴻池1号のように隅丸方形や各辺がかなり丸みを帯びたものがみられる。直線的な辺のものが大部分で、一部に曲線的な辺のものがあるといっていいだろう。

規模　低地、台地、丘陵で差はなく、塚本山14号の17.3mから東の上3号の4.2mまで幅がある。おおよそ5～8mの一群と、10～15mの一群に2分できる。後者をさらに10～12m、14～16mに分けられる可能性もある。

陸橋部　低地、台地、丘陵にかかわらず、周溝が全周するものが最も多く、次いでコーナーの一つが切れる形態のものが多い。L字形のものも低地、台地双方に認められる。比企地域、入西遺跡群では四隅切れのものが多い。四隅切れの形態は2期までのものが多く、5期にはみられない。一辺の中央が切れるものは、下大久保新田1号、広面SZ9・21、塚本山14・38号でみられる。塚

88　第Ⅰ部　方形周溝墓の条件

本山14号は南東側にもう1ヵ所陸橋部がある。広面ＳＺ9、塚本山14号は方台部に対して斜めに陸橋部が取り付く。いずれも4期のものである。また、一辺の2か所が切れるものもみられ、遺存状況とも関係するのだろうが、全周、コーナーの一つが切れるもの以外はさまざまである。

　周溝の幅と深さ　台地・丘陵のものと入西遺跡群のものには規模と幅の相関がある程度認められる。深さについては遺存状況にもよるのだろうが、明瞭な関係は認められない。荒川低地のものは幅に対して深めのものが多い。周溝の幅と深さの関係を図化したのが第39図である。巨視的にみると幅1ｍ以上4ｍ以下、深さ50cm～1ｍのほぼ同様の分布と考えられるが、台地・丘陵では幅1～2ｍ、深さ50cm～1ｍにとくに集中した分布がみられる。断面形は逆台形のものが最も多く、入西遺跡群では方台部側の立ち上がりが急なものが多い。逆に

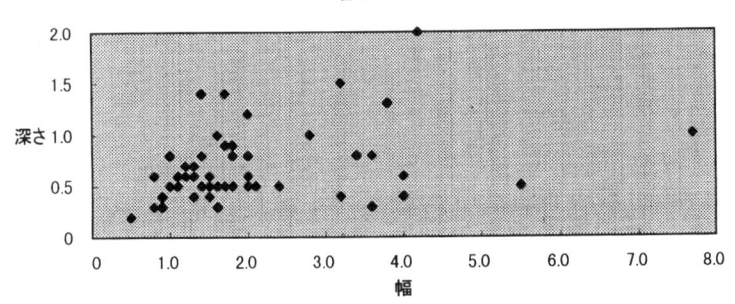

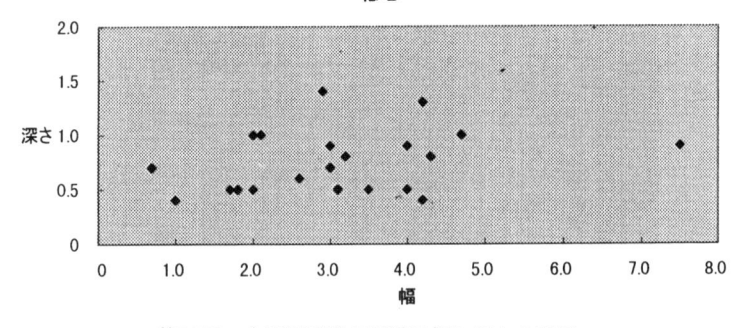

第39図　方形周溝墓の周溝の幅と深さの関係

塚本山では外周の方が急である。

　施設　壺棺、溝中土坑、テラス、段が認められる。壺棺は台地・丘陵のみで出土している。溝中土坑は台地・丘陵、荒川低地で施設と考えられるものが認められるのに対して、入西遺跡群では施設と考えられるものは認められない。テラスは台地・丘陵のものが周溝の外周を拡張するように広範囲に巡らされるのに対して、低地のものは稲荷前C区SR1で同様のものがみられるほかは周溝の施設として設けられている。段については台地、丘陵、低地のいずれにも認められる。また、まったく施設が認められないものが存在する点も注意を要するだろう。

　土器　出土点数のみを比較すると低地のものの方が多い傾向がある。台地・丘陵のものが10点を超えるのが稀であるのに対して、低地ではほとんどのものが10点を超え、下大久保新田では54点、蜻蛉3号で33点、中耕SR21で80点、中耕SR41で40点、鴻池1号で38点に上っている。台地の例でこれに匹敵するのは下道添13号の53点のみである。時期的には2・3期以後のものが点数が多い傾向が認められる。出土土器の器種は、台地・丘陵、荒川低地で壺が半数近くを占めている。これに対して、入西遺跡群では広面SZ9、中耕SR13・41、稲荷前C区SR1では壺の比率が高いが、そのほかは小型壺の比率も高く、壺＋小型壺が大きな割合を占めているといっていいだろう。東川端1号でも同様の様相が認められる。また、低地では器台が一定の割合を占めているが、台地・丘陵ではそれほど多くないようである。底部穿孔は台地・丘陵で周溝墓1基の出土点数に対して5〜30%の個体に認められる。低地でも入西遺跡群では2〜3割に認められる。これに対して、荒川低地では5〜10%と比率が低い。

　出土状況　大宮台地・江南台地・武蔵野台地ではコーナーや陸橋部際から、比企地域・児玉地域では特定の周溝からの集中した出土がみられる。入西遺跡群も比企地域同様である。これらの地域の出土土器は完形率の高いものがほとんどである。これに対して荒川低地では、台地・丘陵と共通する様相に加えて南町1号、蜻蛉3号のように細片が大量に出土するものがみられる。

　群在の様相　ほとんどの遺跡で整然とした築造が行われ、重複する場合にも

周溝が接するか共有する状況である。入れ子状、知恵の輪状の重複がみられるのは、荒川低地の大久保領家片町、鍛冶谷・新田口の両遺跡の一部のみである。

4. 方形周溝墓認定の目安

3.で低地と台地の周溝墓の様相についてみたわけだが、低地と台地・丘陵である程度同様の様相が認められる。1～3の様相をもとにここでは、埋葬施設、副葬品的遺物、方台部の盛土、底部穿孔壺という項目を外した場合、どれほどの共通項、周溝墓を認定する目安を見出せるか考えてみたい。

まず、全体の平面形については方形を基調とするものの、不整なものも多く多様であり、不適当である。方台部の形態は直線的な辺を持つ方形、長方形が多く、ある程度の目安とできそうである。ただし、一方で曲線的な辺を持つものが少数あることには留意する必要がある。規模は多様で目安にはならないだろう。陸橋部については全周あるいはコーナーの一つに陸橋部を持つものが最も多く、比企地域では四隅切れのものが多い。これも一定の目安にできそうである。一方、L字形や、一辺の中央に陸橋部を持つもの、一辺の2ヵ所が切れるものなどがある点には留意する必要がある。周溝の幅と深さはある程度まとまった分布を示しているが、これが目安となるかは比較する対象が必要である。施設は、施設としての溝中土坑が低地、台地双方で認められ、一つの目安とできそうである。ただし、入西遺跡群ではほとんど認められない点は注意を要する。遺物は壺の多さが特徴的で、目安の一つになるだろう。ただし、入西遺跡群では壺＋小型壺、低地部では器台が一定の割合を占めるというように一括りにはできない。出土土器は完形率の高いものが多く、一つの目安となりそうである。一方、荒川低地では破片が多く、留意する必要がある。出土状況はコーナーや陸橋部際、特定の周溝からの出土がみられるが、そうでない場合も多い。群在の様相は低地・台地とも整然とした築造がほとんどで、これも目安の一つとできるであろう。

このように、①直線的な辺を持つ方台部、②周溝が全周あるいはコーナーの

一つに陸橋部を持つもの、もしくは四隅切れの平面形、③施設としての溝中土坑、④壺の出土比率の高さ、⑤出土土器の完形率の高さ、⑥コーナーや陸橋部際、特定の周溝からの出土、⑦整然とした群在のあり方をある程度の目安とできそうである。また、周溝の幅と深さの関係も比較次第では意味を持つ可能性がある。

　ここで、この目安がどの程度蓋然性の高いものか、条件と呼べるものか確かめてみたい。

　そのためには、ある遺跡の遺構を方形周溝墓とできるかどうかをこの目安を使って検討する必要がある。

　ここで、序章の及川良彦、飯島義雄の指摘に立ち返りたい。荒川低地には、浦和市大久保領家片町、戸田市鍛冶谷・新田口の両遺跡が、及川・飯島が指摘した「周溝を有する建物跡」と方形周溝墓が混在すると予想される遺跡である。両遺跡の群在の様相が、整然とした部分とそうでない部分が混在している点はこの混在によるものと考えられる。この両遺跡について、先の目安を用いて分けることができるかによって、ここであげた目安の蓋然性をある程度確かめることができる。

　そのためには、方形周溝墓同様に「周溝を有する建物跡」についても、方形周溝墓で行ったのと同様の手続きを踏む必要がある。

第3章　方形周溝墓と「周溝を有する建物跡」

1. 周溝を有する建物跡

埼玉県内では鍛冶谷・新田口遺跡、大久保領家片町遺跡で周溝を有する住居跡と建物跡が、大宮台地北端の埋没ローム上の小沼耕地遺跡（田中1991）、妻沼低地の熊谷市小敷田遺跡（吉田1991）で周溝を有する建物跡が検出されている（第3表）。

(1) 周溝を有する住居跡（第40図）

大久保領家片町遺跡では、27号住居跡、35号住居跡が周溝を有する竪穴住居跡と考えられる。

27号住居跡は、知恵の輪状、入れ子状に周溝墓とされる遺構が群在する調査区の南半に位置し、35号住居跡の南側に隣接する（第29図）。9号「周溝墓」が対応する「周溝」になると考えられる。26号住居跡、8・10・23号周溝墓、3・4号土坑と重複し、いずれよりも古い。27号住居跡は長軸3.2m、短軸3.0mの隅丸方形で、深さは25cmほどである。炉跡、貯蔵穴は確認されていない。主柱穴は不明だが、小ピットが19基検出されており、いずれかが該当しよう。出土遺物は僅少で、図示されていない。9号周溝墓は全体の平面形が隅丸方形で、西側の中央が大きく開くものである。周溝の内側も同様の形態で、規模は10.8m×9.2mである。周溝は幅50cm～80cmで、ほぼ均一な幅である。深さは30cmほどで底面は平坦である。遺物は僅少で図示されていない。時期は他の遺構との関係から2期以後と考えられる。

35号住居跡は、27号住居跡の北側に隣接する（第29図）。19・20・21・23号「周溝墓」が対応する「周溝」になると考えられる。34号住居跡、1号掘立柱建物

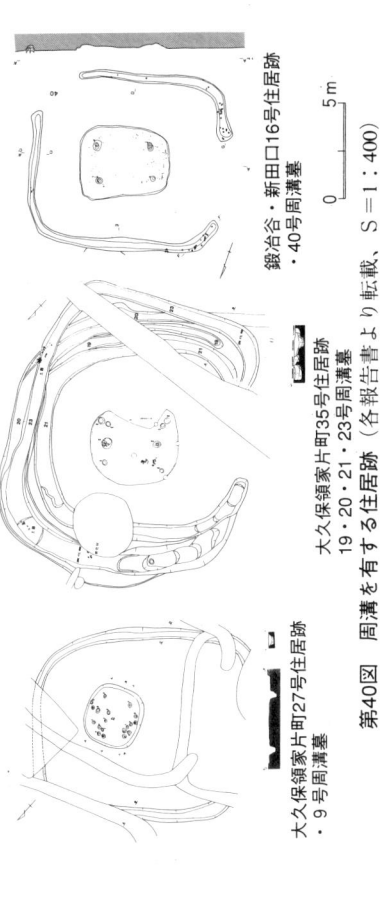

第3章 方形周溝墓と「周溝を有する建物跡」 93

第3表 埼玉県内の周溝を有する住居跡・建物跡

遺 跡 名	遺跡No.	平面形	周溝内	開口部	規模(m) 長軸	規模(m) 短軸	周溝幅(m) 最狭	周溝幅(m) 最広	深浅(m) 最浅	深さ(m) 最深	施 設	時 期	住居・建物跡	長軸	短軸
小 敷 田	5-1	方形	方形	3	10.4	9.9	1.5	―	0.3	―		4期	掘立柱建物	3.3	3.2
	5-2	隅丸方形	隅丸方形	3	13.4	13.2	0.7	0.8	0.3	―		4期			
	8-1	長方形	長方形	3	10.4	9.9	0.8	1.4			ピット、段	4期	掘立柱建物	3.9	3.0
	8-2	長方形	長方形	3	13.4	9.9	0.8	1.4	0.3	―	ピット、段	4期			
	9	隅丸方形	―	1-中央	10.3	―	0.7	1	0.2	0.7	ピット	4期	掘立柱建物	3.0	―
小沼耕地	1	隅丸方形	正方形	2	―	9.3	1.3	1.8	0.3	0.5		6期	掘立柱建物	2.8	2.0
	3	方形	正方形	2	11.0	10.8	1.6	1.8	0.3	0.5		5期か	掘立柱建物	3.2	2.4
鍛冶谷・新田口	5次1号	方形	正方形	1-中央	13.2	11.6	0.8	1.3	0.2	0.7	段	4期	掘立柱建物	3.2	2.4
	40	不整	正方形	2	9.8	8.6	0.4	0.8	0.3	0.8		3期	16号住居跡	4.8	3.8
大久保領家片町	9	隅丸方形	隅丸方形	1-中央	10.8	9.2	0.5	0.8	0.3	―		2期以後	27号住居跡	3.2	3
	19	―	隅丸方形	―	―	―	0.5	0.6	0.3	―		2期			
	20	隅丸方形	隅丸方形	1-中央	―	―	0.5	1.2	0.1	0.5		2期	35号住居跡	4.7	3.9
	21	隅丸方形	隅丸方形	1-中央	10.0	9.1	0.6	1.1	0.3	0.7		2期			
	23	隅丸方形	隅丸方形	1-中央	12.9	9.8	0.6	1.7	0.3	0.8	土坑	2期			

大久保領家片町27号住居跡・9号周溝墓

大久保領家片町35号住居跡 19・20・21・23号周溝墓

鍛冶谷・新田口16号住居跡・40号周溝墓

第40図 周溝を有する住居跡（各報告書より転載、S＝1：400）

跡と重複し、いずれよりも古い。35号住居跡は長軸4.7m、短軸3.9mの隅丸方形で、深さは10cmほどである。炉跡は確認されていないが、床面のほぼ中央から焼土塊が出土している。貯蔵穴は確認されていないが、大型のピットがある。主柱穴は不明だが、P1・3・5・7が該当すると考えられる。出土遺物は僅少で、壺の小破片が図示されているほか、炭化材が出土している。20・21・23号周溝墓はいずれも全体の平面形は隅丸方形で、西側の中央が大きく開くものである。19号周溝墓はごく短いが、同様の平面形である。周溝の内側はいずれも外周と同様の形態である。規模は20号が23号と重複するため不明で、21号が10.0m×9.1m、23号が12.9m×9.8mである。新旧関係は21号→19号→20号→23号の順である。周溝の幅は19号が50〜60cm、20号が50cm〜1.2m、21号が60cm〜1.1m、23号が60cm〜1.7mである。深さは30cmから80cmで、21号が段を持って深くなり、23号が北西コーナー、北東コーナーに溝中土坑状の掘り込みがあるほかは、ほぼ平坦な底面である。23号の溝中土坑は掘り方と考えられる。23号は2ヵ所で炭化物、炭化材が出土し、21号の上層には焼土が含まれている。中央の35号住居跡から流れ込んだ可能性がある。遺物は23号からの出土が最も多く、壺・広口壺・台付甕・高坏・坩・吉ケ谷式の甕・ミニチュア・磨製石斧が出土している。19号からは甕の破片が、21号からは小型壺、台付甕、高坏の破片が出土している。20号のものは僅少で図示されていない。時期は2期と考えられる。

　鍛冶谷・新田口遺跡では、及川が指摘するように、16号住居跡が周溝を有する竪穴住居跡と考えられる。

　16号住居跡は、周溝墓とされる遺構が比較的整然と群在しているB区7号に位置する。(第40図) 40号「周溝墓」が対応する「周溝」になると考えられる。39号周溝墓と一部重複し、39号周溝墓より新しい。16号住居跡は長軸4.8m、短軸3.8mの隅丸方形で、深さは15cmほどである。炉跡、貯蔵穴は確認されていない。主柱穴は4本である。幅60cm〜1.0m、深さ10cmの掘り方が壁際に巡る。出土遺物は僅少で、図示されていない。40号周溝墓は全体の平面形は不整方形で、西溝の中央が大きく開き、南東コーナーも周溝が途切れている。周溝の内

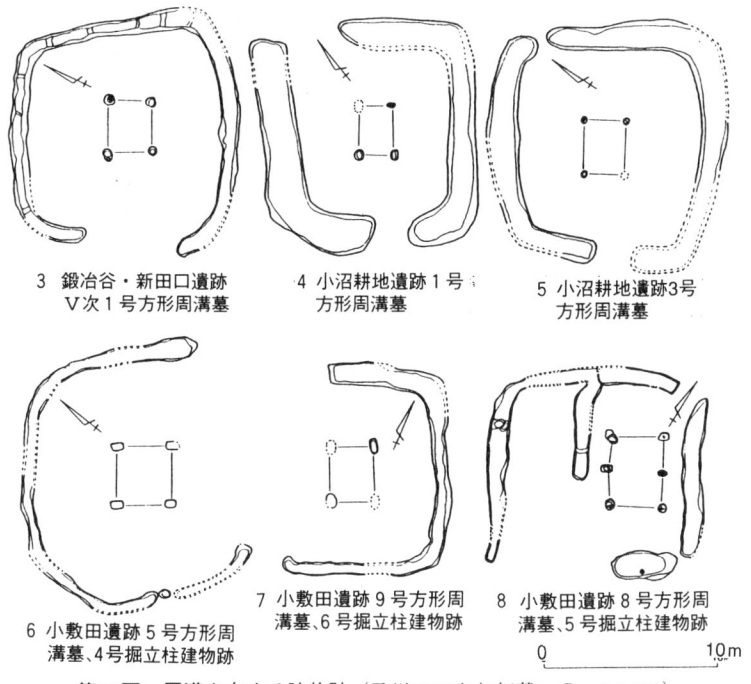

第3章 方形周溝墓と「周溝を有する建物跡」 95

3 鍛冶谷・新田口遺跡　　4 小沼耕地遺跡1号　　5 小沼耕地遺跡3号
　Ⅴ次1号方形周溝墓　　　　方形周溝墓　　　　　　方形周溝墓

6 小敷田遺跡5号方形周　　7 小敷田遺跡9号方形周　　8 小敷田遺跡8号方形周
　溝墓、4号掘立柱建物跡　　溝墓、6号掘立柱建物跡　　溝墓、5号掘立柱建物跡

第41図　周溝を有する建物跡（及川1998より転載、S＝1：400）

側も同様の形態である。規模は9.8m×8.6mである。周溝は幅40〜80cmで、北・西溝がやや幅広である。深さは30〜80cmで、北・西溝がやや深い。遺物は、西溝の開口部の両側で溝底からやや浮いて出土している。器種は壺・台付甕・小型の甕がある。時期は3期である。

(2) **周溝を有する掘立柱建物跡**（第41図）

　ここで、取り上げる例については既に及川が抽出しているが、再度細かくみることにしたい。

　小沼耕地遺跡（第42図）では、1・3号「周溝墓」の周溝内に掘立柱建物跡が認められる。

　1号周溝墓は西側に1号住居跡が隣接し、中世以後の溝・土坑によって切られている。掘立柱建物跡は柱穴が3ヵ所確認されたもので、1ヵ所は撹乱によ

96 第Ⅰ部 方形周溝墓の条件

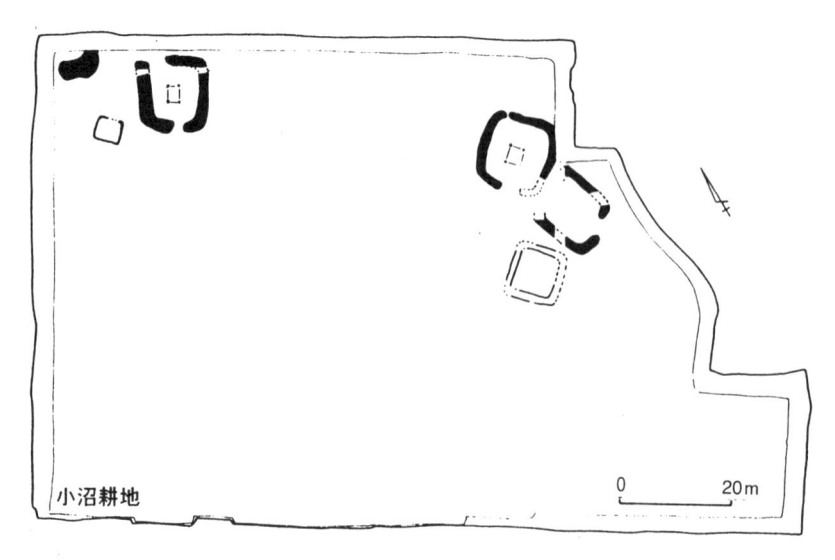

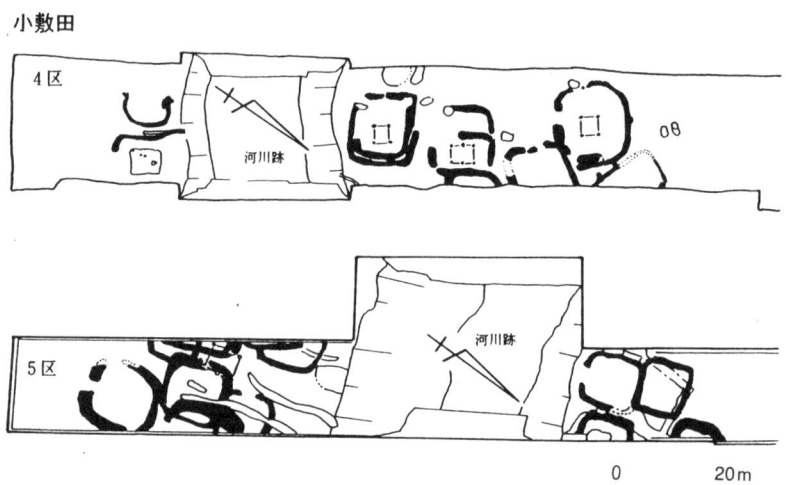

小沼耕地

小敷田

4区

5区

第42図 周溝を有する建物跡を含む遺跡 (及川1998より改図・転載)

り壊されている。覆土はロームブロックを混入する暗褐色土で、埋め戻しとされている。南側の2基には底面に柱を立てた凹みが確認されている。ピット芯芯間の距離は2.8m×2.0mである。周溝は全体の平面形が隅丸方形で、南溝の中央と北西コーナーが開口するものである。周溝の内側も同様に隅丸方形で、

規模は9.3m四方である。周溝は幅1.3～1.8mで、東溝が細く、その他の周溝はほぼ均一な幅である。深さは西溝が浅く30cm、その他の周溝は50cmほどで、底面は平坦である。遺物は遺構の南側から集中して出土し、南溝、西溝、東溝の溝底から若干浮いて、1.5～2mの間隔で出土している。器種は壺・甕・高坏・鉢である。時期は5期より下る段階である。

　3号周溝墓は東側に4・5号周溝墓が隣接する。中世以後の溝によって遺構の南側は壊されている。掘立柱建物跡は柱穴が3ヵ所確認されたもので、1ヵ所は45号溝によって壊されている。覆土はロームブロックを混入する暗褐色土で、埋め戻されている。ピット芯々間の距離は、3.2m×2.4mである。周溝は全体の平面形が隅丸方形で、南溝の中央と北西コーナーが開口する1号周溝墓と同様の形態と考えられる。周溝の内側も同様に隅丸方形で、規模は11.0m×10.8mである。周溝は幅1.6～1.8mで、ほぼ均一な幅である。深さは北東溝がやや浅く30cm、その他の周溝は50cmほどで、底面は平坦である。遺物は南西溝の開口部際の溝底から若干浮いて出土している。器種は甕・鉢である。時期は5期以後と考えられる。

　小敷田遺跡（第42図）では、5・8・9号「周溝墓」の周溝内に掘立柱建物跡が認められる。

　5号周溝墓は4・6号周溝墓が東西に隣接するもので、10mほど南側に7・8号周溝墓がある。掘立柱建物跡は1間×1間で、ピット芯々間の距離は、3.3m×3.2mである。ピットの1基に根絡が遺存している。周溝は二重で、外溝の平面形は隅丸方形、内溝の平面形は方形である。内溝の方が古い。規模は内溝側が10.4m×9.9m、外溝側は13.4m×13.2mである。内溝は短い周溝からなっており、南西溝を欠く。外溝は3ヵ所が開口する。周溝は内溝が幅1.5m、外溝が70cm～1.2mで、外溝は北東側がやや幅広である。その他の周溝はほぼ均一な幅である。深さは20～30cmで、底面はほぼ平坦である。外溝の北西溝に集中し、器種は壺・甕・高坏・鉢である。土器の他に又鍬、大足などの木器が4点出土している。時期は4期である。

　8号周溝墓は東側に7号周溝墓が重複し、6・9号周溝墓が隣接する。掘立

柱建物跡は1間×2間である。ピットの2基で柱痕が確認され、3基で根絡みが遺存している。ピット芯々間の距離は、3.9m×3.0mである。周溝は全体の平面形が長方形で3ヵ所が開口し、周溝内のほぼ中央に短い周溝が設けられ、吉田氏は拡張としている。周溝の内側も同様に長方形である。規模は北東－南西方向の周溝間が10.4m、外側の周溝間で13.4mである。北西－南東方向は9.9mである。周溝は幅80cm～1.5mで、北西溝と西溝が細い。深さは南東溝が深く90cm、その他の周溝は30cmほどで、底面はほぼ平坦である。遺物はS字甕3点が中央溝から正位の状態で出土している。土器は壺・甕・台付甕・坩・高坏・器台・鉢が出土している。木器はエブリ、着柄鋤先など6点が出土している。時期は4期である。

　9号周溝墓は東側に8号周溝墓が隣接し、西側は河川になっている。掘立柱建物跡はピットが2基確認されたのみだが、1間×1間になると考えられる。根絡みと柱根が遺存している。ピット芯々間の距離は3.0m前後と推定されている。全体の平面形は一辺を欠く方形である。内側に10号周溝墓が巡るが、それとの関係は不明である。周溝の内側も同様の形態で方形である。規模は南北方向で10.3mである。周溝は幅80cm～1.2mで、東溝と南溝が細い。深さは20～30cmで、底面はほぼ平坦である。遺物は胴部穿孔の壺が東溝から、木器が北溝から出土している。土器は壺・台付甕・坩・高坏・器台が、木器は台付容器、横槌、又鍬未製品が出土している。時期は4期である。

　鍛冶谷・新田口遺跡では市教育委員会第5次調査1号「周溝墓」の周溝内に掘立柱建物跡が認められる（第41図）。

　1号周溝墓は1号住居跡、2号周溝墓、1号溝と重複する。1号周溝墓は2号周溝墓より新しく、1号住居跡より古い。掘立柱建物跡は1間×1間で、ピットのうち2基の底面に柱を立てた凹みが確認されている。ピット芯々間の距離は3.2m×2.4mである。周溝の全体の平面形は方形で、南西溝の中央が大きく開口する。周溝の内側も同様の形態で、規模は13.2m×11.6mである。周溝は幅80cm～1.3mで、各コーナーが若干細くなっている。深さは南西溝が浅く20cm、その他の周溝は70cmほどである。底面は北溝・西溝で段を持って深くなり、そ

の他は平坦である。北東溝の床面から炭化物が出土している。遺物は遺構の北側に集中し、底面から浮いて出土している。器種は壺・甕・台付甕・高坏・器台・鉢である。時期は3期である。

(3) 低地の住居跡と建物跡

(1)、(2)の様相をまとめ、「周溝を有する住居跡・建物跡」を認定する目安を探りたい。

住居跡 いずれも隅丸方形で、深さ10～25cmと浅い。規模は大久保領家片町35号と鍛冶谷・新田口16号がほとんど同一で、大久保領家片町27号が小型である。いずれからも炉跡、貯蔵穴は検出されていない。土器もほとんど出土しておらず、大久保領家片町35号で壺の小破片が図示されるのみである。

建物跡 小敷田8号の胴張りの1間×2間以外は、いずれも1間×1間である。柱穴間の距離は2.4～3.3mである。小敷田の3棟のピットには根絡が遺存している。

全体の平面形 方形、長方形、隅丸方形、不整方形とさまざまである。とくに小敷田の例は一辺を欠くものもある。小敷田8号には周溝区画内の中央にさらに周溝がある。

開口部 いずれも一辺の中央にあり、鍛冶谷・新田口40号、小沼耕地1・3号、小敷田8号はそれに加えてコーナーの一つが開口する。

規模 大久保領家片町23号、小敷田5・8号、鍛冶谷・新田口5次1号が長軸方向13m前後で、それ以外は10m前後である。

周溝の幅と深さ（第43図）　幅は小沼耕地1・3号の1.8mが最も広く、大久保領家片町23号が1.7m、小敷田5号が1.5m、小敷田8号が1.4m、鍛冶谷・新田口5次1号が1.3m、その他は80cm～1.0mである。深さは概して浅く、30～80cmである。規模の大小と周溝の幅・深さの相関は不明瞭である。

施設 溝中土坑、段が認められる。とくに大久保領家片町23号は北西コーナーが段を持って深くなり、溝中土坑状になっている。

遺物量 住居跡、建物跡本体からの出土は皆無に近く、ほとんどが周溝から

100　第Ⅰ部　方形周溝墓の条件

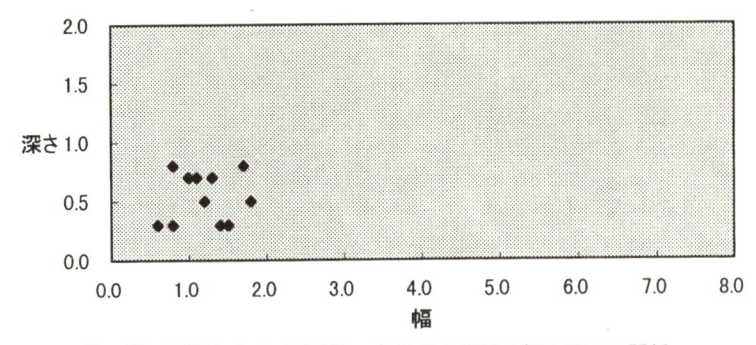

第43図　周溝を有する住居跡・建物跡の周溝の幅と深さの関係

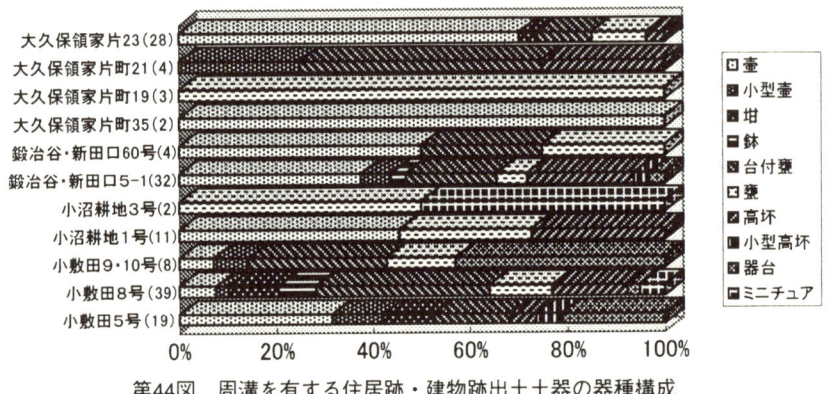

第44図　周溝を有する住居跡・建物跡出土土器の器種構成

のものである。多寡があり、鍛冶谷・新田口5次1号、小敷田8号は30点以上出土している。一方、大久保領家片町27号、小沼耕地3号、鍛冶谷・新田口40号は5点未満で少量である。規模の大小との相関は、大形のものでやや多い傾向がある。

　器種構成（第44図）　壷・甕の比率が高く、両者で6割を占めている。

　出土状況　小沼耕地1号のように1.5～2.0mの間隔を置いて出土する例、鍛冶谷・新田口5次1号のように細片が一面に出土する例、小沼耕地3号、鍛冶谷・新田口40号のように開口部の両脇から出土する例など多様である。小沼耕地、小敷田では完形に近いものも多く、一概に破片が多いともいえないようである。

　群在の様相　小沼耕地、小敷田、鍛冶谷・新田口の南半部のように一定の間

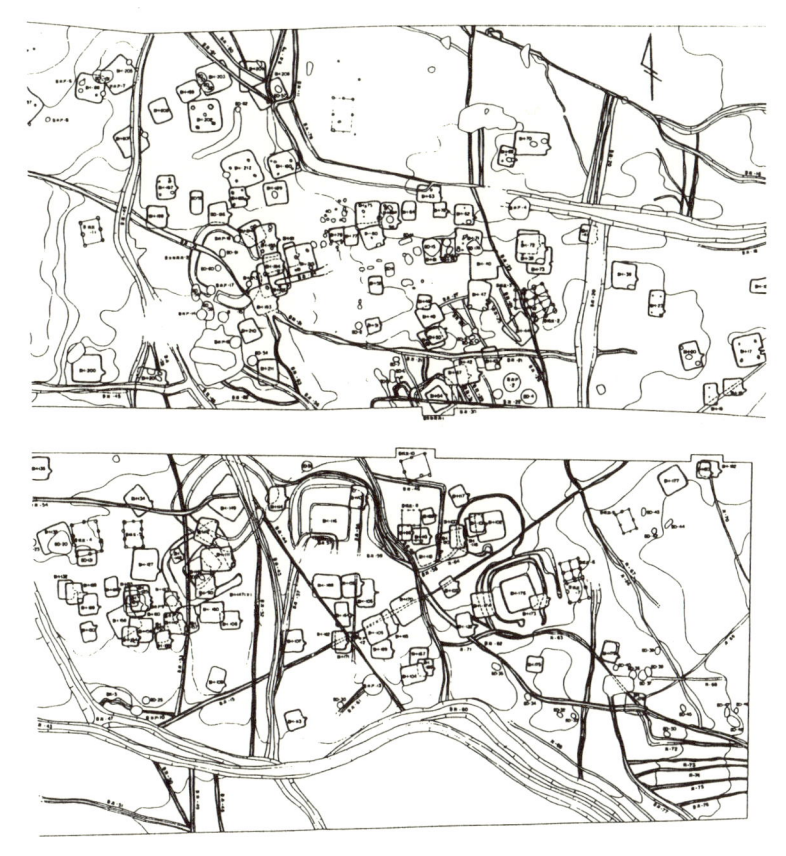

第45図　上之手八王子遺跡（S＝1：1250、飯島1998より転載）

隔を置いて整然と築造されている様相と、大久保領家片町、鍛冶谷・新田口北半部、小敷田の一部のように入れ子、知恵の輪状に複雑に切り合う様相がみられる。

　以上の諸要素のなかで相互に共通するのは、①一辺の中央が切れる、またはそれに加えてコーナーの一つが切れるという開口部のあり方、②13m前後、10m前後の周溝内の規模、③壷に加えて甕が多いという器種構成の3点である。

　①～③は資料数が少ないなかでの共通点であるため、ここで近傍の例として飯島義雄があげた群馬県玉村町上之手八王子遺跡（宮塚1991、第45・46図、表

102 第Ⅰ部 方形周溝墓の条件

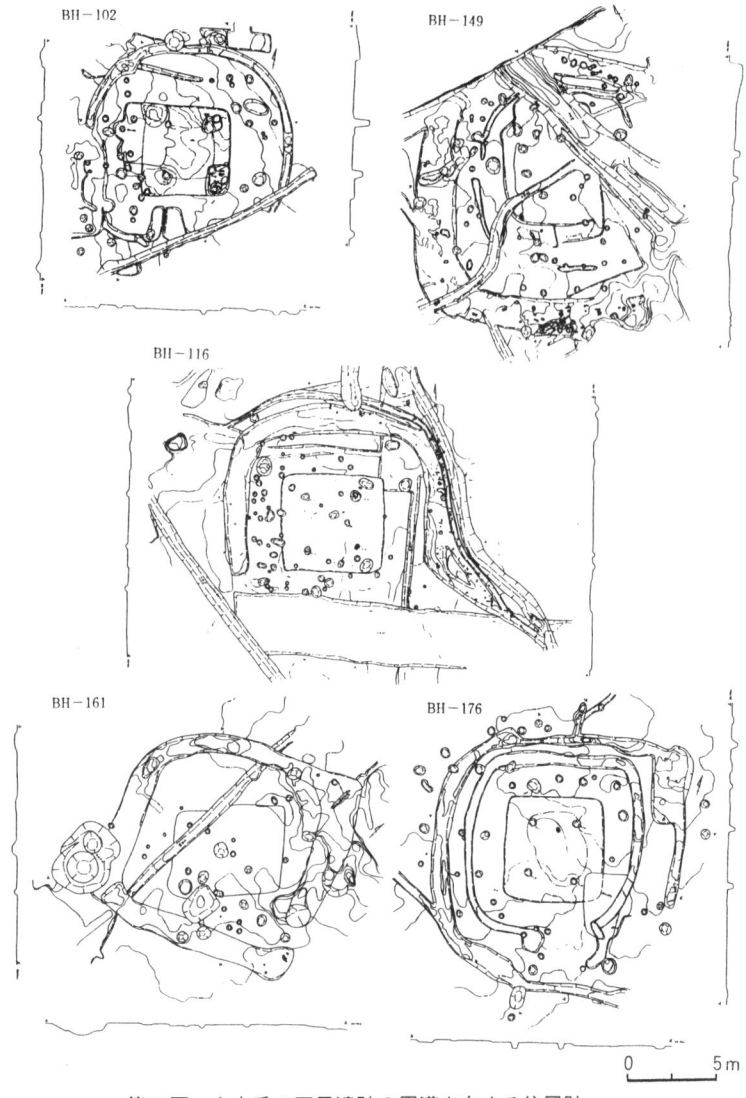

第46図 上之手八王子遺跡の周溝を有する住居跡
　　　（飯島1998より転載、S＝1：400）

第3章 方形周溝墓と「周溝を有する建物跡」 103

第4表 上之手八王子遺跡の周溝を有する住居跡

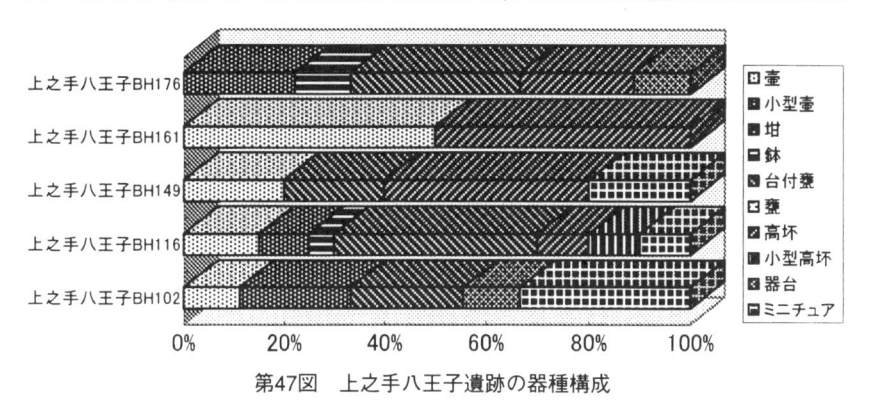

遺跡No.	平面形	陸橋部	方台部形	規模(m)		周溝幅m		深さ(m)		時期	長軸	短軸	深さ	施 設
				長軸	短軸	最狭	最広	最浅	最深					
BH102	円形	1-中央	円形	11.3	—	0.4	0.6	0.3	—	4期	5.2	5.0	0.05	貯蔵穴
BH116	隅丸方形	—	隅丸方形	10.4	—	1.4	2.4	0.2	—	4期	5.6	5.4	0.05	貯蔵穴
BH149	隅丸方形	1-中央	隅丸方形	12.7	11.8	1.1	1.8	0.2	—	4期	6.0	5.6	0.05	
BH161	隅丸方形	1-隅	隅丸方形	9.8	9.8	1.1	2.0	0.2	—	4期	6.2	5.0	—	貯蔵穴
BH176内	隅丸方形	1-中央	隅丸方形	9.3	9.3	0.4	0.9	0.1	—	4期	5.9	5.8	0.03	炉・貯穴
BH176外		1-隅		13.7	13.3	0.3	1.4	0.3	—					

第47図 上之手八王子遺跡の器種構成

4)の例と比較してみたい。①BH102・149・176が一辺の中央が開口する形態、BH161がコーナーの一つが切れる形態で、住居跡・建物跡ではないが2号方形周溝状遺構が一辺の中央とコーナーの一つが切れる形態であり、開口部のあり方がおおむね共通するものであることがわかる。②BH102・116・161・176内溝が10m前後、BH149・176外溝が13m前後と共通する。また、住居跡そのものの規模も5～6mで近似している。③器種構成は、集落内での比較が必要だが、壷・甕を中心にしている(第47図)。さらに加えて、周溝の幅と深さについてみると、上之手八王子の方がバラツキがあり、深さについては10～30cmとごく浅いという点で県内の例と共通している。このように、①～③のいずれも上之手八王子とおおむね共通しており、周溝を有する住居跡・建物跡を認定するある程度の目安として差し支えないと考えられる。周溝の幅と深さについては、周溝墓との比較が必要であろう。

2. 方形周溝墓と周溝を有する建物跡

1.での記述をもとに、周溝墓と周溝を有する建物跡について比較を行い、相同と相違についてみたい。

全体の平面形 方形を基調とするものの、整った方形、長方形のものは台地・丘陵上のものに限られる。低地の周溝墓や台地の周溝墓の一部は不整で、周溝を有する建物跡は各辺が丸みを帯びたものである。

方台部・周溝区画内 台地・丘陵、低地の大部分の周溝墓の方台部は比較的整った方形、長方形である。また、周溝を有する建物跡も方形を基調とするが、周溝墓に比して不整である。周溝墓では外周の形態が不整でも方台部は整った方形である場合が多いのに対して、周溝を有する建物跡の場合には外周の形態と区画内の形態は同一である。また、低地の周溝墓の一部には各辺がかなり丸みを帯びた隅丸方形のものがあり、周溝を有する建物跡の隅丸方形のものと平面形のみでは区別がつかない。

陸橋部・開口部 周溝墓では周溝が全周するものが最も多く、次いでコーナーの一つが切れるものが多い。また、四隅切れ、L字、一辺の中央が切れるものもあり、塚本山14号は一辺の中央とコーナーの一つが陸橋部になっている。一方、周溝を有する建物跡はいずれも一辺の中央が開口し、それに加えてコーナーの一つが開口するものもある。このように、一辺の中央が切れるものは、さらにコーナーの一つが切れるものも合わせて建物跡の可能性を考える必要があるが、断定には至らない。

規模 周溝墓は5～8m、10～12m、14～16mの3つのまとまりにおおよそ分けられる。周溝を有する建物跡は13m前後、10m前後の2つのまとまりがある。10～13m前後のものは両者にあり、規模のみでは区別できない。

周溝の幅と深さ（第48図） 周溝墓は幅1～4m、深さ50cm～1mに大方分布する。とくに台地・丘陵のものは幅1～2m、深さ50cm～1mに集中する。周溝墓で深さが50cm未満のものはごく少数である。周溝を有する建物跡は幅2m以

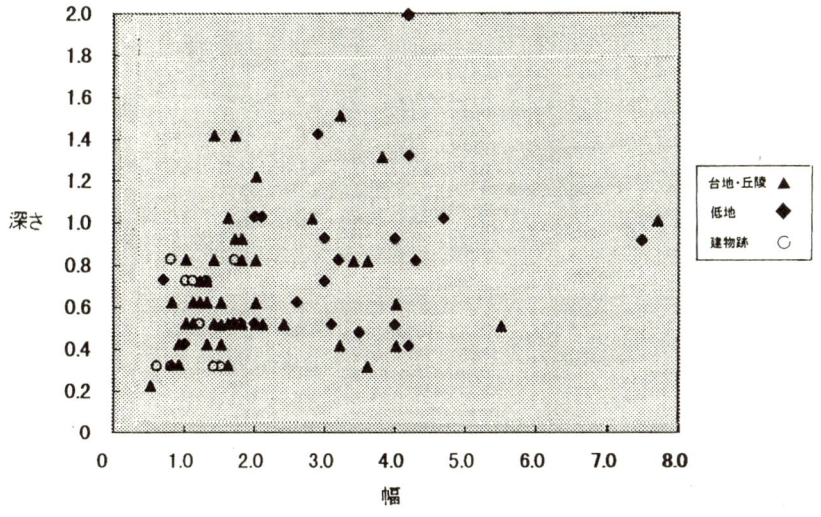

第3章 方形周溝墓と「周溝を有する建物跡」 105

第48図　周溝墓・建物跡の周溝の幅と深さ

下、深さ1m以下に集中した分布がみられる。この領域は両者で重複する部分もあるが、周溝墓では幅1m以上のもので深さが50cmに満たないものはほとんどない。深さが50cmに満たないもの、とくに幅1m以上で50cmに満たないものは周溝を有する建物跡である可能性が高い。

　施設　周溝墓、周溝を有する建物跡双方に溝中土坑、ピット、段が認められる。両者に明瞭な違いは認められない。

　土器量　低地の周溝墓で出土量が極端に多いものがあるほかは、周溝墓、周溝を有する建物跡ともに多寡があり、一概に量の比較はできないようである。

　器種構成　周溝墓では壺、小型壺の比率が高いのに対して、周溝を有する建物跡では壺と合わせて甕の出土比率が高い。

　出土状況　周溝墓では特定の周溝からの完形率の高い土器の出土や一面に細片が出土する例がみられる。周溝を有する建物跡でも同様である。完形率が低いのは鍛冶谷・新田口、蜻蛉に限られるようである。

　群在の様相　周溝墓、周溝を有する建物跡いずれも整然とした築造がほとんどである。これは上之手八王子でも同様である。一方、大久保領家片町、鍛冶

谷・新田口、小敷田の一部で入れ子状、知恵の輪状の分布がみられる。とくに大久保領家片町、鍛冶谷・新田口では、確実に周溝墓と周溝を有する建物跡の双方が含まれており、及川も指摘するように、周溝を有する建物跡が含まれる場合にこのような群在がみられるといえるだろう。

このように、周溝墓と周溝を有する建物跡の比較をとおして、全体の平面形、方台部・区画内の形態、陸橋部・開口部のあり方、周溝の幅と深さにある程度の相違が認められた。一方、両者で変わらない部分も多く、周溝墓と周溝を有する建物跡という「周溝を有する」両遺構を、安直に振り分ける危険を感じさせる。周溝を造る意味は別にして、周溝が存在するという現象自体は、墓、住居双方で曖昧なのである。

3. 大久保領家片町遺跡の方形周溝墓と建物跡

周溝墓、周溝を有する建物跡の認定の目安、ここで見た両者の相違を参考に、次に実際の集落について検討する。ここでは、試みに周溝墓と周溝を有する建物跡の両者が混在することが確実な遺跡の一つである大久保領家片町遺跡についてみることにしたい。

今一度、両者の認定の目安を示しておく。周溝墓については、①直線的な辺を持つ方台部、②周溝が全周あるいはコーナーの一つに陸橋部を持つ、四隅切れの平面形、③施設としての溝中土坑、④壺の出土比率の高さ、⑤出土土器の完形率の高さ、⑥コーナーや陸橋部際、特定の周溝からの出土、⑦整然とした群在のあり方、⑧幅１ｍ以上のもので、深さが50cmに満たないものはほとんどないという各点がある程度の目安である。周溝を有する住居跡・建物跡については、①一辺の中央が切れる、またはそれに加えてコーナーの一つが切れるという開口部のあり方、②13ｍ前後、10ｍ前後の周溝内の規模、③壺に加えて甕が多い、④周溝の幅と深さが相対的に細く、浅いの３点である。

大久保領家片町遺跡では、当該期の住居跡が６軒、周溝墓とされる遺構が30基、竪穴状遺構が２基検出されている（第29・49・50図、第５表）。

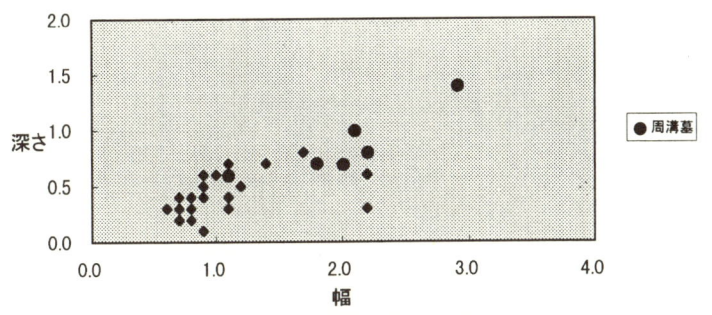

第3章　方形周溝墓と「周溝を有する建物跡」　107

第49図　大久保領家片町遺跡の周溝の幅と深さ

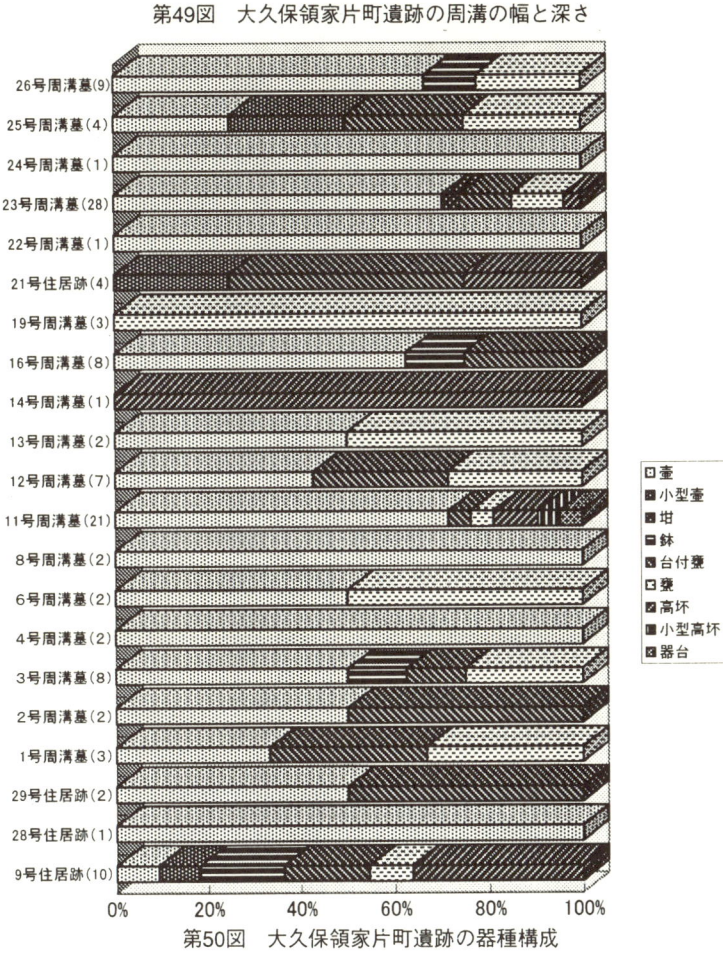

第50図　大久保領家片町遺跡の器種構成

108　第Ⅰ部　方形周溝墓の条件

第5表　大久保領家片町遺跡の「周溝墓」

遺跡Na	平面形	開口部	周溝内	規模(m)		周溝幅(m)		深さ(m)		施設	時期	備考
				長軸	短軸	最狭	最広	最浅	最深			
1	方形	1-隅	方形	8.4	6.9	0.8	1.1	0.3	0.6	段	2期	底部穿孔壺
2	隅丸方形	1-隅	隅丸方形	7.5	5.6	0.7	1.1	0.2	0.4		2期	
3	方形	―	方形	9.4	―	1.2	1.8	0.6	0.7		2期	
4	隅丸方形	1	隅丸方形	―	―	0.9	1.1	0.2	0.3	段	2期	掘り方か
5	L字	2	隅丸方形	―	―	0.6	0.7	0.3	0.4	テラス	不明	
6	―	―	―	―	―	1.4	2.2	0.8	―		2期	底部穿孔壺
7	―	―	―	―	―	0.6	0.7	0.2			不明	
8	隅丸方形	1-中央	隅丸方形	10.0	8.4	0.7	1.4	0.4	0.7		3期	
9	隅丸方形	1-中央	隅丸方形	10.8	9.2	0.5	0.8	0.3	―		2期以後	27号住居跡
10	隅丸方形	1-中央	隅丸方形	8.4	8.4	0.5	0.7	0.3	―		2期	
11	隅丸台形	―	台形	15.6	―	1.3	2.1	0.5	1.0		3期	底部穿孔壺
12	隅丸方形	1辺開口	隅丸方形	9.9	9.8	0.7	1.0	0.4	0.6		2期	
13	不整円形	―	不整円形	14.5	―	0.7	0.8	0.2	0.4		2期	16号と重複
14	不整方形	2	不整方形	7.6	6.7	0.6	0.9	0.1	0.4		3期以前	
15						0.5	0.7	0.3			不明	
16	隅丸方形	―	隅丸方形	15.5	―	0.7	2.2	0.2	0.6		2期	13号と重複
17	―	―	―	6.1	―	0.7	0.8	0.3	0.4		2期以前	
18	―	―	―	―	―	0.7	0.9	0.1			2期以前	
19	―	―	隅丸方形	―	―	0.5	0.6	0.3			2期	35号住居跡
20	隅丸方形	1-中央	隅丸方形	―	―	0.5	1.2	0.1	0.5		2期	35号住居跡
21	隅丸方形	1-中央	隅丸方形	10.0	9.1	0.6	1.1	0.3	0.7	段	2期	35号住居跡
22	隅丸方形	―	隅丸方形	―	―	0.9	―	―	―		2期	掘り方か
23	隅丸方形	1-中央	隅丸方形	12.9	9.8	0.6	1.7	0.3	0.8	溝中土坑	2期	35号住居跡
24	隅丸方形	―	隅丸方形	―	―	0.5	0.7	0.2	―		2期	
25	長方形	―	長方形	8.8	7.0	0.9	2.0	0.3	0.7	段	4期	
26	方形	―	方形	12.8	―	2.2	2.9	0.8	1.4	テラス	4期	鉄剣
27	―	―	―	―	―	0.6	0.9	0.3	0.6	段	3期か	
28	―	―	―	―	―	0.6	0.9	0.2	0.5		3期か	
29	隅丸方形	―	隅丸方形	―	―	0.6	0.8	0.1	0.2		3期以後	
30	隅丸方形	―	隅丸方形	―	―	0.7	2.2	0.3	―		3期以後	

　このうちの1・6・11号周溝墓からは底部穿孔壺が、26号周溝墓からは鉄剣が出土し、確実な周溝墓と考えられる（第51図）。これらの周溝墓を見ると、上述の①・②・④・⑤・⑥・⑧と合致している。3号周溝墓は1号周溝墓と周溝を共有し、①・④～⑥・⑧が合致することから周溝墓と考えられる。25号周溝墓は①・②・⑧のありようから、周溝墓である可能性が高い。2号周溝墓は①・

第3章 方形周溝墓と「周溝を有する建物跡」 109

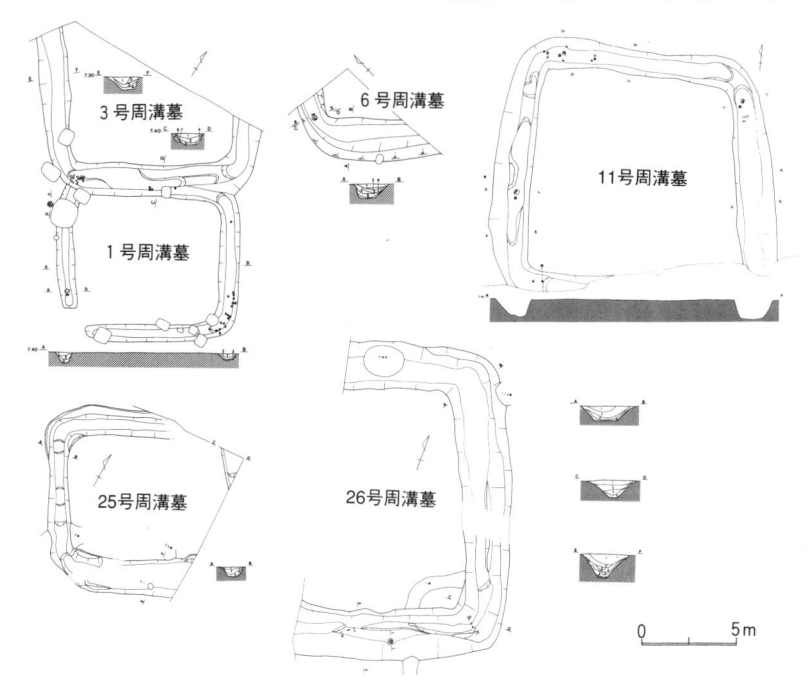

第51図　大久保領家片町遺跡の周溝墓

②・⑥が合致するが、周溝の幅は1m以上であるものの深さが50cmを下回ることから可能性に留めておきたい。

また、新旧関係では、30号住居跡と11号周溝墓で住居跡が新しいほかは、周溝墓が新しいようである。

27号住居跡と9号周溝墓、35号住居跡と19・20・21・23号周溝墓は、「周溝を有する住居跡」と考えられ、先にあげた①～④と合致する。入れ子状、知恵の輪状の分布を示す調査区の南半についてみると、16号周溝墓が規模は15.5mと大型だが、周溝の幅は13号周溝墓と重複する部分のみが幅広な以外は、比較的細く浅めである（第52図）。とくに周溝内のほぼ中央に22号周溝墓がみられ、規模が小さく、掘り込みが判然としないことから、竪穴住居跡の掘り方の可能性が考えられる。ここでは、22号周溝墓≒住居跡と考え、16号周溝墓を対応する周溝と考えておきたい。8・10・12号周溝墓については①・②・④がおおむね

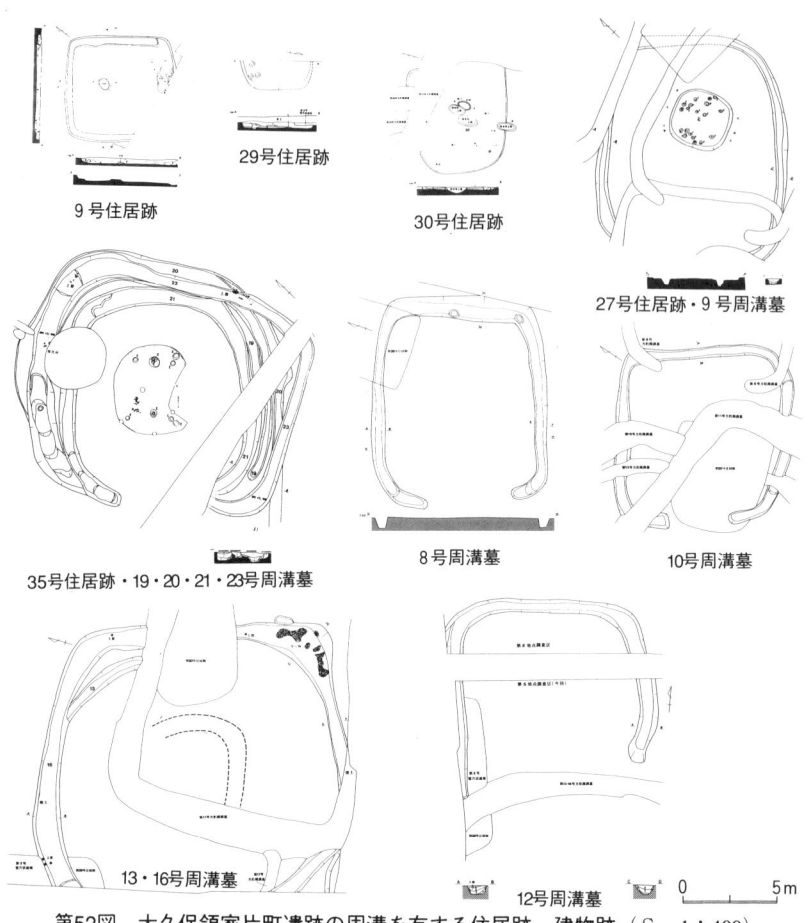

第52図 大久保領家片町遺跡の周溝を有する住居跡・建物跡（S=1：400）

合致し、平面形が27・35号住居跡の「周溝」と同様であることから、内部施設が明らかでないが周溝を有する住居跡・建物跡と考えておきたい（第52図）。

部分的なものについては、上述の目安のみでは判断できず、どちらとするかは保留したい。

全体的には混在するものの、おおむね北側に周溝墓群、南側に周溝を有する住居跡・建物跡が分布する（第53図）。南側の周溝を有する住居跡・建物跡が

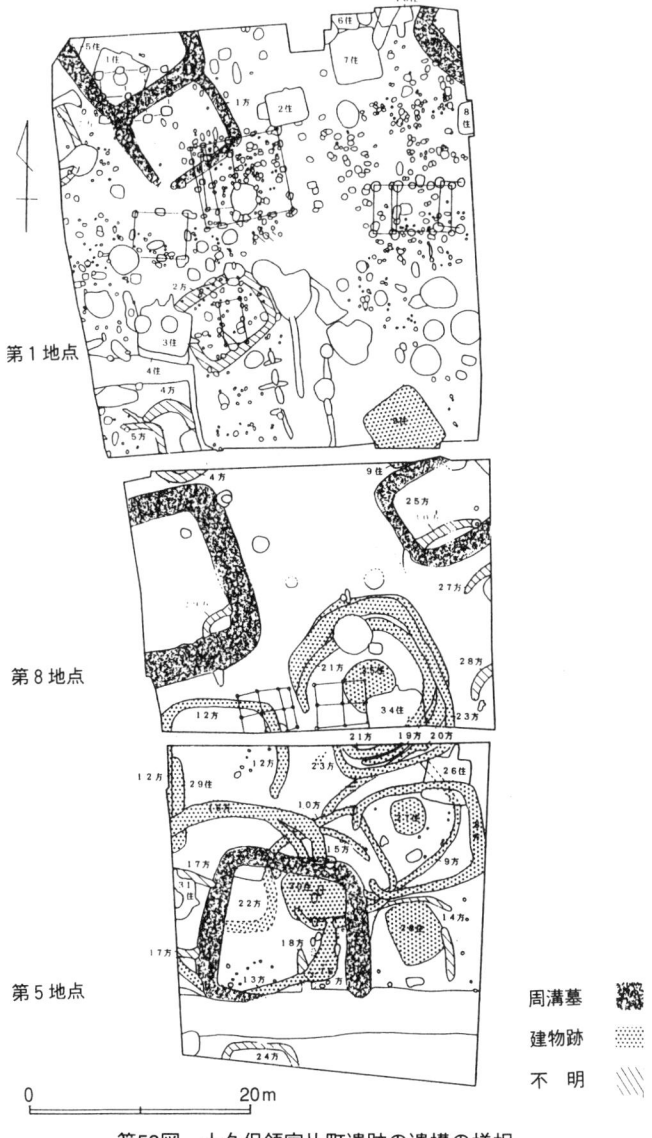

第 3 章 方形周溝墓と「周溝を有する建物跡」 111

第 1 地点

第 8 地点

第 5 地点

周溝墓
建物跡
不明

0　　　　20m

第53図　大久保領家片町遺跡の遺構の様相

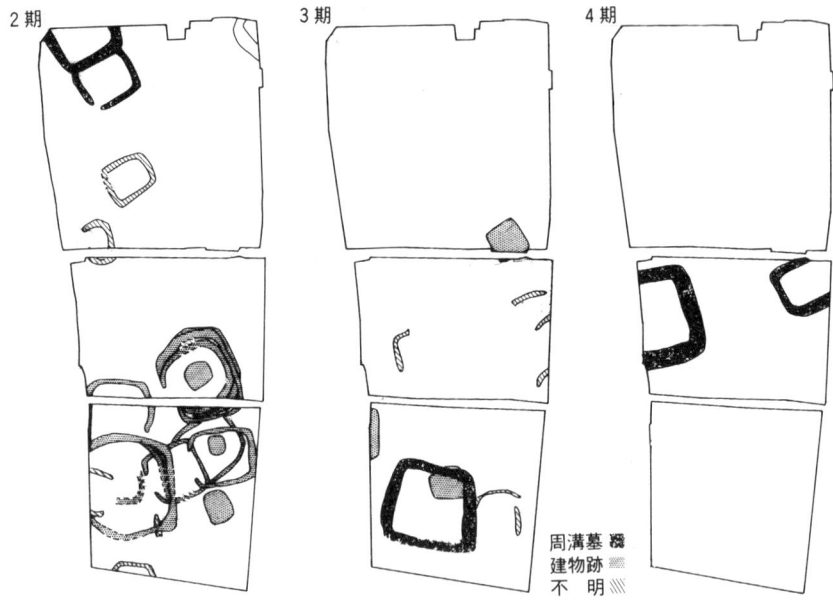

112　第Ⅰ部　方形周溝墓の条件

第54図　大久保領家片町遺跡の各時期の様相

　密集して分布する部分に位置する周溝墓は11号のみである。時期別（第54図）にみると、2期には周溝墓は北側の一群のみである。周溝を有する住居跡・建物跡のほとんどが2期のもので、北側の墓域と南側の集落域という構成になっている。3期はこれに対して南側の周溝墓群が中心だが、それを切って30号住居跡があることから、周溝墓の造営後に土器に現れない時間幅で集落域に転換した可能性もある。4期には25・26号周溝墓があるのみで、墓域となっている。
　このように、大久保領家片町遺跡では混在する部分もあるが、基本的には周溝墓群と集落がやや分布を異にして展開していると考えられ、台地上の中里前原遺跡群や井沼方遺跡と同様の景観を呈するものと推定される。

第4章　条件の決定不能

　第3章の作業によって導き出した「方形周溝墓の目安」「周溝を有する建物跡の目安」を用いて、両者が混在する遺跡をある程度分離できることがわかった。しかし、ある目安を用いるときに、他の目安をカッコに入れていることを見逃すことはできない。同時に、すべての目安について留意点が併記される状況であることも重要である。しかも、一つの目安を満たしたとしても、すべてを満たすものは存在しないし、仮に存在したとしても一方に何らこれらの目安を満たさないものがあることを覆い隠せるものではない。事実、これらを用いても、どちらとも認定できない例がある。このような状況をみるとき、周溝墓を認定する揺るぎない条件は設定できないといわざるを得ない。

　私はかつて方形周溝墓が死者儀礼の総体的装置であるという視点から、いくつかの小論を提出してきたが、そのなかで繰り返し述べてきたように、またここでも確認されたように、周溝墓は多くの要素から構成され、いくつかの要素が互いに複合して1基が形作られ、墓として機能している。あるものにある要素が、あるものにはないということがままみられる。つまり、すべての要素を合わせ持ったもの―完璧な周溝墓―など存在しないし、まったく同じものなど存在しない。これまでの作業を通して、そのことがより一層鮮明になった。したがって要素をいくら羅列しても、目安は提示できても周溝墓の条件とはなり得ない。その目安すらさまざまな留意点がつく、揺れ動く曖昧なものにならざるを得ないのである。

　このような状況がみられた場合の考古学における態度は次の2通りである。
　第1の態度は基幹となるようなシステムが存在し、つまりそれに基づいた典型例が存在し、それと異なるものはイレギュラーであるとするものである。このようなあるシステムを前提とする考え方は、ツリーの構造を持つものとして

説明される（第55図）。だが、この構造はある前提を有しており、それを中心として成り立っている。その第1は体系の始点となる中心の存在であり、その第2はクラスとメンバーの組み合わせであることである。ツリーでは始点となるべき中心と、そこから下降するランクが前提として用意されていなければならないのである。

ここまでみてきたように、方形周溝墓はその前提足るべき中心が不在である。何より、このような構造を考える場合に集合の内部にある要素（各周溝墓あるいは各要素）が安定していることが求められるのに対して、それが不安定である。この状況は、方形周溝墓の様相を説明するのに、ツリーという構造を用いて説明するのが不適当であることを示す。中心から下降してくる体系は実態にそぐわない。現在行われている方形周溝墓の説明の大部分は、直接的にせよ間接的にせよ、この方法を用いた単体系的なものである。それらの説明は実際の資料からはじめるために実態そのものを示すようにみえるが、実際には実態から乖離したものとなっている。

もう一つの態度は、この相違点をすべて盛り込んだ幻のモデルを構築しよう

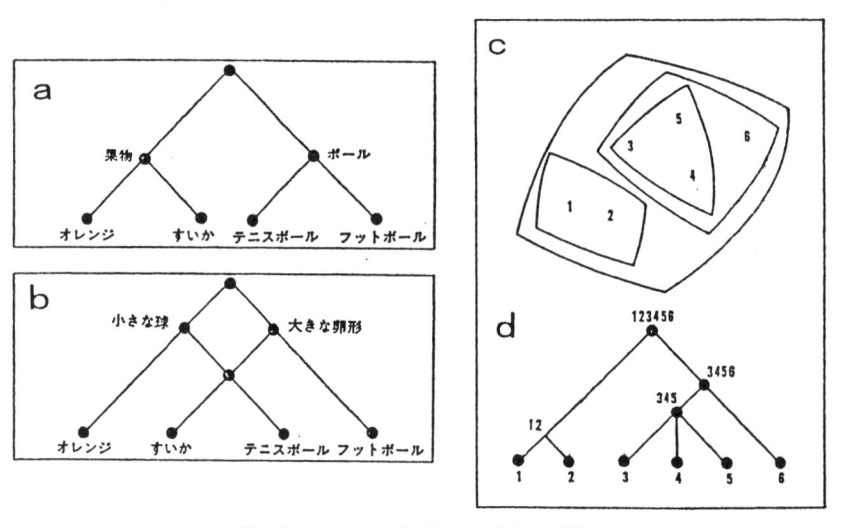

第55図　ツリー　（柄谷1983より転載）

とするものである。そこには多様性のすべてがあるが、それは雑居しているにすぎず、結果として実際に各要素がある様態とは異なるものになる。かくいう私がこれまで行ってきた作業は、この態度に基づくものである。これまでに多くの方からこの雑居を批判されてきたが、確かにこの膨大な多様性をただ盛り込んだモデルは、実は多様性そのものに目を向けていない。

だが、この状況を秩序づけるために集合のクラスとメンバーとして各要素を割り振るのであれば、それは第一のシステムを基幹とする態度と同じ状態に陥る。では逆に、該当する要素の個々から方形周溝墓を作ると考えたならば、どのようになるであろうか。まず、「方形周溝墓全体」をクラス（集合を作る概念）とし、方形周溝墓の1基1基をメンバーとする集合を作る。これとは別に認定の目安をもとに「方形周溝墓の可能性が高いもの」という集合を作る。例えば、「方台部が直線的だから方形周溝墓」、「周溝が全周するから方形周溝墓」という具合に集合を作る。この集合を部分集合として集めた「部分集合の集合」を作ると「方形周溝墓全体」をクラスとした「対象」の集合より、「部分集合の集合」の方が計数が大きくなる。これは、よく知られるパラドックスである。

第1の態度にせよ、第2の態度にせよ、「方形周溝墓」を定義しようという冒頭の目的には達し得ない。何より、定義に基づいた集合を作るのであれば、それが何の集合であるという定義に基づいた概念が必要とされる。概念を説明するのは要素であり、集合の要素を説明するのは概念だからである。ところが「方形周溝墓」という概念は曖昧である。要素も何が要素として含まれるのか明らかでない。逆に可能性のある要素から部分集合の集合として「方形周溝墓」という対象を作ろうとすれば、対象よりも計数が大きな集合ができるパラドックスに陥るのは先に述べたとおりである。つまり定義を行っていないものに対して、何かを集めて定義に基づいた集合に代えることはできないのである。

ここに冒頭で述べた企ては破綻することになる。

これは、定義という目的そのものが単一方向的で、定義という中心を前提として用意させなければならないという単体系的行為であることによるものである。

周溝墓を一律の社会的な秩序に従って厳密に規格化された定型的な墓制であるかのような、典型例が実際に存在するかのような、中心と周縁というような考え方は、この状況について何ら説明する手段になり得ない。現に中心は存在しないのである。忘れてはならないのは、「周溝墓」という「墓制」はわれわれが創造したものである点である。弥生時代・古墳時代に「方形周溝墓」があったわけではなく、単なる墓でしかないことをもう一度思い出す必要がある。この曖昧で揺れ動く目安は、当時の墓造りに求められた基準の曖昧さ、死者儀礼のあり方の曖昧さを示すものである。それを承知で考えはじめなければならない。

　また、前章でみた周溝墓と周溝を有する住居跡・建物跡の「周溝」の曖昧な相違、明瞭に区別できない境界例の多くある状況は、「周溝」が墓を造るために、住居跡・建物跡を造るために「ただ掘られた」のだということ、周溝がただそこにある現象でしかないということを現している。このことは、周溝墓に与えられているさまざまな意味が、われわれが与えた経験的な意味にすぎないことを示し、これまで自明と考えてきたこと、方形周溝墓についての決まり事、方形周溝墓にあらかじめ何らかの別の価値があるかのような思い込みから離れることを迫るものである。

第Ⅱ部　方形周溝墓の再発見

第1章　再発見への視座

1. 相似と相違

　第Ⅰ部で本書の冒頭で掲げた企ての一部は破綻した。いや、むしろ破綻せざるを得なかったというべきかもしれない。だが、定義が存立しないならば何も考えられないとも思えない。

　前述のように、方形周溝墓の多様な様態はクラスを設定して「定義をする」という単方向的な方法によっては説明できない。だが、そのことがここに集められたものが相似した方形周溝墓であることを否定することにはならない。もともと方形周溝墓を集めるということ自体は、それぞれが相似することによるものであった。では、定義によって固定されない相似とはどのようなものなのだろうか。

　もちろん、考古学のこれまでの研究のなかにもこの「相似」の問題を扱った優れた研究が多くある[7]が、ここではそれに安易に依拠せずに、もう少し「相似」について考えてみたい。

　方形周溝墓の定義について考えるに際して、その行為が中心化するシステムである「ツリー」を形成しようとする行為にほかならないことについては既に述べた。C・アレグザンダー（アレグザンダー1966）は、その単一的中心化を避けるシステムとしてセミーラティスをあげている[8]。ここでは、今一度ツリーについてみた後、このセミーラティスについて検討したい。

　第55・56図は柄谷行人が、アレグザンダーの原図を改変して掲載したものである。ここでは、2種類の例が示されている。その一つオレンジ・すいか・テニスボール・フットボールについての共通点を見出す場合、分類軸を替えると異なる対応関係が得られる。例えばオレンジとすいかは果物であり、テニスボ

ールとフットボールはボールであると分類すると、オレンジとすいかは果物の部分集合として、テニスボールとフットボールはボールの部分集合として表され、後者が上位で前者が下位の―クラスとメンバー―の関係にあるとすることができる。この関係はツリーである（第55図左a）。同様にこれらを球（小）、卵形（大）という分類軸で分類すると第55図bのようになる。これもまたツリーである。第55図cは6つの要素からなるツリーの構造と、それを集合として例示したものである。各要素がクラスとメンバーの関係、「含む」―「含まれる」関係、もしくはまったく関係を持たない関係であるのがわかる。左側のa・bも集合としては同様のものとして示される。このような要素間の関係、ツリーをアレグザンダーは次のように定義する。「セットの集まりがツリーを形成するのはつぎの場合、そしてその場合のみである。すなわちこの集まりに属する任意の二つのセットをとれば、一方が他方に完全にふくまれるか、まったく無関係であるかのいずれかである場合である」（柄谷1983、p.2916〜8）。

　ツリーはクラスとメンバーのみからなる関係性であり、メンバー相互の関係は問題にされない。上位の結節点がなくなれば、新たにメンバーをつなぐ関係は生まれない。ツリーはこのように、軍隊やスパイ組織のような単一的な中心化を志向するシステムである。

　セミーラティスは、ツリーが一つ上のクラスの単数の要素から分岐して下のクラスの要素に下降してくるのに対して、上位の複数の要素から下の多数の要素へ下降する。その関係は網目状となり、市川浩はこれを「網目状交叉図式」として紹介している（市川1978）。先ほどの図に戻れば、第55図a・bを重ね合わせた関係、第56図dがセミーラティスである。同様に第55図c・dの6つの要素の関係では、第56図e・fがセミーラティスである。アレグザンダーは、セミーラティスを、「集合の集まりは、つぎの場合、そしてその場合にのみ、セミ・ラティスを形成する。すなわち二つのオーヴァーラップする集合が全体に属し、また両者に共通の諸要素もまた全体に属しているとき」（柄谷1983、p.28）と定義している。柄谷は、この図の（2・3・4）と（3・4・5）が同じ集まりに属し、両者の共通部分3・4もまたこの集まりに属している状態をセミー

120 第Ⅱ部 方形周溝墓の再発見

ラティスとして示している。また、アレグザンダーは、友人・知人関係を例に、実際の開かれた社会における横断的で複雑な人間関係を例としてあげている（第56図右）。

ツリーの各メンバーの関係が、「含む－含まれる」か「まったく関係を持たない」という重複しない部分集合の形で表わされるのに対して、セミ－ラティスは複雑に重複する部分集合として表わされる（第56図e）。これは、一見ツリーの志向する単一的な中心化を回避しているようにみえる。

しかし、いくら対応関係が複雑化しようと、ここでも前提となっているのは「ある中心」「どこかにある中心」である。しかも、市川が指摘するように、この複雑さもセミ－ラティスが本来数学の概念であることからも明らかなように、

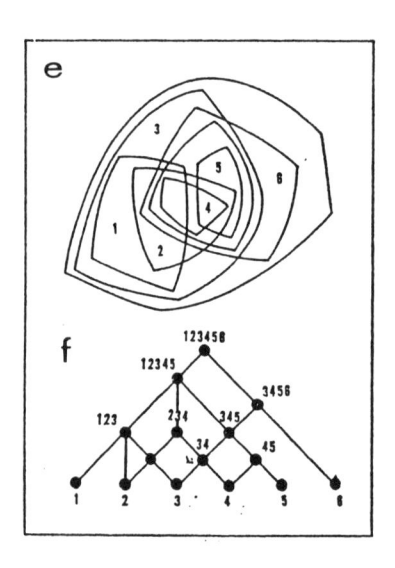

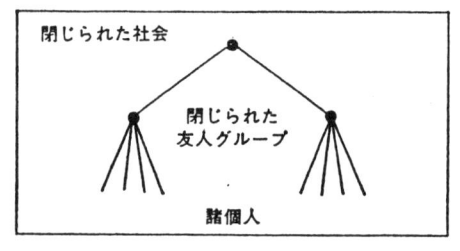

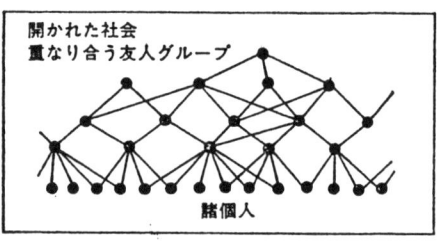

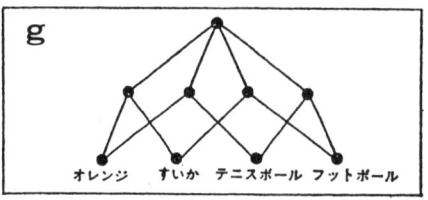

第56図　セミ・ラティス（柄谷1983に加筆・転載）

明確な「定義」を前提とし共時的均衡にある構造として示される。このようなセミーラティスは、いわばツリーの複合でしかない。したがって、このシステムは秩序的・静的なものであり、アレグザンダーがいうような「自然成長性」（柄谷行人）を持たない[9]。

　何度も述べるが、方形周溝墓の定義は決定不能であり、それぞれの関係は非中心化的様相を示し、単一の中心化を拒否している。セミーラティスがあくまで中心を前提とし、明確に定義された複雑さを示すものなのならば、その時点で方形周溝墓の様相を示すものではない。

　セミ・ラティスがツリーの複合であると考えるのならば、さらに単一の中心化を志向しない相互の関係とはどのようなものなのかを考えねばならない。

　ここでもう一度中心化について考えるならば、それは、ある一つの中心を基点、あるいは根とするもので、それから分岐して派生するものである。上位のクラスは必ずその上位であることが保たれなければ、分岐は起こり得ない。固定化された一つ上のクラスとメンバーという関係。それが「中心化する」分岐する体系である。

　逆に一つの中心から分岐しない非中心化的システムには、クラスとメンバーという関係、上下という関係がない。クラスとメンバーは相互に入れ替わり関係は面的である。このような相互の関係を、市川浩は「レヴェルを超える多次元ネットワーク」のようなものと考え、さらにこれが間断なく変形する「非合理的ないし超合理的なむすびつきの構造」になっているとする。

　この構造を市川は「癒合的同一化」と呼ぶ（市川1980）。市川の「癒合的同一化」は「述語的同一化」と「主語的同一化」を含むものである。第57図は市川が、この「癒合的同一化」を説明したものである。

　右上の図は、三段論法－「すべての人間は死ぬ。しかるに日本人は人間である。ゆえに日本人は死ぬ」という文章を示している。ここでは、3つの項「死ぬもの」、「人間」、「日本人」は「含む」－「含まれる」関係にある。つまり、「死ぬもの」の部分集合としての「人間」、「人間」の部分集合としての「日本人」という具合に。いうまでもなく、このような要素間の関係はツリーそのも

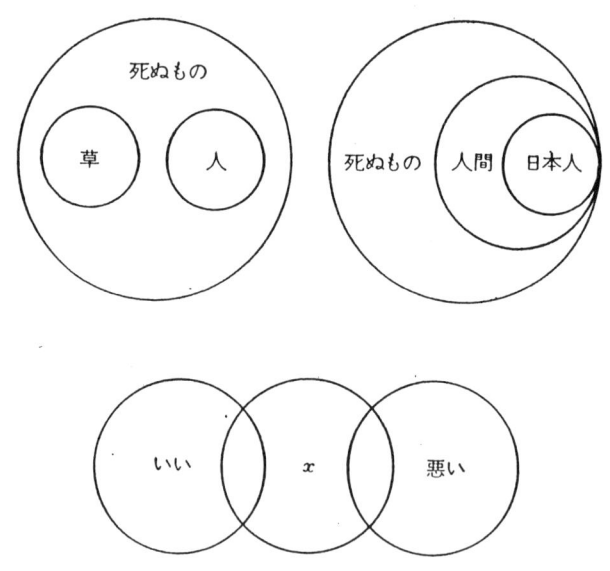

第57図　癒合的同一化(1)（市川1980より転載）

のである。

　左上の図は、「人は死ぬ。しかるに草は死ぬ。ゆえに人は草である」という「述語的同一化」を含む文章（いわゆる草のパラドクス）を示している。ここでは、「死ぬもの」の部分集合である「人」と「草」は重なり合わず無関係である。それにもかかわらず、「死ぬもの」を介して、「人」と「草」は一対一対応があるものとして扱われ、非論理的な同一性を持たされている。

　下段の図は、「いいは悪いで、悪いはいい」という「主語的同一化」を含む文章を示している。ここでは、「いい」「悪い」というまったく関係のない集合が、ここに書かれていない、ある「主語」ー「x」と重複することを前提に、一対一対応を持たせられるものである。つまり、「xはいい。しかるにxは悪い。ゆえにいいは悪い」という主語「x」を介して、述語が非論理的な同一性を持たされている。

　市川はこの両者を含む癒合的同一化は、一般に隠喩や直喩の形をとり、それが「社会」の共同体内の同一性に基づく感覚ー「共有感覚」とズレることによ

って、システム全体に変形を生じさせるという。そのズレを図化したものが第58図である。上段では、(1・2・3) と (4・5・6) が隠喩的に同一化するものとして、破線で結ばれている。この隠喩的な同一化は、例えば前者が「おんな心」、後者が「秋の空」のようなもので、本来は同一化し得ないものが、隠喩という述語的同一化によって共同体で「共有」されることにより、本来の相互の対応関係からズレ、システムに歪力をかける。また、精神分裂病のように、共有感覚から極端にズレた同一化が行われる場合は下段のようなシステムそのものが歪んだものとして示される。この図では、同一化されない要素相互にも、癒合的同一化による重なり合いが波及している。

　このように、癒合的同一化はズレを生じさせるが、ここで注意されなければならないのは、そのズレがもともと結びつけられる各要素からのズレであることである。なぜなら、癒合的同一化も閉じた共同体のなかで行われるものであり、そのズレも共同体の枠にとどまるものだからである。ここで新たに結びつけられることによって生まれてくるものがあるとするならば、それもまた共同体内にとどまらざるを得ない。それが「共同体の外側」との関係によるものでない限り。そうではなく共同体内の同一性とのズレにおいて、この問題を扱うことはとりもなおさず共同体を一つの軸として考えていることにほかならなくなる。そのような立

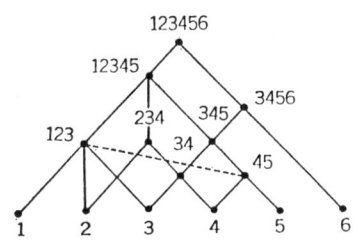

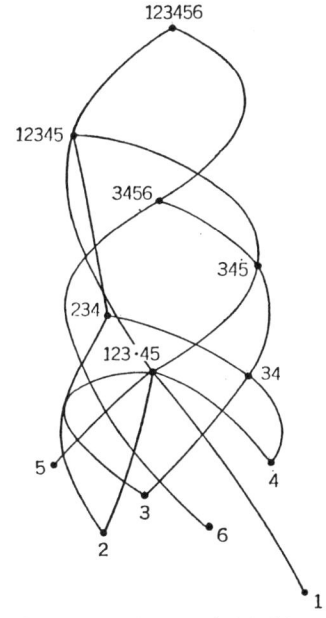

第58図　癒合的同一化(2)（市川1980より転載）

場は、これまで述べてきたように共同体を根とするツリーへの志向にほかならない。

しかも、この同一化は偶然性が装われているが、そうではなく、分解していくと説明可能な、「定義」可能なものになる。

したがって、市川がいうシステムにかかる歪力は、共同体内で構成する要素間の関係についてのみ働くものである。

確かに、ここに含まれる関係は非合理的で、その関係自体は超合理的な側面を持つ。

しかし、それが中心化を志向することも事実である。したがって、非中心化という点ではやはり、ドゥールズ・ガタリの「リゾーム」とは異なる。

ドゥールズ・ガタリは「多様体」について語るために、「根」、「側根」、「根茎」という隠喩を用いて説明する（ドゥールズ・ガタリ1992）。

「根」は「二元的論理」に貫かれた「世界としての樹林のイマージュ」である。それは直根を「中心」－起点として分岐していくもので、分岐されるもととして「根」が前提されている。分岐されるもとと分岐されたものは、分岐される際に分岐されるもとが「点」として中心化するので、一対一の対応関係を持つ。繋がれた関係は上下の関係になり、分岐するものへと下降する。これがツリーであることは、今更いうまでもない。

「側根」は、中心にある「根」が切断されたもの、あるいは「破棄された先端」に「発達した根」が、一対一対応で接がれているものである。しかし、そこには「切断」あるいは「破棄」されているとはいえ、「中心としての根」が、過ぎ去ったもの、あるいは来るべきものとして、存続可能なものとして保存されている。しかも分岐が複雑になることが「いっそう広がりのある全体性」へ別な形で、密かに分岐していくことになる。柄谷行人がこの「側根」とセミ・ラティスを対応させるのも、この「存続可能な中心」が保存され続けるからである。

「根」にせよ、「側根」にせよ、そこには表面的・潜在的に「中心」である「根」が前提されている。ここまでみてきたように、多様であることは固定さ

れた「中心」を持たない、定義不能な状態である。ドゥルーズ・ガタリは、これを「にせの多様体」と呼ぶ。
　これに対する「根茎」は、定形的な形を持たない、起点も終点もない網目の「中間」の「線」である。形もない「中間」である「根茎」は、「中心」を持たない。「中心」がないため、「統一性」も志向しない。常に「中間」の「線」であるので、他の項との接合は一対一対応を強要せず、任意の「一点」が任意の「一点」に接続される。したがって、この接続は平面的である。起点も終点もない網目であるため、予定される方向性はなく、常に動的に実践的に成長していく。固定的な定義は不可能である。もし「定義」するのであれば、瞬間の状態を固定して行うのみである。
　このような、非中心化システムとしてのリゾームの絶え間ない接合は、非論理的で非合理的に行われつづける。
　非論理的で非合理的な関係を内包する市川の「癒合的同一化」、さらに非中心的でそのような関係が絶えず生み出されつづけるドゥルーズ・ガタリの「リゾーム」は、これまでみてきた非中心的で、定義不能な相似の様相を考える手助けになる概念になる。
　では、このような各要素間の関係は、どのような形で表されるだろうか。市川はこれが隠喩という形をとることを指摘し、ドゥルーズ・ガタリは説明そのものに植物を用い、さらにリゾームを大脳辺縁系になぞらえる。癒合的同一化はその同一化への道筋を語ることができるが、「中間」の「線」であるリゾームは、リゾームそのものを用いてリゾームを語ることはできない。なぜなら、動きつづけるリゾームを中心に置いた途端に、それはリゾームでなくなるし、またリゾームはそこからはみ出していってしまうであろう。
　また、関係している各要素そのものによって関係を語ることもできない。各要素はそれのみでは単なる要素にすぎず、他の要素との「差異」を語ることよってのみ、つまり他の要素によってしか語り得ないからである。しかし、この「差異」は関係そのものでもないし、各要素そのものでもない。しかも、その「差異」すら常にズレ続けている。つまり、ポジティブな形でこのような関係

について述べることはできないわけである。柄谷行人がいうように、それはネガティブな形でしか表現できない（柄谷1988、p.280）。

　これは、本書で扱っている方形周溝墓の様相についても同様である。この関係を方形周溝墓そのものによって語ることはできない。その際には、他の周溝墓との「差異」によって語るか、さもなくば「方形周溝墓」というクラスと、それを構成する「周溝」、「中心埋葬施設」といったメンバーによって語るというネガティブな方法しかないのである。このようなネガティブな表現を用いざるをえないのは、その他の考古資料についても同様である。

　このような形で表現される相似は、非中心化しながら常にズレつづけ、いわば「差異」の体系として示される。しかし、それはあくまで「差異」を語っているのであって、「相似」そのものについて語っているわけではない。では、このような非中心的で定義不能な、明らかで絶対的な共通性がない「相似」という関係そのものはどのように示すことができるだろうか。

　本書で扱っている方形周溝墓の多様にして「相似」している様相は、何もこのような考古学が対象とする資料にとどまらない。周囲を見渡すと、言語や数といった抽象的なものから、ごく身近な親子、兄弟まで、実に広範にこのような「相似」で満たされている。

　L・ウィトゲンシュタインは、このような相互の関係、とくに言語や数のこのような関係を「家族的類似性」（ファミリー・ルゼンブランス）と呼び、ゲームという隠喩によって説明する（L・ウィトゲンシュタイン1976）。

　ウィトゲンシュタインは、ゲーム－盤ゲーム・カード・球戯・競技等々のゲームと呼ばれるもののすべてに何か共通なものがあるのではなく、そうではないがそれらを注視することによって、類似性や連関性を「みる」ことになると指摘する。それらを次々に注視していくことによって、共通の特性が絶えず現れては失われていく。言葉を替えれば、次々に類似し、異なっていくのである。この状態をウィトゲンシュタインは、「われわれは互いに重なり合ったり、交差し合ったりしている複雑な類似性の網目を見、おおまかな類似性やこまかな類似性を見ている」（p.70）とする。このような類似のあり方は、家族の間の

類似、「一つの家族の構成員の間に成り立っているさまざまな類似性、たとえば体つき、顔の特徴、眼の色、歩き方、気質、等々も、同じように重なり合い、交差しあっている」(p.70) 類似と同様のものであり、「家族的類似性」を持つものとされる。

言語についても同様の類似の状態「多くの異なったしかたで類似している」(p.69) ことによって、われわれは言語という概念を形成している。概念を拡張することは、この類似性をたくさんの繊維を撚り合わせ、重ね合わせることによって行われる。

ウィトゲンシュタインの「家族的類似性」を、先の癒合的同一化やリゾームと比較することもできるが、むしろ私が問題としたいのはこのような「類似」が各々異なったあり方で常に現れつづけ、また消えつづけるものであるということである。このことは、この「類似」が何か一つの「中心」からもたらされる単方向的で、維持されつづけるものではないということを示す。「中心」があるとするならば、それは単数ではなく複数で、しかも常に移動しつづけるものでなければならない。このように「類似」しつづけることによって、その多様性は維持しつづけられる。

この「類似」は、例えば同一化された共同体の内部のような閉じた場所では行われることはない。もし、そのような場所で行われるならば、共同体という「中心」に常に同一化しようとするからである。それは、ツリーやセミ・ラティスを形成していく過程にほかならない。

このような「類似」は、同一化されない場所、共同体を例にするならば、その「外側」でなければならない。もちろん、ここでいう「共同体」は隠喩である。それは別に共同体に限ったことではない。国と国の間、町と町の間、家族と家族の間、個人と個人の間という「間」を指しているのである。そのような場所での何らかの「交換」によって、「類似」は行われつづけられる。この「交換」が行われなければ、「類似」も生み出されない。

その「交換」の規則は、それが「中心」を持たない行為であるがゆえに、その度に生み出されつづけ、また消えつづける。「交換」は実践的であり、あら

かじめ結果が予定されたものではない。「規則」は見出された途端に過ぎ去ってしまうのである。このような「規則」のあり方を脱規則化と呼んでもいいだろう。したがって、われわれが見出す「規則」は常に後づけである。

　このような「類似」のありようは、第Ⅰ部で得た認識、「目安」がわれわれが現時点で設定したものであり、「周溝」等の各要素は、それのみでは「ただそこにある」だけだという認識に通じるものである。「交換」によって「相似」しつづけるのであり、それは実践的な方法でしかあり得ない。

　われわれは実践的な規則を見出す。しかもそれは、おそらくごく一部の、われわれが後から見出した瞬間的なものでしかない。このような「規則」によってわれわれが再構成したと信じる「歴史」も、実はこのようなわれわれが見出したごく一部の瞬間的な「規則」を積み上げたものでしかない。そのような「歴史」が「歴史」そのものでないのは明らかであろう。

　このように考えるならば、体系化された「規則」からなる「歴史体系」は「歴史」ではなく、「物語」にすぎないことがわかる。この「物語」が唯一の真実であるとするような昨今の「歴史」ブームは、実は「歴史性」を隠蔽することにほかならない。そこでは、歴史に含まれている「巨大な多様性」が失われ、そこに至る道は閉ざされている。

　しかも、見出される「規則」はそれと異なっているときにあることが認識されるのであって、積極的な形であるわけではない。「交換」が実践されることによって初めて「規則」があることが知られるのである。そのような実践の結果を遺構や遺物としてみるわれわれは、その結果があらかじめ定められた結果へ向かう「規則」によってなされたのではなく、結果的に、しかも現代に生きているわれわれによってその規則が見出されていることを知るべきである。

　方形周溝墓の複雑な相似と相違の様相は、典型例や中心が存在しないことからも明らかなように、規則の変容が合理的ではなく実践的であることを示している。多様な相似を絡み合わせて、われわれはそれを結果として「方形周溝墓」として考えている。この態度に立って初めて方形周溝墓の多様な様態について考えることができる。

ここでは、「相似」について、いくつかのモデルを参考に考えてきたわけだが、それらのモデルが、そのまま実際の資料の様相を示すものではないことは今更いうまでもない。「これはリゾームであるから……」というような形の安直な適用は避けるべきだと考えている。なぜならそれは非中心化システムであるリゾームを、構造主義が「適切な分類軸」を新たな「中心」としたように、中心化してしまうことにほかならないからである。

2. 方形周溝墓研究と土器研究

それでは、どのような方法をもって、われわれは方形周溝墓という資料を検討することができるのだろうか。

前章では方形周溝墓という資料の様相について、非中心的で実践的なものとして考えるという態度をとらねばならないことを述べたわけだが、このような姿勢は、何も私独特のものではない。早くから谷井彪は、縄文土器研究において、単体系的な進化論的図式を批判し、多体系的な視点から縄文土器に表されている多体系的な網目、「交通」の様相を明らかにする試みをつづけている。

谷井は細田勝との共著である「水窪遺跡の研究」(谷井・細田1997)のなかで、初めて自らの縄文土器研究の基本的立場を明らかにしている。

例えば、谷井は縄文時代中期後半の大木式と加曾利E式が福島・栃木両県域で分布域の境界が引けないような混交した土器群になっていることについて、現在行われている両型式の外周、周縁であるという説明に対して異なる視点から眺めている(谷井・細田1995)。周縁であるという説明は、大木式、加曾利E式に中心があるという説明である。谷井は、「様々な要素が交錯した交差点であり、大木10式後半の土器を生む原郷土で、中心そのものといってもよい地域ともみえ」(谷井・細田1997、p.59)ることを指摘し、「それぞれの地の縄文人にとっては、現在の視点から見ると一見混乱と見える状況そのものをこの地の本来の姿と無意識のうちに認知していたことは疑いえ」(p.59)ず、「村落自体が本来自己完結的、開放的システムを内包することを考えれば、縄文人は

中心そのものとして意識していただろう」(p.59) として、縄文土器の型式からみた中心と周縁の不在を説いている。このことはまた、「意識された領域の境が存在しないこと」(p.59) を示すものである。

谷井は、「中心と周縁の不在を大前提とし、型式を集団表象や土器の実態でもなく、言葉と物の関係のように現在の土器分析の立場から操作のための概念としてのみ使う」(p.59) 必要を述べ、型式が実際に当時の何ものか（例えば〜式土器圏）を表すものであるかのような思い込みを前提とすることを拒否している。これは、われわれが見出す「型式」が仮象であることを宣言するものである。

谷井はこれまでの研究で、「従来の型式と実態のずれが全ての地域、段階で存在すること、異なった地域で共通要素が様々なレベルで存在すること、地域内での直線的、単純な進化論的変化をたどらないこと」(p.62) を明らかにしているが、固定的な結論は出されていないし、その結論に拘泥する態度もみられない。このことは、谷井の視点が多角的で常に移動していることを示し、得られたさまざまな成果はそういった移動する視点からの検討を迫るものである。同時に、単系統的に固定的な結論を出すように土器を分析したのでは、その多様性が切り捨てられてしまうという危惧が感じられる。実際、谷井の研究では多系統的な相同、差異の抽出に力が注がれているように思われる。

方形周溝墓を単系統的なものではなく、多系統的なものとして考える必要があることについて、また典型例や中心的なものがないことについては既に述べたとおりである。この点において私の態度と谷井の態度は重なっている。この重なり合いは私にある示唆を与えてくれる。つまり、一つの方形周溝墓について考える場合に、一つの土器について考える場合同様に考えることができるのではないか、方形周溝墓と土器を同じ視座で眺められるのではないかという可能性である。谷井が常に意識しているのは、土器の多系統的・多重的な相同と差異である。この相同と差異は、いうまでもなく方形周溝墓においても同様に認められると予想され、土器同様に多系統的な相同と差異の網目を形成している可能性が高い。谷井の態度は、私にこういった視点による方形周溝墓研究の

可能性を示唆するものである。

　この多系統的検討の姿勢の一つとして、西井幸雄の型式の使用方法があげられる。西井は『栗屋・屋渕・中台』（西井1996）において、「砂川期：砂川式」の石器群について述べるなかで、大宮台地と武蔵野台地のナイフ形石器の形態に各遺跡をつなぐ要素が認められつつ、かつ異なる製作原理が働いていると予想し、「型式」を「それぞれの独自性と開放性をもって連動する単位」（p.60）として措定している。この「型式」は、厳密な定義を持つ固定的なものではない。刻々と変化する柔軟な構造を持つものとして扱われている。これは、先に谷井があげた仮象としての「型式」の内容を示すものである。

　第Ⅰ部で述べたような方形周溝墓の各要素の相似と相違が、一方で開き、一方で閉じているように考えられることと、西井の述べる「型式」の柔軟な構造は同様のものと私は考えている。このような認識を前提として、方形周溝墓を多体系的なものとして取扱うことができると考えられる。方形周溝墓にも「型式」を考えることが、つまり操作のための「仮象」、ひとつの概念としてのまとまりを考えることができるように思われる。

第2章　方形周溝墓の「型式」試論

　前章で述べたような谷井や西井がいうような態度で、方形周溝墓という資料を扱うならば、どのように方形周溝墓の様相を考えることができるのであろうか。本章では、試みに方形周溝墓の平面形と群構成の様相を見ることによって、方形周溝墓相互の関係を考えてみることにしたい。

1. 平面形と群構成についてのこれまでの研究

　検討をはじめる前に、これまでの研究についてみておきたい。方形周溝墓の平面形については、陸橋部の位置を重視する研究と、形態そのものを重視する研究がある。後者はさらに、周溝の外周を含む全体の形をみる研究と方台部の形態をみる研究という側面を持つ。
　群構成については、群の形成（列状・団子状など）、その際の周溝の構築についてのあり方をみる研究がある。

(1) 陸橋部の位置に関する研究
　陸橋部の位置による方形周溝墓の分類は、研究の黎明期から主要な方法の一つであった。例えば大塚初重・井上裕弘による「方形周溝墓の研究」（大塚・井上1969）では、Ⅰ～Ⅶ類に大別され、さらに17の型式に細分されている。その後の研究でも主要な検討方法として用いられている。近年の研究のなかでは、全国レベルでは前田清彦（前田1991）の研究が、関東地方については伊藤敏行の研究（伊藤1996a）が代表的なものといえるだろう。
　前田清彦は、方形周溝墓の平面形態をa～gの7類に分類している（第59図）。その分類を用いて、畿内、東海、関東、北陸、中部高地、九州の各地域の形態

第2章 方形周溝墓の「型式」試論　133

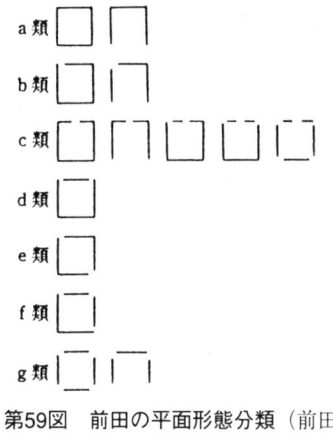

第6表　各類の接近関数（前田1991より転載）

		共	有					
		a	b	c	d	e	f	g	計
接近	a		24	2	7	0	0	0	33
	b	28		8	5	1	2	3	47
	c	15	8		0	0	0	2	25
	d	11	10	4		1	1	1	28
	e	5	10	1	2		0	3	21
	f	2	4	1	2	3		2	14
	g	7	12	2	8	6	11		46
	計	68	68	18	24	11	14	11	

第59図　前田の平面形態分類（前田1991より転載）

　の消長をまとめ、畿内系と東海系を抽出する。ここでいう畿内系と東海系は、畿内系がa〜e類、東海系がf・g類で、これらの分布が各々の系譜の土器群の分布と照合するとし、平面形態が出自の差異を現すものと推定している。だが、この2系統のみでは7つの分類が説明できない。前田は各地の方形周溝墓群内における各類の「接近度」を分析することによってその問いに答えようとする。その分析の結果は第6表、第60・61図に現され、「畿内系の核となるものがa－b－c類、東海系の核となっているものがg類、畿内系と東海系をつなぐものがb・d・e類とg類である」（p.32・p.34）としている。全国レベルの方形周溝墓群のあり方を要領よくまとめ、全体の傾向を捉えたものとして高く評価できよう。

　ところで前田は、愛知県朝日遺跡の墓域で、弥生時代Ⅴ期にはg類が姿を消し、替わってa・c類となることを「単純に同一の造墓集団が墓の形を変えるのではなく、f・g類＝東海系造墓集団が区画墓を造営し得ない社会的位置に押さえ込まれ、逆に外来のa・b・c類＝畿内系造墓集団が台頭した結果である」（p.31）としている。また、まとめでも「平面形態が経時的に変化していく現象は、同一の造墓集団が墓の形を変える（あるいは真似る）のではなく、各造墓集団の消長の結果なのである。東日本でⅤないし庄内〜布留期にみられる平面

134 第Ⅱ部 方形周溝墓の再発見

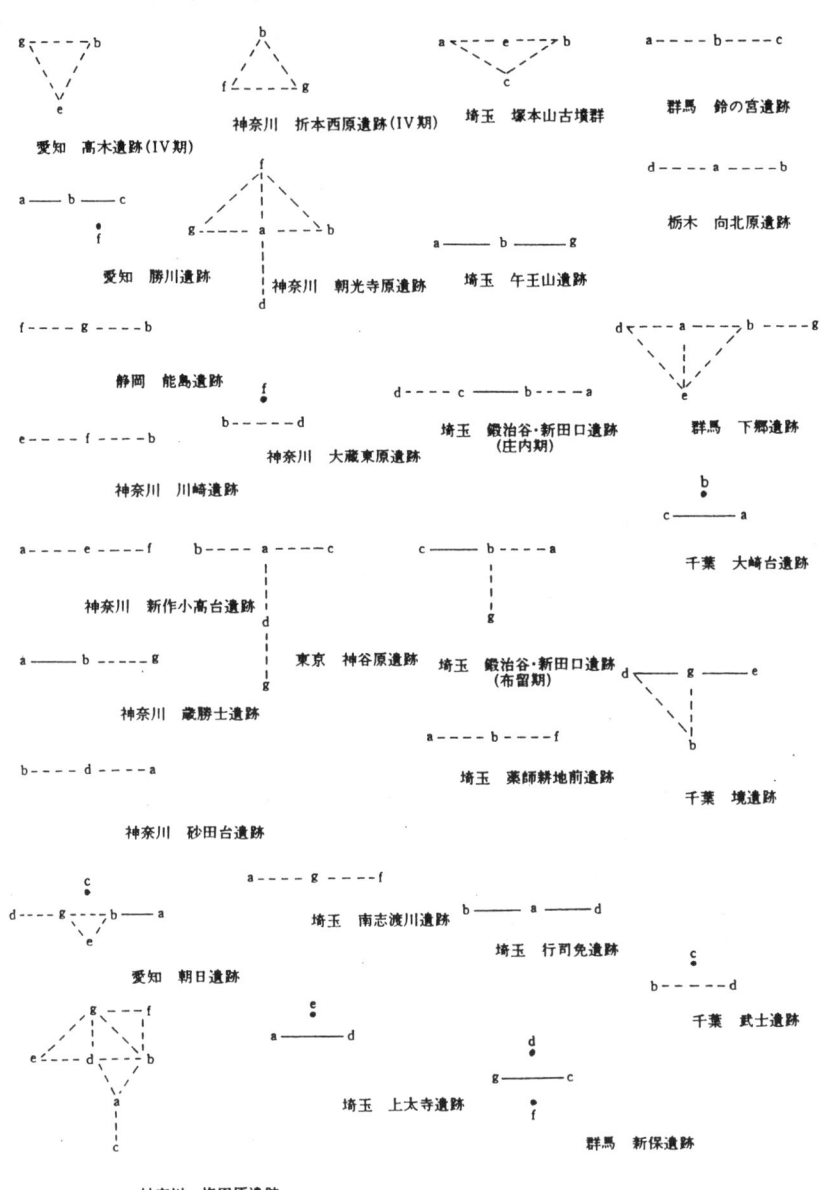

```
g- - - -b            b                a- - -e- - -b        a - - - -b - - - -c
 \   /              / \                \  |  /
  \ /              /   \                \ | /
   e              f- - -g                 c
愛知 高木遺跡(Ⅳ期)  神奈川 折本西原遺跡(Ⅳ期)  埼玉 塚本山古墳群   群馬 鈴の宮遺跡

                                                              d - - - -a - - - -b
a- - -b- - -c         f
      •              / \                                     栃木 向北原遺跡
      f             /   \
                   g- - -a- - -b          a- - - -b- - - -g
愛知 勝川遺跡        |
                   d
                   神奈川 朝光寺原遺跡     埼玉 午王山遺跡

                                                              d- - - -a- - - -g
f- - - -g- - - -b         f                                    \  |  /
                          •                                     \ | /
静岡 能島遺跡             b- - - - -d      d- - - -c- - - -b- - - -a   e
                         神奈川 大蔵東原遺跡   埼玉 鍛冶谷・新田口遺跡   群馬 下郷遺跡
e- - - -f- - - -b                              (庄内期)
神奈川 川崎遺跡                                                b
                                                             •
                                                       c- - - - - -a
                                                       千葉 大崎台遺跡

a- - - -e- - - -f    b- - - -a- - - -c    c- - - -b- - - -a
神奈川 新作小高台遺跡         |                 |
                           d                 g
                     東京 神谷原遺跡         埼玉 鍛冶谷・新田口遺跡   d- - -g- - - -e
a- - - - -b- - - - -g                          (布留期)               \   /
神奈川 蔵勝士遺跡                                                        \ /
                                              a- - - -b- - - -f        b
b- - - -d- - - -a                             埼玉 薬師耕地前遺跡    千葉 境遺跡
神奈川 砂田台遺跡

         c                a- - - -g- - - -f
         •                                        b- - - -a- - - -d
d- - -g- - -b- - -a       埼玉 南志渡川遺跡
         \ /                                      埼玉 行司免遺跡      c
          e                                                          •
愛知 朝日遺跡                                                    b- - - - -d
                              e
            g- - -f           •- - -d                          千葉 武士遺跡
           /|\ /|\            
          / | X | \           
         e- -d- -b            d
              \               •- - - - -c
               a              g
               •              埼玉 上太寺遺跡
               c                                f
                                                •
神奈川 権田原遺跡                                群馬 新保遺跡
```

第60図 平面形態の接近関係(1)（前田1991より転載）

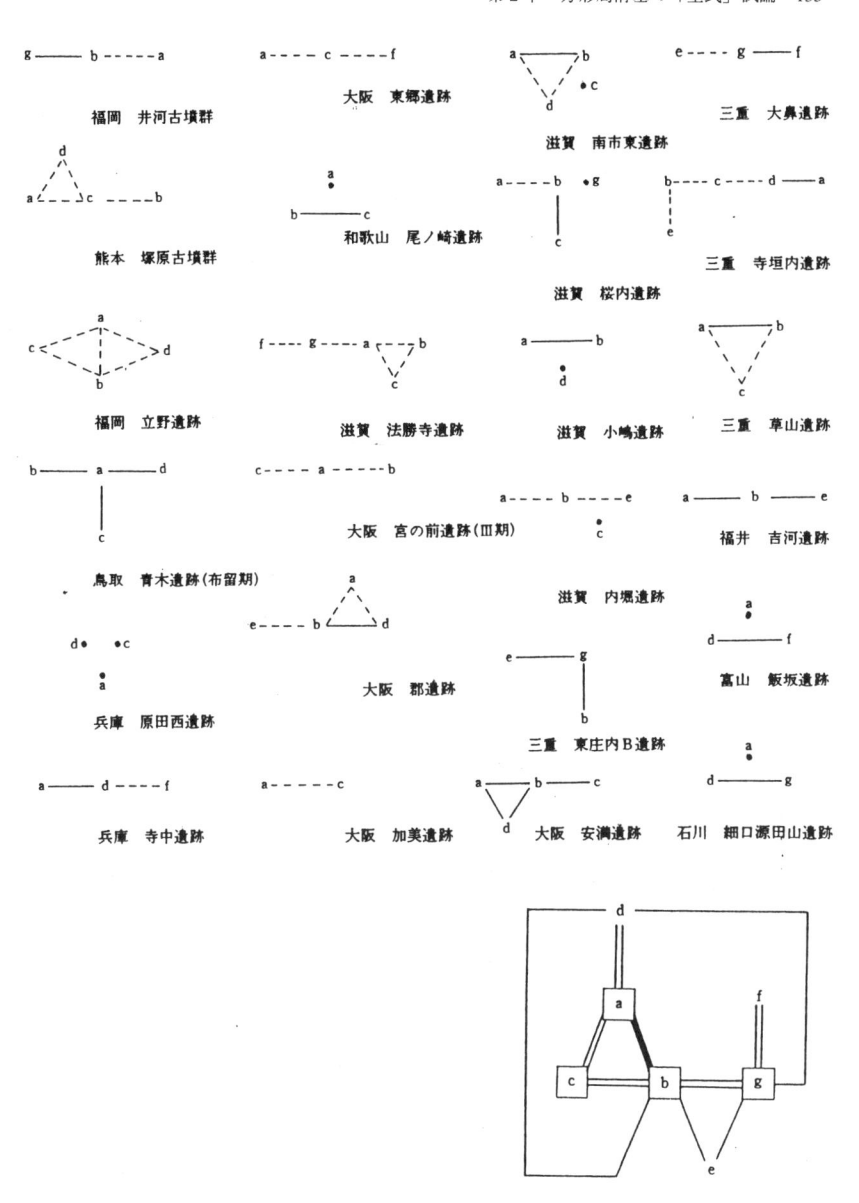

第 2 章　方形周溝墓の「型式」試論　135

第61図　平面形態の接近関係(2)（前田1991より転載）

形態の変化は、急速な畿内系勢力の席捲により、東海系ないし在地の造墓集団が区画墓を造営し得ない位置に押さえ込まれ、変わりに畿内系造墓集団が台頭してくる歴史的趨勢を示しているのである。そして、畿内系造墓集団のなかからｃ類造墓集団が抜け出してくる現象は、後の前方後円（方）墳墓制の誕生を暗示する」(p.35)として、方形周溝墓群の変容、とくに地方における変容を畿内勢力の政治的な力によるものと結論している。しかし、第Ⅰ部でみたように関東地方の場合、そのような力関係のみで考えるには様相が複雑過ぎ、とくに埼玉県坂戸市入西遺跡群の様相からは、前田のいうような一様な何か外側からの力による変容を考えることはできない。

　資料操作の段階で、方形周溝墓という資料の様相を掴むことに成功しながら、やはり先学の方形周溝墓から前方後円墳を目指すという「歴史的解釈」の轍を再び踏んでいる。そこには、墓制と政治勢力を結びつけようという「中心」がある。

　伊藤敏行は『関東の方形周溝墓』のなかで、時期別の形態変化を第62図のように示し、次のようにまとめている。

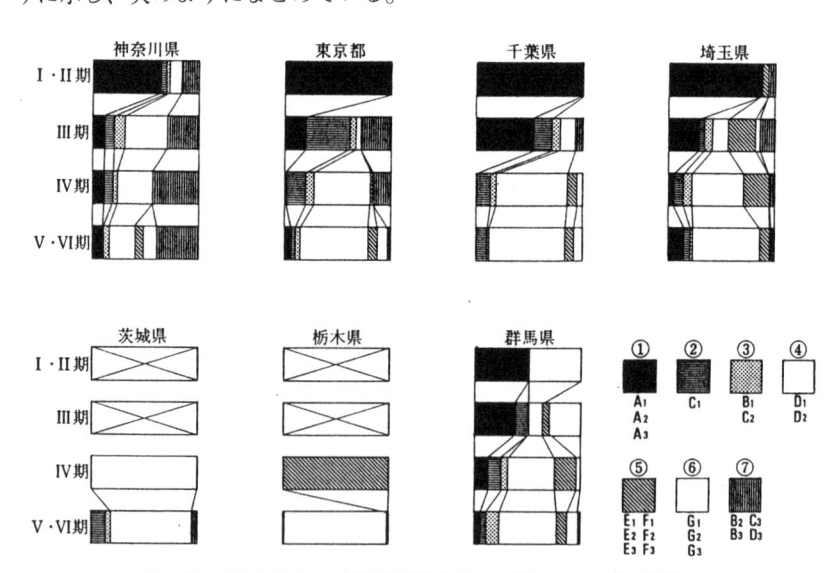

第62図　関東地方の時期別形態変化（伊藤1996bより転載）

①四隅切系はⅡ期[10]の大半を占め、千葉県を除きⅢ期以降は激減する。しかし、Ⅲ期にはまだ約半数を占める千葉県ではⅣ期以降なくなるのに対して、各県ともⅤ・Ⅵ期までのこる。なお、①Ⅳ期から方形周溝墓が構築されるようになる茨城県、栃木県では四隅切系はない。②一隅切系はⅢ・Ⅳ期を中心にみられる。このことから、一隅切系方形周溝墓は四隅切系から全周系へ変わっていく過渡期の多様な方形周溝墓形態の有力な一形態であったいえよう。③（二隅切系：福田註）は少数例ながら存在する。④全周系は神奈川県ではⅡ期末には構築されるが、全体的にはⅣ期以降の主要形態であるといえよう。⑤中央陸橋系は埼玉県でⅢ期からみられるが、概ねⅣ期を中心にみられる。多数を示すのは河川の氾濫原に近い低地部の遺跡がほとんどである。⑥円形系は上述したように、群馬県の礫床墓系を除いてⅤ・Ⅵ期を中心に数は少ないがみられる。⑦（その他：福田註）は神奈川県などで目につくが、削平等により周溝が消滅したものも多いと思われ、その解釈は保留したい（伊藤1996a、p.374・p.375）。

伊藤の論述は現状を的確にまとめたものである。だが、このままでは、面的な分布の広がりや、方形周溝墓を構成する各要素との関係を含めてその広がりがどのように展開しているのかを知ることは困難である。

(2) **平面形態についての研究**

平面形態についての研究は前述のように、周溝の外周を含む全体の形をみる方法と方台部の形態をみる方法がある。

前者については、全体の形態は方台部の形態と同一として扱うという習慣がわれわれにできてしまっており、ことさら問題にされることはなかった。大屋道則は坂戸市中耕遺跡の調査をとおして得られた知見から、外周を含む周溝の平面形に注意する（大屋1991）。

大屋はまず、坂戸市広面遺跡を材料に、その平面形を四坑対囲型と一溝全周型に2大別する（第63図）。とくに大屋の論のなかでは、前者の四坑対囲型が主たる対象とされ、幅広で外周が丸みを帯びる楕円形土坑と、直線的な長方形

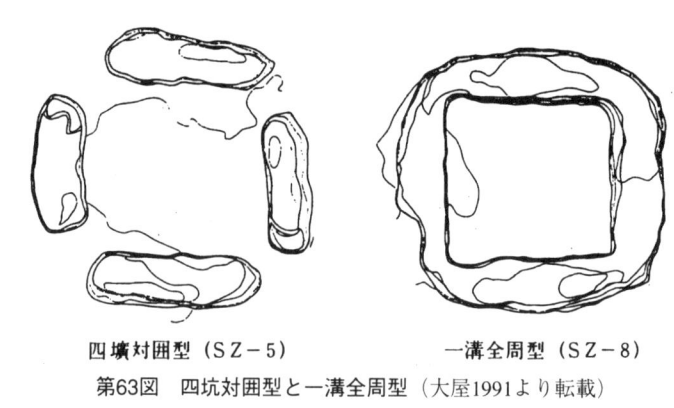

四壙対囲型（SZ-5）　　　　　一溝全周型（SZ-8）
第63図　四坑対囲型と一溝全周型（大屋1991より転載）

第7表　広面遺跡における方形周溝墓の形態（大屋1991より転載）

	土壙形態	墳丘高	墳丘形	外郭線
古い様相	楕円形土壙	高い	紡錘・四角錐・高い台形	円形
新しい様相	長方形土壙	低い	緩やかな高まり・低い台形	方形

土坑にさらに分られけている。大屋は方形周溝墓群を構成する各周溝墓がこの両者のいずれかの形態と考えられることから、両者は周溝の掘削土量の差異、それを用いる盛土の形状、景観の差異を結果として生み出しているとした（第7表）。ここでいう景観の差異は、方形周溝墓全体の外周の形態、つまり楕円形土坑—円形、長方形土坑—方形という差異を含むものである。大屋のこの視点は、周溝の平面形から方形周溝墓全体の構造の差異を推定する優れた方法として高く評価できる。

　しかし、このような外周形態を相対的な円形、直線的な方形として対置することは実際には難しい。『関東の方形周溝墓』所載の遺跡でこの所見を適用できるのは、今のところ入西遺跡群しか見当たらないようである。

　方台部の形態をみる方法については、藤沢真依による西日本＝長方形、東日本＝正方形という図式がよく知られている。藤沢は「平面形態が長方形で、中心を挟んで、長軸に直交して2基の木棺を並列させる墓」が近畿地方の方形周溝墓の『基本型』」（藤沢1987、p.318）とし、「平面形態がB（正方形）で単数埋葬」（p.318）を『基本型B』とする。そして、この『基本型B』は、「墓に対

する家族のあり方や葬送観念が全く異なる集団が、基本型系統の方形周溝墓を真似て造りだしたもの」（p.318）と推定する。さらにこの『基本型』と『基本型B』の周溝墓の違いが、葬送観念、家族構成、集団構成の違いを反映するもので、「『基本型B』の方形周溝墓を造った山賀遺跡の集団と東海・関東地方の集団が同様な葬送観念を持っていた」（p.323）とする。

　これに対して伊藤敏行は、東日本の方形周溝墓も厳密な正方形ではなく、「正確には長方形」（伊藤1996、p.336）であると指摘する。私も第Ⅰ部であげた諸例のほかに、関東各都県の例を再検討したが、実際には長方形気味のものが主体であった。藤沢の図式化は様相の理解を助けるために一役買ったが、実際の様相はそのような単純化を拒むものである。

(3) 群構成に関するこれまでの研究

　群構成についても既に多くの研究がなされている。研究の視点については、伊藤敏行により簡潔にまとめられている。現在の群構成に関する研究には、①溝の切り合いに着目した分類、②方形周溝墓の基数と集落との関係、③方形周溝墓の形態差に着目した分類、④方形周溝墓群のブロック化、⑤集合状況による分類、⑥墓道の検出と検討の問題、というおおよそ6つの視点がある（伊藤1996b）。これらの視点は、実際の資料の状況をそのまま扱うものと、ある前提を置いて検討する2つの立場があるように思われる。前者は①・③・⑤で、後者は住居跡との関係がある、造墓の計画があるという前提、墓道があるのだという推定を起点にしている。

　ここでは、まず資料を検討するという立場から、①・③・⑤の研究のなかから周溝の近接を中心とした集合状況を検討した石黒立人（石黒1987）、松井一明（1992）、伊藤敏行（1996b）の、集合状況のあり方を検討した小島敦子（小島1986）、利根川章彦（利根川1997）の研究をみることにしたい。

　石黒は、伊勢湾周辺地域の方形周溝墓出現期のあり方を、とくに平面形と周溝の切り合い方、集合状況を重視しながら検討する。石黒は、溝を重複しつつ築造するものを＜連結式＞、溝を重複させることなく展開するあり方を＜連接

式＞と呼ぶ。伊勢湾周辺地域では中期第１段階に非Ａ４型（四隅切れでないもの）に連結式が対応する方法で築造がはじまるが、第２段階には四隅切れのＡ４型と非Ａ４型という平面の差異が、連結式、連接式という築造方法の差異と対応しないようになるとしている。このような分析方法は、方形周溝墓群の景観を考えるうえで有効性が高いと思われる。

松井は石黒の論を受け、先の＜連結式＞、＜連接式＞に、「先行する方形周溝墓の溝のひとつを再利用しつつ結合し造墓をつづける」(p.28)「結合式」を加えて静岡県内の中期方形周溝墓について検討している。

また、平面形と溝の切り合いの様相のみではなく、方形周溝墓の展開がどのような群の状態を造るのかという点に着眼し、墓道に沿うような形で複数の列状に造墓が展開するものを「重列状」、方形周溝墓のコーナー方向へ展開し、そこからさらに列状に展開して集塊状になるものを「団子状」と呼称し、平面形、周溝の切り合いと合わせて検討を進める（第64・65図）。

その結果、周溝の切り合い関係や群の展開方法には地域差があり、重列状態で連結式、連接式、結合式という展開方法をとる「山下遺跡型」、「山下遺跡型」のなかでも結合式を重視する「掛の上型」、団子状の「瀬名遺跡型」に分類できるとしている。遠江では「山下遺跡型」「掛の上型」が、駿河では両者とともに「瀬名遺跡型」が認められるとする。

本論で扱う時期・地域とも異なるため、ここでは結論の是非については触れないが、検討方法としては先の石黒の方法と合わせて、方形周溝墓群の様相を考える方法として有効と思われる。

伊藤は岩松保（岩松1992）の１基の埋葬施設である埋葬墓、単位墓、単位墓群、小墓域、墓域という概念型に沿って、関東地方の方形周溝墓群の様相を分析する。伊藤のこの論文で、関東地方における群構成のほとんどすべての問題が網羅されている。

そのなかで、ここでは溝の切り合い関係に関する部分と墓域の形成に関する部分についてみておきたい。

伊藤は単位墓について見るなかで、溝の切り合い関係をＡ～Ｆに分けている。

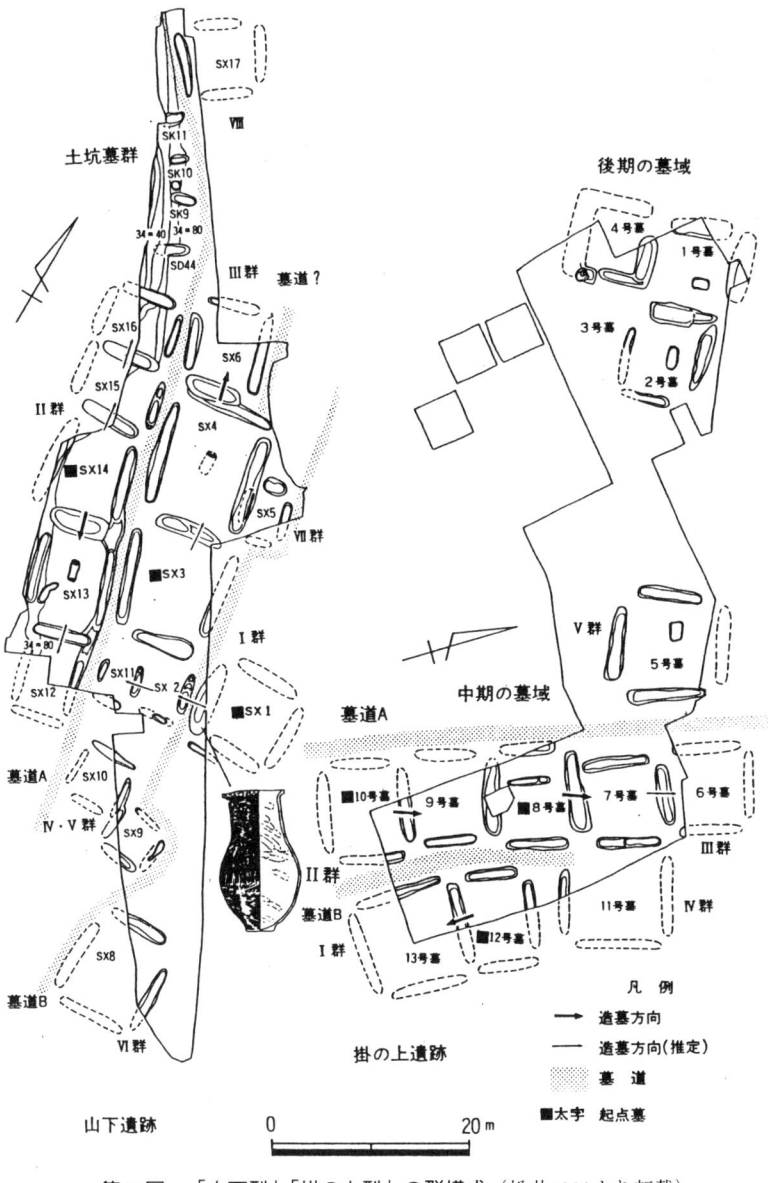

第2章 方形周溝墓の「型式」試論 141

第64図 「山下型」「掛の上型」の群構成（松井1992より転載）

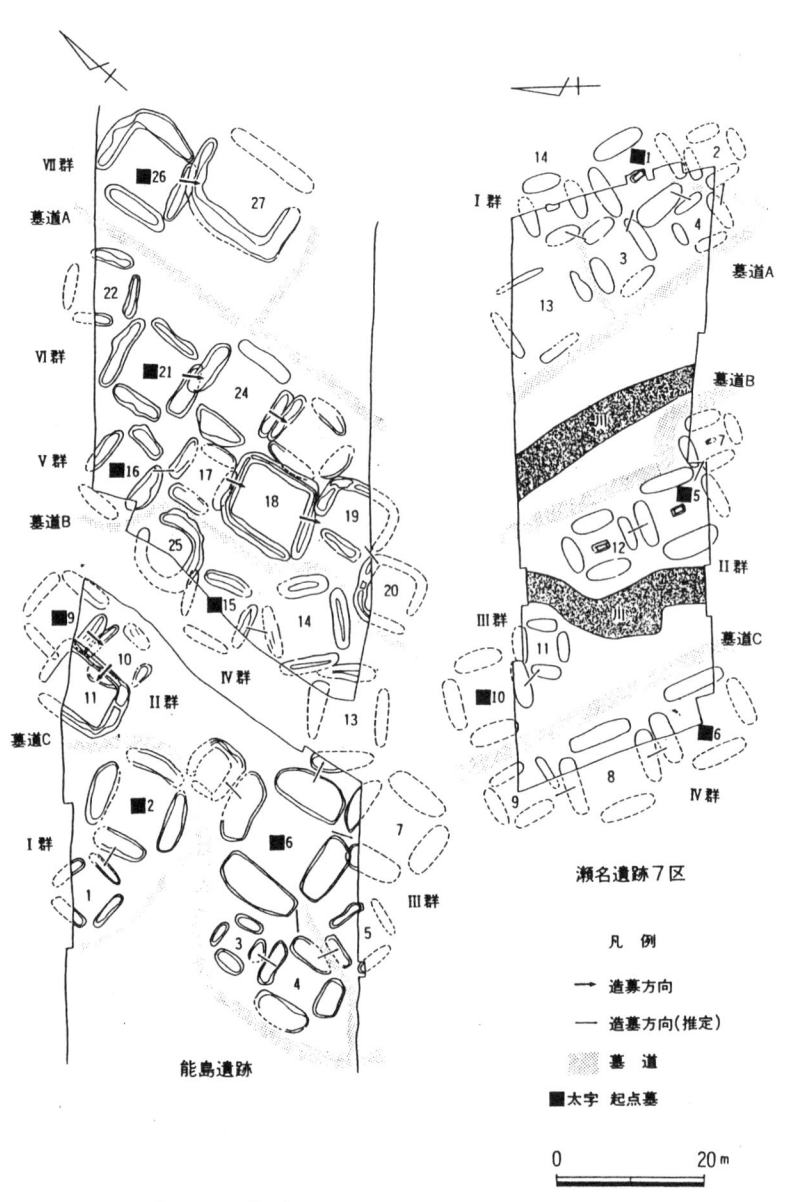

142 第Ⅱ部 方形周溝墓の再発見

第65図 「瀬名型」の群構成（松井1992より転載）

A　先行する方形周溝墓と重なるように展開する
　　A1　先行する方形周溝墓の溝とほぼ同一方向・同一規格で新しい方形周溝墓の溝が重なるように切り合う
　　A2　A1同様、先行する方形周溝墓の溝とほぼ同一方向で切り合うが、規格が異なる
　B　方形周溝墓の方向等は近似するが接するように展開し、溝は部分的に切り合う
　C　溝や方形周溝墓の方向・規格に関係なく溝の一部を切り合う
　D　溝と溝を共有する
　E　旧の方形周溝墓の溝を利用し、新の方形周溝墓の溝を省略する
　F　切り合い関係が方台部に及ぶ

　この分類に基づいて関東地方の方形周溝墓を検討した伊藤は、A・Bが石黒の＜連結式＞、D・Eが松井の＜結合式＞にほぼ該当するとしているが、後者については完全な同時の築造が考え難いことから、A・Bとの差異は表面的であると指摘する。また、実際には切り合い関係が認められるものは限られており、2～3基の切り合いを有するグループを含んだ単独墓によって群が構成され、単一の方形周溝墓を起点として全体の群、例えば結果としての列が造られているわけではないとしている。

　この認識をもとに、伊藤は方形周溝墓群の変遷をそれを造営する集団の社会的な段階と絡めて説明する。いうまでもなく、社会的段階は解釈である。ここでは本章と直接関係するⅣ期の記述のうち、事実関係のみに絞って抜書きしてみたい。

　　Ⅳ期（弥生時代終末～古墳時代初頭）以降は、ますます方形周溝墓の切り合い関係の少ない独立状態の方形周溝墓の少数群在パターンが多くなる（p.340）。

　さらに中期から通して次のような流れが考えられている。
　①　多数の方形周溝墓があり、ブロックの割り付けが各集団ごとにある（多数のブロック）。

② ある程度の基数によるブロック化があり、塊状、団子状等の集合を示す（複数のブロック）。

③ ブロックは単数で、方形周溝墓の基数が少なく、少数基による列状の切り合い（A等）の方形周溝墓からなる。

④ 方形周溝墓の基数が単独もしくはきわめて少数で、独立的に存在する（p.340・p.341）。

また、群の集合状況については次のように考えられている。

方形周溝墓の群集状況（列状・団子状・市松状等）は、基本的に個々の方形周溝墓の独立的な構築を基礎とし、それがA～Fの切り合い関係等を含む2～3基のグループの集合(ブロック)により結果として形成される。それらの"結果"が①～④、a～cの各段階の絡みの中で、特定の結合状況や配置から見掛けとして列状、団子状等と把握されるにすぎない（p.341）。

伊藤の記述は、関東地方の方形周溝墓の群構成についての現段階の認識を示すもので、一定の評価ができる。しかし、単位墓群が累積するという造営過程を重視するという姿勢から、結果としての群全体に関する評価が低く考えられる傾向がある。第1章で述べたように、われわれが手にしている資料は、結果としての資料でしかあり得ない。したがって、結果としての群全体についても、単位墓群が累積することによって一つの形態を形作っているものと考えることができるのではないだろうか。

小島敦子は早い段階で、群馬県域の方形周溝墓群を「群在のパターン分類を通して」分析している（小島1986、第66図）。

小島はまず、周溝の平面形によってa類（コーナーに陸橋部があるもの）とb類（中央に陸橋部があるもの）に大別し、それをさらにa1類（四隅切れ）、a2類（二隅切れ）、a3類（一隅切れ）、a4類（全周）、b1類（周溝の幅を変えずに掘り残すもの）、b2類（掘り残し部の周溝幅を広くするもの）、b3類（前方後方形墓）に細別している。この分類をもとに小島は、これらの形態の組み合わせに次の6つの群在のパターンがあるとする。

① a1を中心とする弥生時代の周溝墓群（川内・黒熊パターン）

第２章 方形周溝墓の「型式」試論 145

川内・黒熊パターン

日高パターン

下郷・鈴ノ宮パターン

御正作・北原パターン

堤東パターン

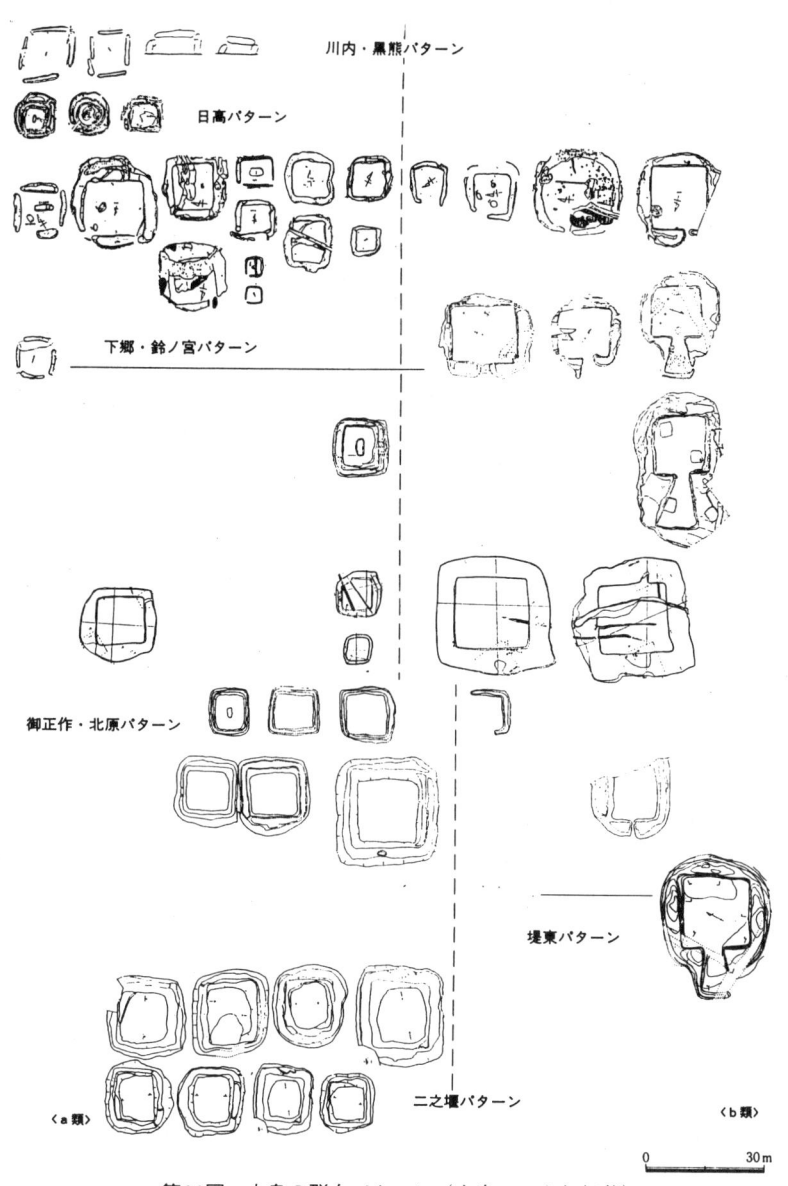

二之壇パターン

〈a類〉　　　　　　　　　　　　　　　　　　　〈b類〉

0　　30m

第66図　小島の群在パターン（小島1986より転載）

② a1〜a4類までが群在する弥生時代の周溝墓群（日高パターン）
③ a類・b類を通してほとんどの形態を網羅する周溝墓群（下郷・鈴ノ宮パターン）
④ a4類にb類が付加されているもの（御正作・北原パターン）
⑤ a4類だけの周溝墓群（二之堰パターン）
⑥ b類だけの周溝墓群（堤東パターン）

このパターンの推移をもとに、小島は「方形周溝墓研究の課題」へと論を進める。とくに階層に走りがちな議論に対して疑義を呈する部分は、資料をもとにしているだけに説得力がある。その部分を中心に抜書きしてみたい。

　これらの周溝墓は、弥生時代後期には四隅を掘り残すa1類が等質的に群をなしている（川内・黒熊パターン）。さらに古墳時代にはa2〜a4類やb類といった多様化した平面形態の墓の組み合わせを示す5つのパターンを抽出することができた。このような方形周溝墓群のあり方は、平面形態および規模に弥生時代からの系譜をひく墓の多様性が見られ、それはとりもなおさず、古墳時代という支配体制が確立した段階に等質的であり得なくなった各農耕集落の姿を現しているといえよう。言い換えれば集落内外の階層性を具現化していると考え得る。しかし、その立地状況は、前述したような集落ごとに墓域をつくるという形が継続しているのであり、独立して立地する古墳時代前期の前方後円（方）墳のあり方は全く異なっている。このように多様化する弥生時代から古墳時代にかけての墓をどう整理していくかが今後の課題であろう（p.99）。

　東毛ではa4類、a4類＋b類のパターンが多いのに対し、西毛ではa1類のみか、あるいはa類＋b類とすべてが組み合わさっている。
　弥生時代から古墳時代にかけての地域が即斉一化されたかどうかは再吟味の必要があろう（p.100）。

　従来の墳墓研究は独立して進んできた。階層という問題は葬制に大きく反映する特質は有するとしても、墳墓研究だけでは人間の生活の実態に根ざした階層の論証にはならないだろう。本稿の分析では弥生時代から古墳

時代初頭の周溝墓は多様性をもちながら各農耕集落に付随・群在していた。このようなあり方は、集落すなわち人々の生活の場全体の反映としても考えられることを示していよう。集落に生活していた人々にとって"階層"とは何だったのか、居住形態からその実態を検証することが必要であろう（p.100、p.101）。

この小島の「パターン」は周溝の平面形とその組み合わせから導かれた一つのまとまりであり、平面形を分析する方法として有効性が高いと考えられる。また、「課題」として出された疑義は、例えば規模の大小を単純に階層差に置き換えてしまいがちなわれわれの姿勢を厳しく戒めるものとして傾聴に値する。

利根川章彦は、所謂前方後方形墓を含む周溝墓群の群在の様相に着目し、「墳墓群の展開のプロセスを通じた集団関係の変化」（利根川1997、p.2）について検討する。具体的には、前方後方形墓を含む出土土器から見た周溝墓群の平面形の組み合わせとその推移をまとめ、周辺遺跡を含めたその墳墓群に対する評価を行っている。

その結果、古墳時代前期の関東地方における墳墓群の展開として、次の6つの「群形成パターン」を考えている（p.29・p.31から抜粋、第67図）。

① ある程度の数の前方後方形墓が形態的な発展を伴いつつ築造され、その後、前方後円墳の首長墓系列と中小規模墳墓群の重層的形成に向かう墳墓群。
② 大型古墳所在地と比較的近接しており、前方後方形墓が少数、しかも小規模であり、前方部の発達度の弱いものが含まれる周溝墓群。
③ 大型古墳所在地からやや遠く、中小規模の前方後方形墓が比較的多数築造される例。
④ 単独でやや大規模な前方後方形墓（前方後方墳）が築かれる例。
⑤ 前方後方形墓田中分類（田中1984）ＢⅠ型からＢⅢ型へは「飛躍」するものの、その後、方形墓に戻って終息するもの。
⑥ 「小規模な前方後円墳や前方後方墳を伴う場合も多いが、大規模なものに成長することはなかったようで」（p.31）「各集団がワンランク下の階層

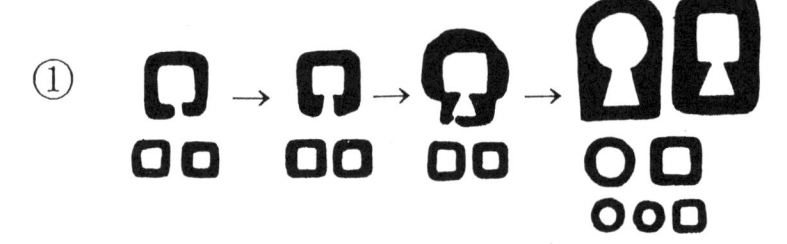

148 第Ⅱ部 方形周溝墓の再発見

第67図 利根川の群形成パターン（利根川1997より転載）

の小首長となるためのせめぎあいをしていたため、結果的に「飛躍できない」集団による前方後方形墓、方形墓の形成であったかもしれない」(p.31)もの。

　この多様な様相を受けて利根川は「古墳時代の社会構造に迫るには、各地域の最上級首長層の取り結ぶ関係に限らず、「飛躍しえない被葬者層」の様相についても説明できる原理を編み出す必要性を痛感する」(p.31)として、まずこのような資料に基づいた様相を整理する必要性を説いている。方形周溝墓の群在のあり方を検討する具体的な方向性を示したものとして高く評価できる。

　ここまで、平面形や群構成に関する諸論考をみてきたわけだが、資料操作についてはある程度の成果が得られるものの、その解釈として「造墓集団」が云々される場合がやはり多いように思われる。しかし、それが先の前田のような畿内系と東海系の相克、あるいは畿内系による凌駕を現していると考えたり、東日本と西日本の葬送観念が違う（かつて私もそのような論を展開したことがある：福田1990）というような、二項対立のような形で示せる保証はどこにあるのだろうか。

　同様のことは群構成についての研究にもいえる。「世帯共同体」や「家長」という言葉が造営者と同等のものとして疑いもなく用いられている。しかし、ヒエラルキーを形成するような社会発展の図式と、方形周溝墓という墓制の変遷・展開が同様の軌跡をたどるという保証はどこにあるのだろうか。

　これらが解釈の一つであるのはいうまでもない。また、解釈は必要なものである。しかし、石黒立人がいうように事実と解釈は別である（石黒1987）。方形周溝墓の後ろに政治的な単位としての「造墓集団」をみるような姿勢は、いったん止揚されるべきである。利根川の実直ともいえる態度が高く評価できるのは、そのためである。

2. 平面形と群構成

　これまでの研究のなかに、既に平面形と群構成の検討を行うのに有効ないく

つかの方法が示されている。平面形については①周溝の平面形、②外周を含む全体の平面形、③方台部の平面形について、また④それらがどのような組み合わされているか、という４点である。

群構成については①周溝の近接状況、②結果としての群全体の集積状態、③その造営の単位という３点である。以下では、これらの点についてみていくことにしたい。

その際に平面形の①については伊藤の分類を用いる[11]。群構成の①については、松井の〈連結式〉〈連接式〉〈結合式〉を、②については松井の「重列状」「団子状」を用い、それ以外については適宜記述することにしたい。

このような方法をもとに、関東地方の群在の様相を窺うことができる遺跡、神奈川県海老名市海老名本郷遺跡、平塚市王子ノ台遺跡、東京都八王子市神谷原遺跡、北区豊島馬場遺跡、埼玉県浦和市井沼方遺跡、与野市上太寺遺跡、関東遺跡、坂戸市入西遺跡群、嵐山町行司免遺跡、群馬県下郷遺跡、千葉県草刈遺跡についてみる。

海老名市海老名本郷遺跡（合田・及川・池田1995、第68図）では、弥生時代後期から古墳時代前期の竪穴住居跡425軒、環濠１条、方形周溝墓49基、溝４条、掘立柱建物跡柱建物後２棟、土坑34基が検出されている。その成果については合田芳正、及川良彦、池田治により詳細に分析されている。ここでは合田らの分析を参考に概観することにしたい。

方形周溝墓群は、集落域の西側に49基検出され、集落域から一定の距離を置いた西側に南北に長く展開している。墓域はさらに調査区域外の南北、東西に展開していると考えられ、関東地方でも大規模な方形周溝墓群であるとすることができよう。報告書では北側の大きなまとまりであるＡ群、南に離れた39号単独のＢ群、その南側のＣ群、Ｄ群に分けられている。以下、この各支群ごとに概略をみたい。

Ａ群はさらに１～３群に分けられている。Ａ１群は15基が調査されている。陸橋部の位置はＤ１型が１基、Ｃ１型が９基、Ａ１型が１基、Ｂ２型が３基、不明なものが１基である。方台部の平面形態は長方形のものが４基、方形のも

のが10基、台形のものが1基、拡張により方形から長方形に造り換えられているものが1基である。31号は東辺、南辺が拡張されている。

A2群は現状で5基が確認されている。陸橋部の位置はC1型が3基、B1型が1基、周溝の1辺のみが確認されているものが1基である。方台部の平面形は長方形のものが3基、方形のものが1基である。

A3群は16基が調査されている。陸橋部の位置はD1型が4基、C1型が9基、不明なものが3基である。13号は北側に拡張されたD1型の14号になっている。方台部の平面形は長方形のものが6基、方形のものが4基、台形のものが2基である。13号は拡張により長方形から長方形に造り換えられている。

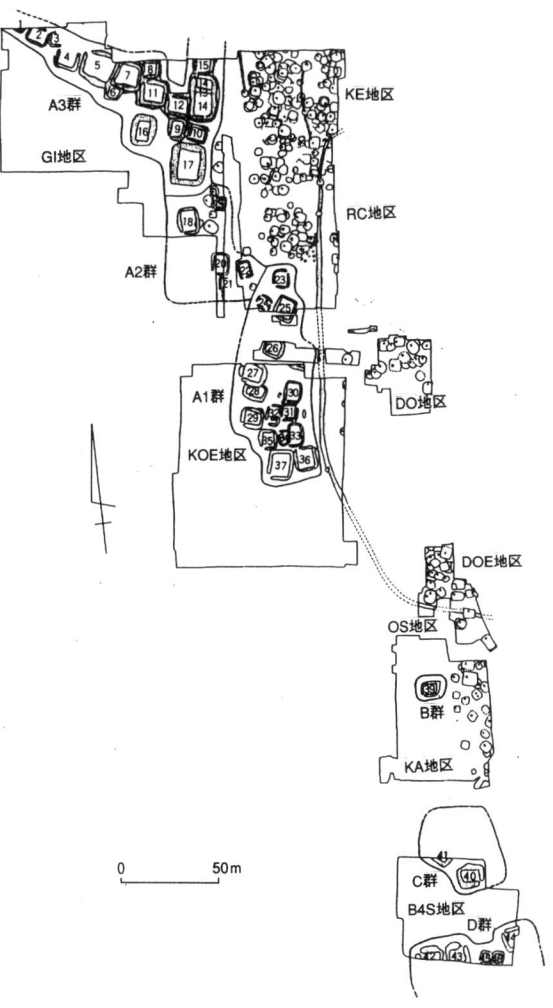

第68図　海老名本郷遺跡の群在の様相（合田・及川・池田1995に加筆・転載）

B群は39号単独のものである。陸橋部D1型で方台部は方形である。

C群は40・41号の2基によって構成される。陸橋部の位置は40号のみが明ら

かで、C1型である。方台部の平面形は長方形である。
　D群は5基が調査され、さらに南側に展開していると考えられる。陸橋部の位置は全掘されているものがないため確実ではないが、42・43・44号がD1型の可能性が高い。平面形は45・46号が方形である。
　各群の集合状況は、結果として複合した東西方向の列状の群構成を呈している。しかし、その造営は列の端から順番に行われるのではなく、列のなかのある方形周溝墓を起点に2～3基を単位にして行われている。A1群は30・31・33号を起点に32・34号が造られ、それがさらに西、南に展開する。また24・25号、27・28号が単位になっているのがわかる。周溝の切り合い関係は連接式がほとんどである。35～37号方形周溝墓は小さく重複し合う連結式である。27・28号は結合式である。A2群も連接式がほとんどである。20・21号は小さく重複する連結型である。A3群は5号、15号を起点にし5号→4・7号、15号→13号と展開し、16・17号は独立して築造されている。その間を埋めるように他の方形周溝墓が築造される。A3群は東側の一群がテラス状の浅い溝によって連結されている。4号と5号、9・10号と17号は連接式である。16号は各々の方形周溝墓から一定の間隔を置いて築造されている。C群は2基が一定の間隔を置いて築造されている。D群は2基を単位とする群が、2単位認められる。D群は42号と43号が一定の間隔で連接し、45号と46号は連結する。
　平塚市王子ノ台遺跡では、弥生時代後期から古墳時代前期の竪穴住居跡100軒以上、方形周溝墓19基等が検出されている。調査成果については一部が正式に報告されているのみ（西口1988）だが、既に報告されている概要（常木1989・田尾1992）で、方形周溝墓の様相を大方窺うことができる。とくに本章で問題にしているような平面形態や群構成について知るには差し支えないように思える。以下、その概要に従ってみていくことにしたい（第69図）。
　方形周溝墓群は集落域の西側に19基が検出されている。集落域から一定の距離を置いた西側に北西から南東に展開していると考えられる。墓域はさらに調査区域外の西に展開している可能性がある。群はおおよそ4ヵ所のまとまりがある。途中経過の概要では、南群と北群に分けられているが、その後の調査で

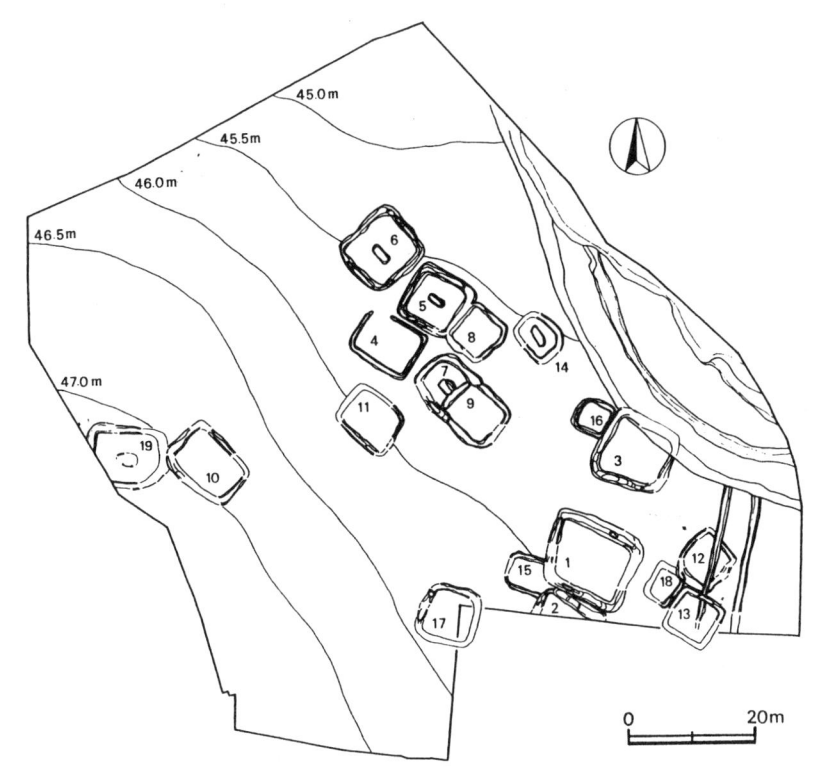

第2章 方形周溝墓の「型式」試論 153

第69図 王子ノ台遺跡の群在の様相（田尾1992に加筆・転載）

墓域全体の広がりが明らかになっており、それを踏まえて4つのまとまりがあるものとして記述を進めていきたい。ここでは北東側の一群をA、東側の一群をB、南東側の一群をC、西側の一群をDと仮称してその概要をみることにしたい。

A群は4〜9、11・14号の8基である。軸方向はほぼ同一である。陸橋部の位置は確実なものでD1型が3基、C1型が1基で、7号はD1型の9号が拡張されたもので、やはりD1型としても良いだろう。その他のものは遺存深度が浅く不明である。方台部の平面形は長方形のものが3基、方形のものが3基で、9号は拡張により長方形からさらに長い長方形に造り換えられている。

B群は3号と16号の2基である。軸方向はほぼ同一で、規模の大小の組み合

わせになっている。陸橋部の位置は16号がＤ１型で、３号は北側と東側の周溝の深度がなく不明である。方台部の平面形はいずれも方形である。

　Ｃ群は７基が調査されている。さらに南に群は展開すると考えられる。軸方向はほぼ同一で、１・２・15号、12・13・18号、17号の３つの支群に分けられる。前二者は規模の大小の組み合わせになっている。陸橋部の位置は撹乱や遺存深度が浅いため確実なものはない。概要では全周するものと考えられている。方台部の平面形は１号が台形に近く、15号が長方形、それ以外は方形と考えられる。

　Ｄ群は２基が調査されている。群はさらに西に展開する可能性がある。軸方向は２基で異なる。陸橋部の位置は、撹乱や遺存深度が浅いため不明である。概要では全周するものと考えられている。方台部の平面形は両者とも長方形である。

　各群の集合状況は、結果として北西から南東への複合した列、あるいは団子状になっている。しかし、その造営は列の端から順番に行われるのではなく、列の中のある方形周溝墓を起点に２～３基を単位にして行われる。

　Ａ群は５・９号を起点に８・７号が造られている。一見して５・６・８号、４・７・９号が単位となっているようだが、確実ではない。周溝の切り合い関係は連接式がほとんどで、５・８号、７・９号が連結式である。11号はやや離れた位置に造られている。

　Ｂ群は３→16号の順で築造される。周溝は結合式である。

　Ｃ群は現状で３基を単位とするもので１・12号を起点に、２・13号、15・18号が築造されている。周溝は１・２号、12・18号が連結式、１・２号と15号が結合式、12・18号と13号がごく接近した連接式である。

　Ｄ群はＡ～Ｃ群から若干離れて築造されている。２基の新旧関係は明らかでない。周溝は連結式である。

　平面形は方形を基本にし、連接式が大部分で一部に連結式がみられる状況である。概要ではすべてがＤ１型とされている。平面形と周溝の結合状況に相関はみられない。

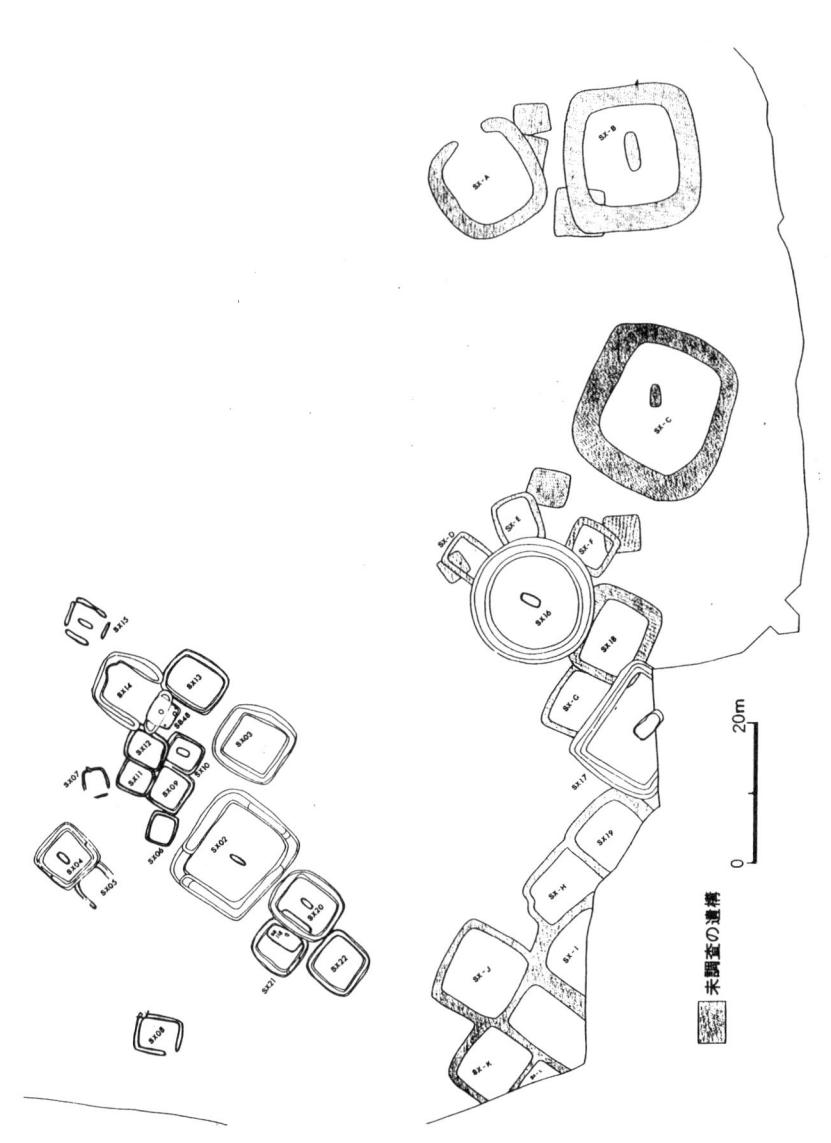

第2章 方形周溝墓の「型式」試論 155

第70図 神谷原遺跡の群在の様相（大村1981より転載）

八王子市神谷原遺跡（大村1981、第70図）では、弥生時代後期から古墳時代前期の竪穴住居跡163軒、方形周溝墓34基が検出されている。その成果については大村直により詳細に分析されている。ここでは大村の分析を参考に概観することにしたい。

方形周溝墓群は集落域の南東側にまとまって展開している。墓域はさらに調査区域外の南、南東に展開していると考えられ、関東地方でも大規模な方形周溝墓群であるとすることができよう。報告書では南東側の連結する大きなまとまりがａ群、その西側のまとまりがｂ群、北側のまとまりがｃ群に分けられている。以下、この各支群ごとに概略をみたい。

ａ群は円形周溝墓を中心とするａ'と、それ以外のａ群に分けられている。ａ群は９基が確認されている。ＳＸ17を除き保存のため未調査で、平面形のみが示されている。陸橋部の位置はすべてがＤ１型である。方台部の平面形は長方形のものが３基、方形のものが４基で、その他は調査区外にかかっている。

ａ'群は円形周溝墓を中心とするもので、円形周溝墓に取りつく形で３基が造られている。陸橋部の位置はすべてＤ１型である。円形１基、方形１基、長方形１基である。

ａ群はすべての周溝墓が連結することから一つの群と考えた方が良いように思われる。その場合、陸橋部はＧ１型１基とＤ１型の組み合わせ、方台部の平面形は方形、長方形、円形の組み合わせである。

ｂ群は17基が調査されている。陸橋部はＡ１型が１基、Ｂ１型が２基、Ｄ２型が１基、Ｃ１型が１基で、それ以外はＤ１型である。方台部の平面形はいずれも方形である。

ｃ群は大型の３基で、いずれも未調査である。周溝は１基がＥ１型で、２基はＤ１型である。方台部の平面形はいずれも方形である。

各群は、ａ群が複合した北東―南西方向の列状の、ｂ群が団子状の、ｃ群が独立した集合状況を呈している。未調査の部分も多く確実ではないが、その造営は単一の方形周溝墓を起点に順番に行われるのではなく、各群のなかのある複数の方形周溝墓を起点に３～４基を単位にして行われていると考えられる。

a群は未調査のものが多く、展開方法は不明だが、おそらくＳＸ17を起点にＳＸ18・Ｇが造られ、ＳＸ16を起点にＳＸＤ・Ｅ・Ｆが造られているものと思われる。周溝の切り合い関係は連接式のものがほとんどと考えられるが、ＳＸ16とその周囲の3基は結合式である。

　b群は連結式と連接式があり、各支群は連接している。周溝の近接関係からいえば、むしろ中央の大規模・中規模の一群にまとまりがあり、その周辺の離れた位置に

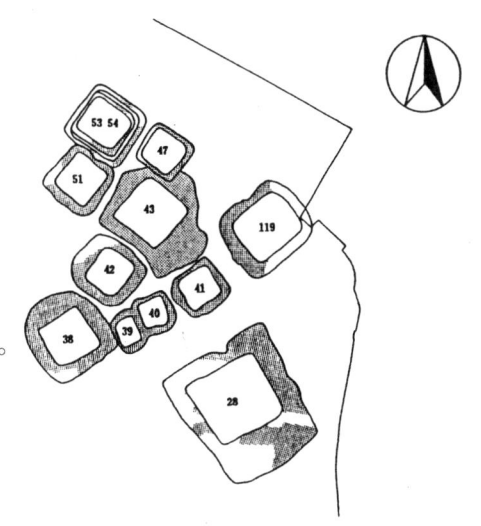

第71図　豊島馬場遺跡の群在の様相（嶋村・長瀬1999より転載）

ある小型のものを別の一群と考えることもできる。平面形態と周溝の連結に相関は認められない。

　c群は独立した状態で、ＳＸＡとＢが比較的近接している。

　東京都北区豊島馬場遺跡（中島・小林1995、嶋村・長瀬1999、第71図）では、3期から4期を中心とする周溝を有する建物跡150棟、方形周溝墓12基等が検出されている。第Ⅰ部で問題にした荒川低地の大久保領家片町遺跡、鍛冶谷・新田口遺跡と同様の周溝を有する建物跡と方形周溝墓が混在する遺跡である。他の遺跡同様に、私もこれまですべて方形周溝墓と考えてきたが、第Ⅰ部で行った作業を経て、現在では建物跡と方形周溝墓が混在するものと考えている。報告段階で慎重に判断を保留した長瀬は、先の方形周溝墓研究会で、及川が論文で方形周溝墓の可能性が高いと示唆した周溝が全周するＡ類を方形周溝墓とし、それ以外を建物跡とした。第Ⅰ部で行った作業を行うと、やはり同様の結果が得られる。本章では長瀬が方形周溝墓とした周溝Ｄ1型を方形周溝墓として取り扱いたい。

　方形周溝墓と考えられるのは12基で、調査区の北側、隅田川の至近に展開し、

いずれも周溝を有する建物跡を切って造営されている。
　軸方向は大きく2方向に分かれるが、これを別の群とする根拠はない。周溝はいずれもＤ1型である。38・43号は外周の形態が不整で、28・43号は溝の南側がとくに幅広である。方台部は直線的な辺を持つ。平面形は119号が長方形気味であるほかは方形である。
　集合状況は重列状になっているが、造営は周溝の連結状態などから2～3基を単位に行われたと考えられる。周溝はＳＨ38～40、ＳＨ43・47、ＳＨ51・54が連結し、28、119がやや離れた位置にあるほかは連接する。連結する周溝墓間の前後関係は、ＳＨ40→39→38、47→43、51→54である。
　浦和市井沼方遺跡（第11図）については第Ⅰ部でみたが、ここで再度平面形と群の様相についてみてみたい。井沼方遺跡では、20回以上の調査によって1期の方形周溝墓21基が調査されている。1回の調査面積が小さいため、遺構の全体が明らかになっているものは少ないが、おおよその墓域の範囲や群の状況が明らかになっている。とくに遺跡の南側からは環濠が検出されており、環濠集落との関係も問題になる。現段階で私は、方形周溝墓群のなかにみられる住居跡出土の土器が方形周溝墓群出土の土器群よりも若干古い様相を示すことから、環濠前の集落→環濠の成立・集落域と墓域の分離という展開を考えている。
　方形周溝墓群は、環濠の北側に基本的に列状の構成をとる。10号と26号の間に空隙があることが明らかになっており、東西の2つのまとまりが認められるようである。以下では、東側の一群を東群、西側の一群を西群として記述を進めることにしたい。また、1966年の調査区からも方形周溝墓と考えられる遺構が検出されているが、正式報告が未だなされておらず、ここでは取り扱わないこととする。周溝の平面形は部分的な調査で、遺構の全体が明らかでないものが多いことから、半数は不明である。Ｂ1型もしくはＢ2型と考えられるものが2基、Ｂ2型が1基、Ｃ1型が2基、Ｃ2型が3基、Ｄ1型が1基、Ｃ1型かＤ1型になるものが1基で、その他は不明である。方台部の平面形は長方形のものが2基、台形のものが2基、方形のものが5基でその他は不明である。規模はとくに大型のものはなく、3・5・12・13号が小型であるほかは、いず

れも中規模である。

　東群は、2・7・8・10・13・21号の6基である。8・10号は連結しており、その他は連接している。3号と8・10号の間にもう1基ある可能性もある。平面形はさまざまで、確実なものではC1型やD1型はなく、C2型が2基認められ、その他もB型になるようである。方台部の平面形はいずれも方形である。

　西群は4～6・9・11・14・15・16・20号である。群はさらに南に展開していると考えられる。9・11・14・15号、4～6号が連結し、その間は連接する。12号は5・6号をつなぐ形で連結している。周溝の平面形はB1型が1基、C1型・C2型が各々1基である。20号は一辺が検出されているのみである。14→11→9、14→15の先後関係が確認されている。

　各群の集合状況は、東西の2列を基本とする重列状で、一部が団子状になっている。その造営は列の端から順番に行われるのではなく、9・10・11・14号のようなまとまりのなかのどれかを起点に2～3基を単位にして行われると考えられる。周溝の平面形等は連接、連結と関係ないようである。

　与野市関東遺跡（第10図）については第Ⅰ部でみたが、ここで再度平面形と群集の様相についてみてみたい。既に関東遺跡については大谷徹が詳しく分析しており、それを参考に記述を進めたい。関東遺跡では2期の方形周溝墓9基が調査され、3つのまとまりがあることが明らかになっている。大谷はSR1をa群、SR2～7をb群、SR8・9をc群としている。周溝の平面形はC1型が3基、C2型が1基、不明が1基で、その他はD1型である。またSR6と8は拡張されている。方台部の平面形はすべて長方形である。規模は大形、中形のものが各1基、それ以外は小型である。

　a群は、SR1単独のものである。平面形はC1型である。SR2とはSD2で連結されている。

　b群はすべて連結式の一群である。SR7は連接しているが、本来は連結していると考えられる。周溝の平面形はSR2がC1型、SR3がC2型、SR7が不明で、それ以外はD1型である。SR6は拡張されている。大谷は切り合い関係などをもとに、SR2→3→4→6→5a・5b→7の順序を推定し

ている。

　c群は、SR8とそれを拡張したSR9である。平面形はC1型で、拡張される結合型である。

　全体の集合状況は団子状に近いが、造営は各群ごとに行われていると考えられる。したがって、重列状態が複合した結果としての団子状といえるだろう。

　坂戸市入西遺跡群については第Ⅰ部でみたが、ここでは平面形、群構成について再度みることにしたい。方形周溝墓群は越辺川を臨む台地の縁辺に沿って造営されている。中耕遺跡では68基、広面遺跡22基、稲荷前遺跡36基が調査されている。

　墓域としては中耕と広面で一つのまとまりと考えられるため、まず中耕・広面についてみていきたい。周溝の平面形はA1型が39基、C1型が4基、D1型が23基、E1型が4基、F3型が1基である。群構成については、方形周溝墓間の距離、軸方向によって杉崎が9群に分けており、その造営過程も示されている（第72図）。以下では、杉崎の分析を参考に、その概要をみることにしたい。

　Ⅰ群はSR1～4の4基が調査されている。南北にさらに群が展開する可能性がある。軸方向はほぼ同一である。周溝はSR4がC1型等である可能性がある。その他はD1型である。方台部の平面形は、いずれも長方形気味の方形である。

　Ⅱ群はSR5～14の10基である。Ⅲ群とは分けられているが、SR13や18は造営の展開が両方の群にまたがっているため、Ⅱ群とⅢ群を同一の群とすることもできる。軸方向はばらつきがあるが、SR8と9はずれが大きい。周溝の平面形はA1型が6基、D1型が3基、E1型が1基である。方台部の平面形は、いずれも方形である。SR5と6は規模が小さい。

　Ⅲ群は、SR16～22・31～36・42の14基である。SR42はⅢ・Ⅳのどちらの群とも考えられる。軸方向は、SR16・17・31・32がその他のものとは異なっている。周溝の平面形はA1型が10基、C1型が2基、D1型が1基、F3型が1基である。方台部の平面形は、SR42が前方後方の可能性があるが、それ

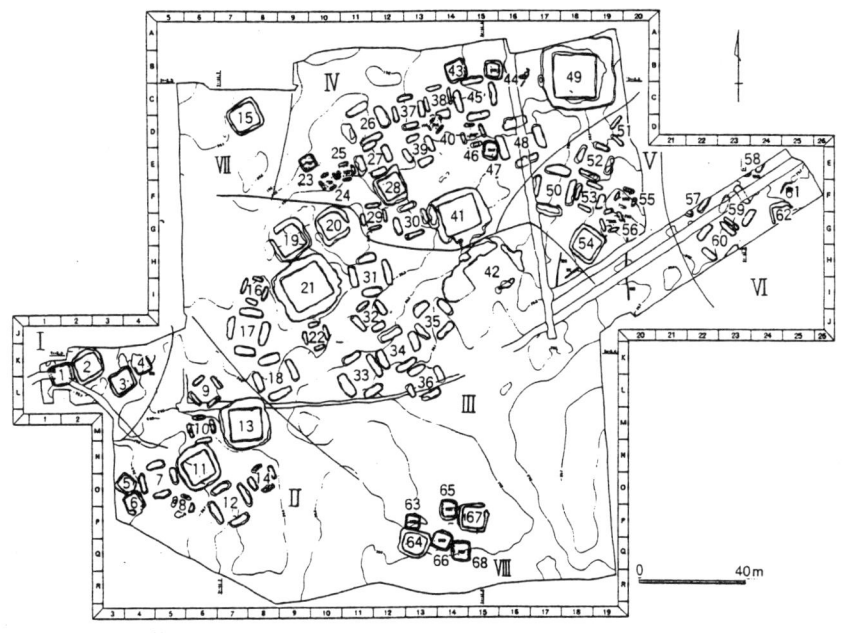

第72図　中耕遺跡の群在の様相（杉崎1993に加筆・転載）

以外はいずれも方形である。規模はＳＲ16と22が小さく、21・42は大きい。

　Ⅳ群は、ＳＲ23〜30・37〜41・43〜49の20基が調査されている。群はさらに北東方向に展開している可能性がある。軸方向はＳＲ40が異なるが、その他はほぼ同一である。周溝の平面形はＡ１型が13基、Ｄ１型が７基である。方台部の平面形は、いずれも方形である。規模はＳＲ23〜25・40・43・47が小さく、41・49は大きい。

　Ⅴ群は、ＳＲ50〜56の７基が調査されている。群はさらに東に展開する可能性が高い。軸方向はＳＲ55が異なるが、その他はほぼ同一である。周溝の平面形はＡ１型が６基、Ｄ１型が１基である。方台部の平面形は、いずれも方形である。規模はＳＲ55・56が小さく、50がやや大きい。

　Ⅵ群は、ＳＲ57〜62の６基が調査されている。群はさらに南北と東側に展開する可能性がある。軸方向はＳＲ61・62の２基が異なっている。周溝の平面形は、Ａ１型が４基で、２基は不整形である。方台部の平面形はＳＲ59が歪んだ

方形で、その他は方形である。

Ⅶ群はＳＲ15の1基のみである。群はさらに北側に展開する可能性がある。軸方向はⅢ・Ⅳ群とほぼ同様である。周溝の平面形はＤ1型で、方台部の平面形は方形である。

Ⅷ群はＳＲ63～68の6基である。他の群とは隔たった位置に展開している。軸方向はＳＲ64・66がやや異なるが、ほぼ同一である。周溝の平面形はＣ1型が1基で、その他はＤ1型である。方台部の平面形はいずれも方形である。規模はＳＲ63がとくに小さい。

広面遺跡（第73図）の方形周溝墓群は、中溝遺跡の調査区の南西に造営され

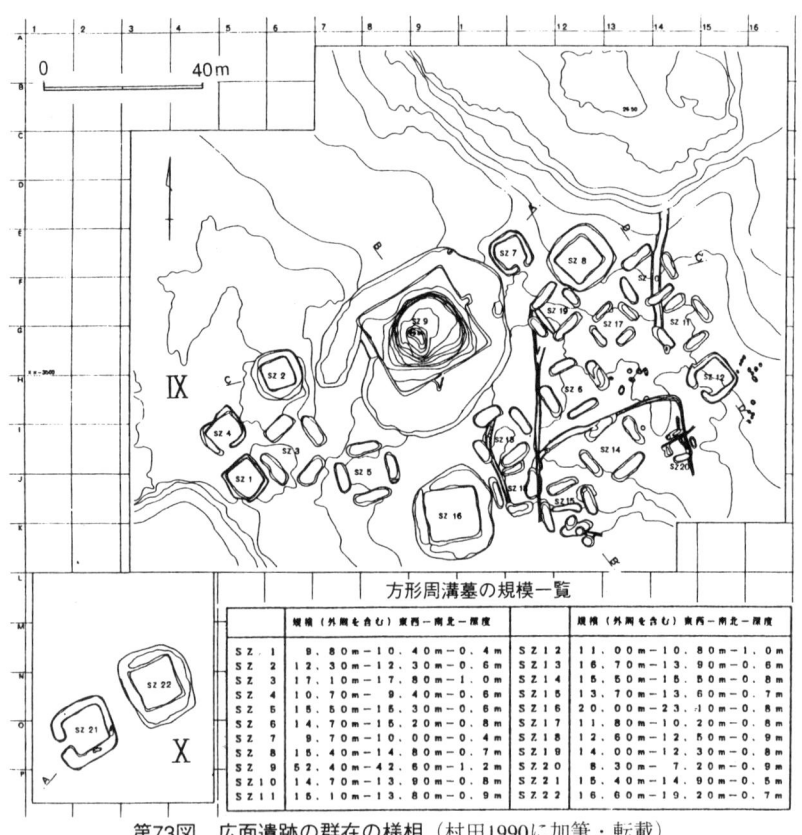

方形周溝墓の規模一覧

	規模（外周を含む）東西—南北—深度		規模（外周を含む）東西—南北—深度
ＳＺ.1	9.80m—10.40m—0.4m	ＳＺ12	11.00m—10.80m—1.0m
ＳＺ.2	12.30m—12.30m—0.6m	ＳＺ13	16.70m—13.90m—0.6m
ＳＺ.3	17.10m—17.80m—1.0m	ＳＺ14	15.50m—15.50m—0.8m
ＳＺ.4	10.70m—9.40m—0.6m	ＳＺ15	13.70m—13.60m—0.7m
ＳＺ.5	15.40m—15.30m—0.6m	ＳＺ16	20.00m—23.10m—0.8m
ＳＺ.6	14.70m—15.20m—0.8m	ＳＺ17	11.80m—10.20m—0.8m
ＳＺ.7	9.70m—10.00m—0.4m	ＳＺ18	12.60m—12.50m—0.9m
ＳＺ.8	15.40m—14.20m—0.7m	ＳＺ19	14.00m—12.30m—0.8m
ＳＺ.9	52.40m—42.60m—1.2m	ＳＺ20	8.30m—7.20m—0.4m
ＳＺ10	14.70m—13.70m—0.6m	ＳＺ21	15.40m—14.90m—0.5m
ＳＺ11	15.10m—13.80m—0.9m	ＳＺ22	16.80m—19.20m—0.7m

第73図　広面遺跡の群在の様相（村田1990に加筆・転載）

ているもので、本来同一の墓域である。大きくＳＺ９を中心とする北東側と、２基からなる南西側に分けられる。北東側はさらにいくつかの支群に分けることも可能だが、ここでは大きく前者をⅨ群、後者をⅩ群として記述を進めたい。

　Ⅸ群はＳＺ１〜20の20基である。群はさらに南に展開する可能性がある。軸方向はほぼ同一だが、ＳＺ４・９・12で90°異なっており、２方向に分かれる可能性がある。周溝の平面形はＡ１型が12基、Ｃ１型が１基、Ｄ１型が３基、ＳＺ９を含めてＥ１型が２基である。方台部の平面形はいずれも方形である。規模には大小があり、ＳＺ１・２・４・７・12・17・20が小さく、ＳＺ16が中規模で、ＳＺ９は中耕・広面遺跡で最大である。

　Ⅹ群はＳＺ21・22の２基である。軸方向はほぼ同一である。周溝の平面形はＤ１型が１基、Ｅ１型が１基である。方台部の平面形はいずれも方形である。

　各群の集合状況は、北東から南西への列が複合した重列状や、それらが複合した団子状を呈している。しかし、杉崎が示すように、その造営は列の端から順番に行われるのではなく、列のなかのある方形周溝墓を起点に２〜３基を単位にして行われると考えられる。各群内は周溝同士の重複が少なく、連接式が最も一般的な様相である。全体の流れとしては、当初Ａ１型のものが造られ、その後にそれ以外の形態のものが造られている。以下では、連接式の周溝の近接度が高いものを単位と考え、記述を進めることにしたい。

　Ⅰ群はＳＲ１・２、３・４が単位と考えられる。２→１の切り合い関係が確認されている。周溝の切りあい合い関係は、ＳＺ１・２が連結式で、その他は連接式である。

　Ⅱ群はＳＲ５・６、７・８、９・10・11・13が単位と考えられる。５→６の切り合い関係が確認されている。周溝の切り合い関係は、ＳＲ５・６が連結式で、その他は連接式である。

　Ⅲ群はＳＲ16〜18、19〜21、22、31〜36が単位と考えられ、ＳＲ22を除き２〜４基で一つのまとまりを造っている。周溝の切り合い関係は、ＳＲ19・21でわずかに認められるが、先後は不明である。報告書ではＡ１型の18・31〜34→Ｄ１型の21・Ａ１型の16・17・22・35・36→Ｆ３型の42という順序が考えられ

ている。周溝は19・21を除き、連接式である。それぞれの単位のなかで周溝の接近度に差があり、とくにＳＲ16・17、19・21、31・32、33〜36は接近度が高く、19・21はわずかだが重複している。さらに２基前後のまとまりを考えられる可能性もある。

Ⅳ群はＳＲ24・25、26・37・38・40・45、26〜28、29・30・41、46〜48が一定のまとまりを持っている。Ｄ１型は、Ａ１型の空隙に造られるように見受けられ、おおむね２〜３基で一つのまとまりを造っているようである。周溝の切り合い関係は、ＳＲ26・27、47・48で認められ、27・47が新しい。ＳＲ38は40を避けるように造られている。報告書ではＡ１型の27・39・45→Ａ１型のそれ以外とＤ１型の41→Ｄ１型のそれ以外という推移が示されている。周溝は上記のもの以外は連接式である。

Ⅴ群は、ＳＲ50・52・53、54〜56が各３基で一つのまとまりを造っている。周溝の切り合い関係は認められないが、ＳＲ50・52・53は、ごく近接している。いずれも連接式である。報告書ではＳＲ50・52・53→51・55・56→54の推移が示されている。

Ⅵ群は、大部分が調査区域外にかかり詳しい状況は不明だが、ＳＲ59・60、61・62が一定のまとまりを持ち、２基で一つの単位となるようである。周溝の切り合い関係は認められないが、ＳＲ59・60は、ごく近接している。いずれも連接式である。報告書ではＳＲ58・59→57・60→61・62の推移が示されている。

Ⅶ群は単独のもので、報告書では墓域形成の最終段階に築造されたとされている。

Ⅷ群は、ＳＲ63・64・66・68と65・67の二つの大きなまとまりを持つと考えられる。Ⅰ〜Ⅵ群のほとんどが連接式であるのに対して、この二つのまとまりは連結式である。集合状況は乱れた列状で、団子状の集合状況への途中の様相とみることもできる。周溝の切り合い関係は、ＳＲ67→65が確認できるのみで、その他は不明である。報告書では、中耕・広面の墓域形成の最終段階に築造されたとされている。

Ⅸ群は、大きくＳＺ９を中心とする一群としたが、周溝の近接度からＳＺ１

第2章　方形周溝墓の「型式」試論　165

～5、6・14、7・9、8・19、10・11・17、12、13・15・16・18、20という8つのまとまりに分けられる。このうちＳＺ12はＳＺ10・11・17と、ＳＺ20はＳＺ6・14と一つのまとまりになる可能性がある。大きくは2～3基で一つの単位になっている。集合状況は団子状である。造営は単位ごとに展開し、報告書では19→8、14→6、13→18・15・16、10・11・17→8・12、2・3・5→1・4の順序が示されている。当初Ａ1型のみが造営されていたものが、次段階にはＡ1型、Ｃ1型、Ｄ1型、Ｅ1型が並行して造営されるようになり、最終段階でＡ1型は造られなくなる。

　Ｘ群は2基のみの単位である。やや距離を置いて造営されている。築造順序はＳＺ22→21である。

　つづいて稲荷前遺跡についてみる（第74・75図）。周溝の平面形はＡ1型が9基、Ｂ1型が2基、Ｃ1型が2基、Ｄ1型が17基、Ｆ3型の可能性があるものが1基である。群構成については、Ｂ区、Ｃ区の間に遺構の分布が認められない部分があり、それを境に大きく二つに分けられる。以下では各区ごとに概要をみていく。

　Ｂ区は12基が調査されている。いずれも切り合い関係はなく、連接式である。周溝の近接度によって4つのまとまりに分けられるようである。

　Ｉ群はＳＲ01のみのものである。北側にさらに群が展開する可能性がある。

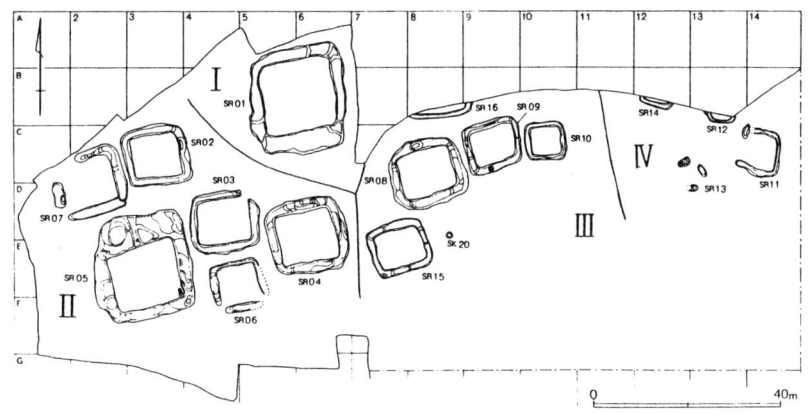

第74図　稲荷前遺跡Ｂ区の群在の様相（富田1994に加筆・転載）

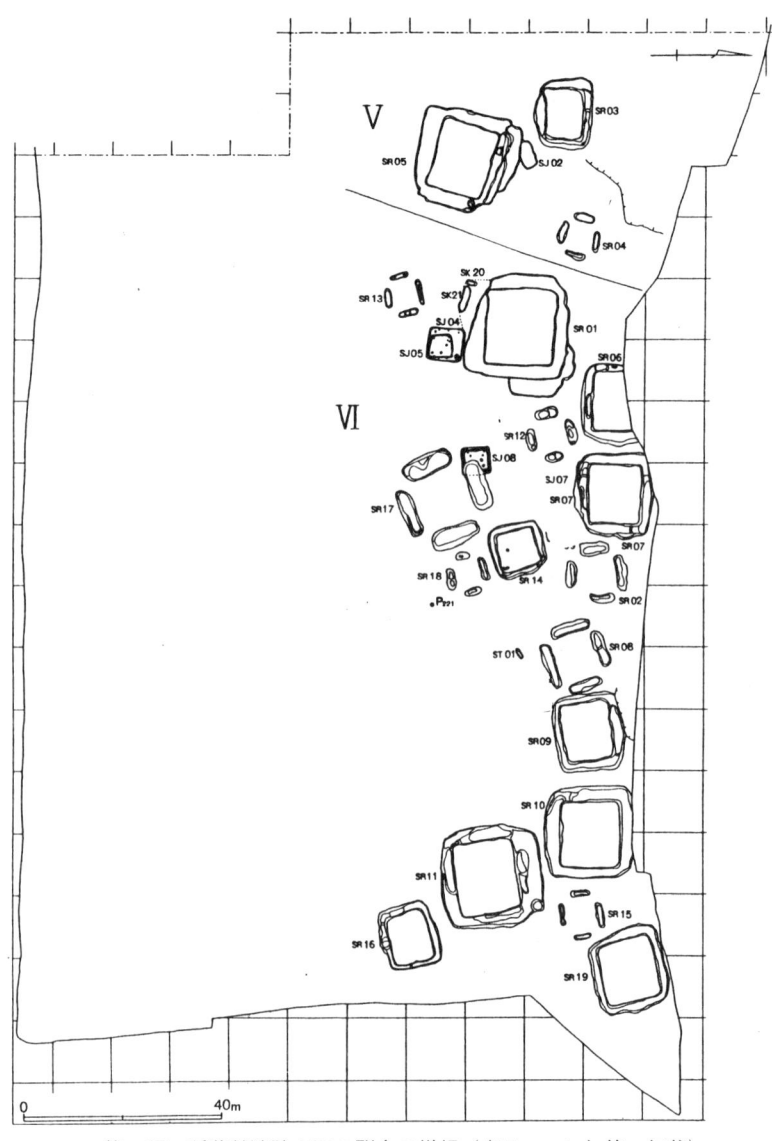

166 第Ⅱ部 方形周溝墓の再発見

第75図 稲荷前遺跡C区の群在の様相（富田1994に加筆・転載）

周溝の平面形はＤ１型である。方台部の平面形は方形である。

　Ⅱ群はＳＲ02〜07の６基である。さらに細かく、ＳＲ02・07とそれ以外という二つに分けることも可能で、それを一つの単位とみることもできる。ＳＲ15はこの群に含まれる可能性もある。集合状況は団子状である。周溝の平面形はＢ１型が１基、Ｃ１型が２基、Ｄ１型が３基である。Ｄ１型のうち１基はＥ１型の可能性がある。

　Ⅲ群はＳＲ08〜10・16の４基が調査されている。北側にさらに群が展開するようである。周溝の近接度から、ＳＲ08〜10と16という二つに分けることも可能で、それを一つの単位とみることもできる。ＳＲ15はこの群に含まれる可能性もある。集合状況はＳＲ08〜10を列として、重列状の可能性もあるが、現状では不明である。周溝の平面形はＳＲ16が不明だが、それ以外はＤ１型である。

　Ⅳ群はＳＲ11〜14の４基が調査されている。北側にさらに群が展開するようである。各々はほぼ等間隔で、集合状況は現状では不明である。周溝の平面形はＳＲ11がＢ１型、ＳＲ13がＡ１型で、他の２基は不明である。

　各群の集合状況は、一見団子状を呈するが、北側の状況が不明であるため確実ではない。その造営がどこか１点から行われるのではないことは、各群のなかでの近接状況に現れているが、具体的にその先後を土器によっては決め難い。Ｂ区ではＳＲ８・９・13・15が３期と考えられるが、そのほかは４期である。上述の群分けに従えば、Ⅲ群が古いということになるが、それをもってⅢ群を起点とする展開を考えることは早計であろう。ここでは、各群のなかでも周溝の近接度が高い２〜３基が造営の単位となっていることを確認するにとどめたい。したがって周溝の平面形態の先後は云々できない。

　Ｃ区は19基が調査されている。いずれも切り合い関係はなく、連接式である。周溝の近接度によって、ＳＲ03〜05、01・02・06〜19の大きく二つのまとまりに分けられるようである。前者をⅤ群、後者をⅥ群として記述を進めたい。

　Ⅴ群はＳＲ03〜05の３基である。ＳＲ04は他の２基よりもやや離れた位置にある。周溝の平面形は、Ａ１型１基とＤ１型２基である。方台部の平面形は、ＳＲ03と05が長方形である。

Ⅵ群はＳＲ01・02・06～19の16基である。周溝の近接状況から、さらに細かくＳＲ01・02・06・07・12、13、14・17・18、8・9、10・11・15・16・19といういくつのまとまりに分けることも可能で、それを一つの単位とみることもできる。ＳＲ13はやや離れた位置にある。周溝の平面形はＡ１型が7基、Ｄ１型が9基である。異なる平面形も混在した近接状況にある。方台部の平面形は、長方形気味のものもあるが、いずれも方形である。

各群の集合状況は、東西の列が複合した重列状や、それらが複合した団子状を呈している。しかし、その造営は列の端から順に行われるのではなく、前述のようなまとまりのなかの一つの方形周溝墓を起点に、2～3基を単位にして行われると考えられる。その造営に関しては周溝、方台部いずれの平面形によっての区別もないようである。

出土土器は、ＳＲ01・02・09が3期で、それ以外は4期である。したがって土器からの先後関係はⅤ群については不明である。Ⅵ群については、01→12・6→7、02→14→17、9→8の順序が推定できる。

嵐山町行司免遺跡（第76図）については第Ⅰ部でみたが、ここで再度平面形と群集の様相についてみてみたい。行司免遺跡では、古墳時代前期の竪穴住居跡11軒、方形周溝墓10基が調査され、3つのまとまりがあることが明らかになっている。以下では1～5号をⅠ群、6～9号をⅡ群、10号をⅢ群として記述を進めることにしたい。周溝の平面形はＢ１型、Ｂ２型が各1基、Ｃ１型が1基で、その他はＤ１型である。

Ⅰ群はいずれも連接式である。周溝の平面形はＢ１型が1基で、それ以外はＤ１型である。方台部の平面形は1号が長方形で、それ以外は方形である。時期はいずれも3期である。

Ⅱ群は10号のみの1基である。周溝の平面形はＢ２型である。方台部の平面形は方形である。

Ⅲ群は6～9号の4基である。6～8号が連結し、9号は3基と若干離れた位置にある。周溝の平面形はＣ１型が1基、Ｄ１型が3基である。方台部の平面形はいずれも長方形である。周溝の切り合い関係は6・8号→7号である。

第2章 方形周溝墓の「型式」試論　169

時期はいずれも2期である。

各群の集合状況は、Ⅰ群がコーナー方向へ展開し、団子状への過渡的な列状態と考えられ、Ⅲ群は団子状である。前述の周溝の切り合い関係からは、Ⅰ群と同様の展開後その間に7号が造営されたものと考えられる。

群馬県玉村町下郷遺跡（巾1980）は、井野川と烏川の合流点からやや下流に位置し、井野川側から連続する左岸の河岸段丘上に立地する。古墳時代前期の前方後円墳ＳＺ46と前方後方形周溝墓ＳＺ42を含む方形周溝墓29基、竪穴住居跡3軒、周溝を有する建物跡と考えられるもの1軒、土坑10基、大溝1条が検出されてい

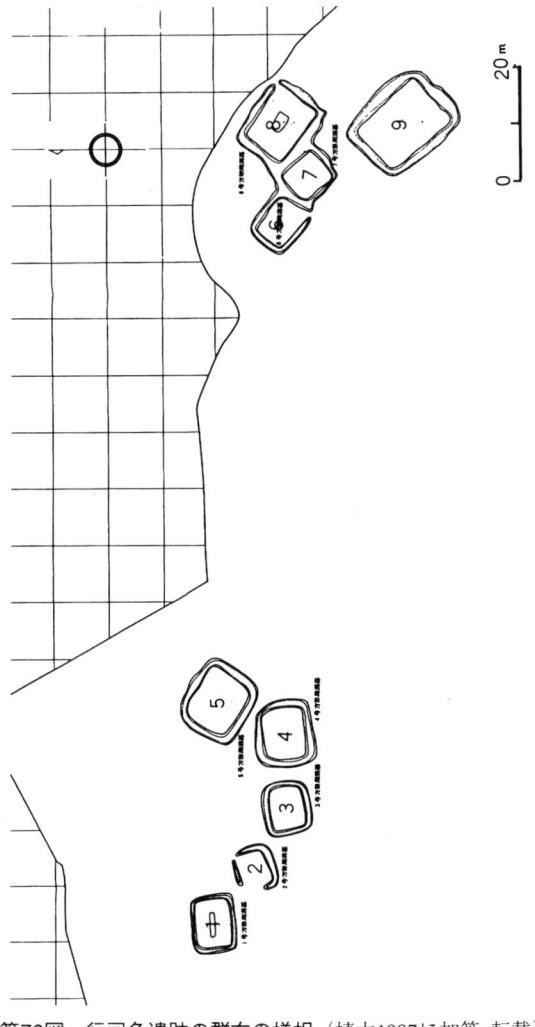

第76図　行司免遺跡の群在の様相（植木1987に加筆・転載）

る（第77図）。ＳＺ28は報告では円形周溝墓とされているが、第Ⅰ部で行ったような作業を行った結果、「周溝を有する建物跡」である可能性が高いと考えられる。周溝の平面形はＡ1型が1基、Ｂ1型が2基、Ｃ1型が5基、Ｃ2型が1基、Ｄ1型が9基、Ｆ3型が1基で、その他は不明である。方台部は長方

形のＳＺ02・17を除き、いずれも方形で、外周は不整形である。群構成については、大きくＳＺ46の北側と南側に遺構の分布が大きく二つに分かれる。以下では、北側の一群を北群、南側の群を南群と仮称して概要をみていく。

北群は13基が調査されている。東西の調査区域外に展開するようだが、西側は高崎市の調査によりＳＺ14まで、東側は調査区と南北に平行するＳＤ56までとされており、現在調査されている範囲がほぼ墓域の全体に近いと考えられる。いずれも切り合い関係はなく、連接式である。周溝の近接度によってＳＺ13・14、ＳＺ09・10、ＳＺ06・07、ＳＺ05・08、ＳＺ04・47、ＳＺ11・12という6つのまとまりに分けられる。周溝の平面形は、Ａ1型がＳＺ09、Ｃ1型がＳＺ08・10・15、Ｄ1型がＳＺ04・05・13で、その他は調査が部分的で不明である。規模は、ＳＺ04・47が大型、ＳＺ05・08・15が小型で、その他は中規模である。ＳＺ08は埋葬施設から土器棺が、ＳＺ09の埋葬施設からは赤色顔料や副葬品と推定されている壺、尖頭器状石鏃が出土し

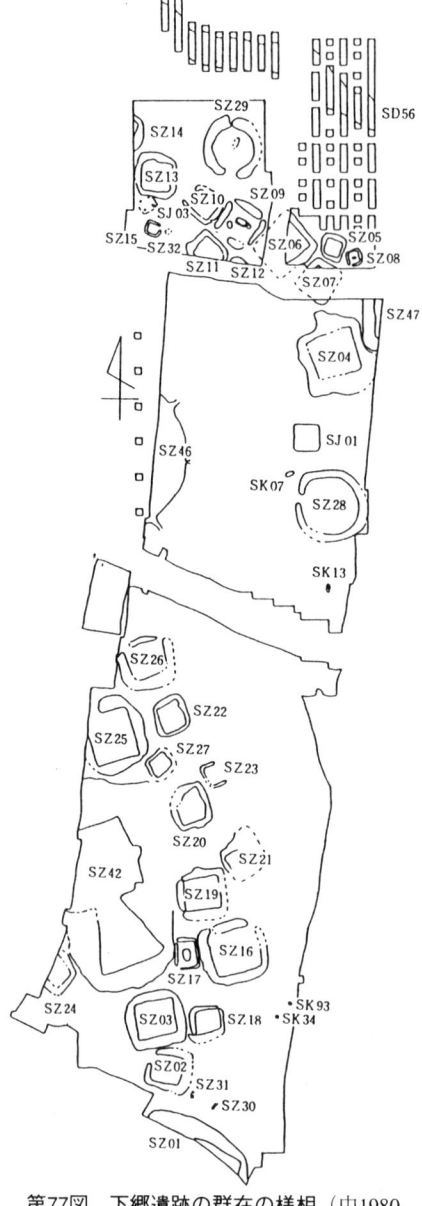

第77図　下郷遺跡の群在の様相（巾1980より転載）

第2章　方形周溝墓の「型式」試論　171

ている。周溝からの遺物はＳＺ12・16に多いほかは僅少である。時期は4期である。

　南群は16基が調査されている。調査区のさらに南側と西側に展開すると考えられる。前方後方形のＳＺ42と大型のＳＺ01（前方後方か）の周辺を取り巻くような形で、中・小型のものが造られている。周溝の近接状況から、ＳＺ20・22・23・25～27、ＳＺ16・17・19～21、ＳＺ02・03・18、ＳＺ01、ＳＺ24といういくつかのまとまりに分けることが可能である。周溝の平面形はＢ1型がＳＺ17・26、Ｃ1型が02・25、Ｃ2型が18、Ｆ3型が42で、その他はＤ1型である。ＳＺ01は全体が明らかでないが、利根川章彦は先の論文で方台部の長軸25ｍの前方後方形であると推定している。方台部の平面形は、ＳＺ01・42を別にすれば、ＳＺ02・17が長方形であるほかは方形である。

　各群の集合状況は、北群が重列状、南群が団子状を呈している。その造営がどこか1点から行われるのではないことは各群のなかでの近接状況に現れているが、出土土器が少なく、また土器群も明瞭な時期差を示さず、具体的にその先後を土器によっては決め難い。

　北群は4～5期で、小型のＳＺ08・15が5期と考えられるが、その他は4期である。それをもって、大規模から小規模という流れを安易に考えるわけにはいかないだろう。ここでは、周溝の近接度が高い2～3基が造営の単位となっていることを確認するにとどめたい。

　南群は3～4期で、ＳＺ02～04が3期、01・25が3～4期と考えられ、その他は4期である。前述のまとまりのなかではＳＺ02・03・18が3期で最も古い一群となる。あるいは南群では、南側に古い一群があり、その後ＳＺ42を含めた北側の一群へ展開するとも考えられるが、現状では可能性に留めておきたい。やはり北群同様に、まとまりを単位とする造営が行われたと考えられる。

　千葉県市原市草刈遺跡（小久貫1980・1983、高橋1985、高田1986、小林1990）は、村田川右岸の台地上に立地する。調査は数次に及び、その全容は未だ明らかでない。古墳時代前期の前方後方形墓、方形周溝墓については白井久美子（白井1989）が詳しく分析しており、ここではそれを参考に記述を進めたい。

A・B・D区では、前方後方形周溝墓A1を含む方形周溝墓40基が検出されている（第78図）。周溝の平面形はA3型が1基、B1型が2基、C1型が5基、C3型が1基、D1型が25基、D2型が3基、F3型が1基で2基は不明である。ただしC区については遺構の遺存状況が悪く確実ではないため、例えばA3型のC7などは別の形態になる可能性がある。方台部はB1が長方形気味であるほかは方形である。周溝の外周はA4・6・10・13・14のように不整な丸みを帯びるものがあるが、その他はほぼ方台部の直線的な辺と一致している。群構成について白井は、分布と軸方向からA～C群に全体を分けているが、A・Bを分ける明瞭な基準はなく、明らかに別の一群と考えられるのは台地中央のA・B群と大きく空隙がある斜面のC群である。以下ではA・B群とC群に分けて記述を行うことにしたい。

A・B群は28基が調査されている。A10・11、19・20が周溝を共有する結合式、A15・16、A14・B3、B2・4が連結式、その他は連接式である。周溝の近接度によって、A2・15・16、A1・4・5～7、A3・8、A10～12、A17・18、A19～21、A13・14・B3・B5、B2・4という8つのまとまりに分けられる。A1・4・5～7とA3・8、A10～12とA19～21、A17・18とA13・14・B3・B5はごく近接している。A9、B1、B6、B7はやや離れて独立的である。周溝の平面形は、C1型がA9・21・B6、前方部の周溝はないがF3型がA1で、その他はD1型である。規模は、A1・10・14が大型、A2・3・6～8・12・13・16、B1・4・6が中型で、その他は小型である。B1・4の周溝からは、溝中埋葬された人骨が出土している。周溝からの遺物は、SZ12・16に多いほかは僅少である。

C群は、12基が調査されている。調査区のさらに南側と東側に展開すると考えられるが、東側は消滅している。C9～11は連結式で、その他は連接式である。周溝の近接状況から、C1、C2～4、C5・6、C7～11、C12といういくつかのまとまりに分けることが可能である。C1・12はやや離れた位置にある。周溝の平面形はA3型がC7、B1型がC6・9、C1型がC1・3、C3型がC12、D1型がC5、D2型がC2・4・8で、その他は不明である。

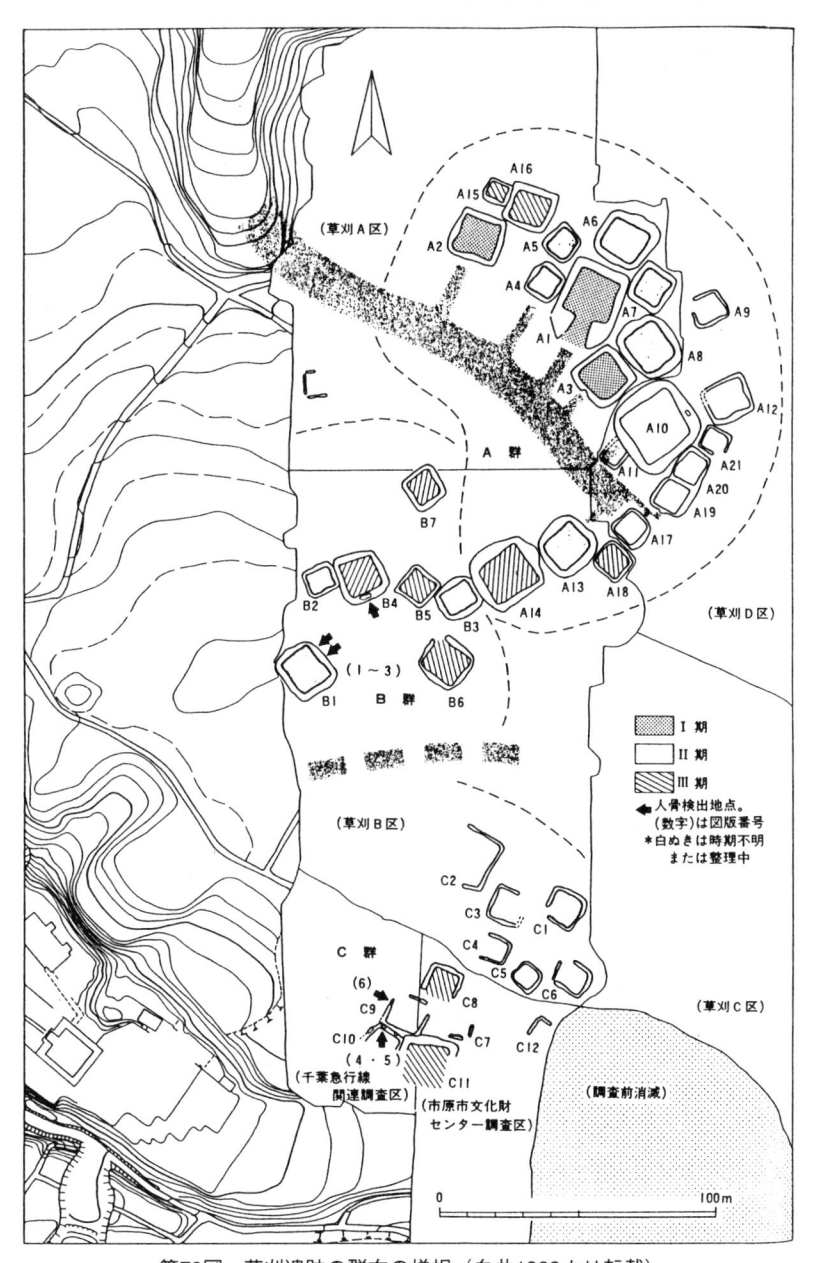

第２章 方形周溝墓の「型式」試論 173

第78図 草刈遺跡の群在の様相（白井1989より転載）

各群の集合状況は、いずれの群も団子状を呈している。その造営がどこか1点から行われるのではないことは、各群のなかでの近接状況に現れている。白井は出土土器をⅠ～Ⅲ期に分けて展開を考えているが、Ⅰ期とⅡ期はその差が明瞭でなく、同時期あるいはごく近接している時期とみることができる。Ⅰ期は私の2期あるいは3期に、Ⅱ期は私の3期に、Ⅲ期は私の4期に対応すると考えられる。

　A・B群はⅠ～Ⅲ期で、先に示した2～4基のまとまりが造営の単位となっていることがわかる。各々のまとまりは、大～小規模を含む組み合わせになっている。

　C群はⅡ～Ⅲ期で、出土遺物がないものが多いが、A・B群よりやや遅れて造営されるようである。C7～11がⅡ～Ⅲ期であることから、各々のまとまりのなかでの展開が考えられる。

3. 方形周溝墓の「型式」

　2. で関東地方、神奈川、東京、埼玉、群馬、千葉各都県の群全体の様相が明らかな遺跡について概観してきた。ここでは、若干のまとめを行い、方形周溝墓に「型式」があるか、またあるとすればそれが方形周溝墓の様相を考える有効な手段となりえるのか考えてみたい。

周溝の平面形

　周溝の平面形は、完全な画一化、いわゆる斉一化は認められなかった。とくに、平面形がその造営集団を反映するというような図式を支持することはできないようである。ここでみたなかで最も多いのはC1あるいはD1型だが、その両者は無関係に連結、あるいは連接する場合が多く、明瞭な区別が認められない。また、C1型をそれ以前のものからのD1型への過渡的な形態とみることができるかどうかは、例えば海老名本郷遺跡ではC1型が多数、王子ノ台遺跡ではD1型が多数であることをどうみるか。あるいは井沼方遺跡でC1・D

１型もあるが、埋葬施設が認められるほど遺存状況が良いのに平面形がバラバラに近いのはなぜかという疑問に答えられない状態では、ただちに賛同することはできない。この状況が地域間の差異、あるいは集団間の差異に還元できるのかは、平面形のみをもって性急に結論を求めることは有効でない。

とくに従来推移する関係として考えられてきたＡ１型→Ｃ１・Ｄ１型は、対立する２項なのではなく、共存する形態である。それは当時まだ盛土もあり、周溝も開口したＡ１型とＤ１型が一つの景観を造っていたと考えられる入西遺跡群の様相からも明らかで、単純な図式化を拒否するものである。

一方、Ｃ１型やＤ１型、あるいはその両者という特定の平面形のみで構成される遺跡はないが、その遺跡で多く認められる形態はある。海老名本郷遺跡ではＣ１型、王子ノ台遺跡ではＤ１型、神谷原遺跡ではＤ１型、関東遺跡ではＣ１・Ｄ１型、行司免遺跡ではＤ１型、下郷遺跡ではＣ１・Ｄ１型、草刈遺跡ではＤ１型が多い。

これを小島がいうようなパターンと考えることもできるだろうが、その場合には複雑な入り組み状態を覚悟しなければならない。単純化を許すものかについては、前述の状況から慎重であるべきであろう。むしろここでは、それらが線的な交錯をみせることを確認できたことが重要であるという立場をとっておきたい。

方台部の平面形

方台部の平面形は先ほどの伊藤が指摘するように長方形基調だが、そのなかでもとくに長辺が長いものがある。伊藤は「なかには、かなり長方形のものも存在するがきわめて数が少ない」（伊藤1996ｂ、p.366）としているが、現在ではかなり事例が増えつつあり、一定の広がりをみせているようである。

第Ｉ部でみた埼玉県の例を含め、『関東の方形周溝墓』で集成された関東地方のある程度群在の様相のわかる方形周溝墓群について検索してみたところ、神奈川県秦野市砂田台、厚木市下依知大久根、海老名市海老名本郷、平塚市王子ノ台、東京都中野区新井三丁目、文京区千駄木、練馬区丸山東、板橋区徳丸

東、千葉県沼南町石揚、袖ヶ浦町境、埼玉県所沢市東の上、戸田市鍛冶谷・新田口、与野市中里前原遺跡群、浦和市井沼方、上尾市薬師耕地前、嵐山町行司免、本庄市諏訪、神川町前組羽根倉、群馬県玉村町下郷、高崎市日高、倉賀野万福寺などの各遺跡で認められる。

　同様に、方台部が「台形」のものも少数ながら存在し、広い分布をみせている。このような「長方形」「台形」の方台部をどのように考えたら良いのだろうか。

　「長方形」についての一つの方向は、南から北への地理的勾配を考える方向である。確かに、海老名本郷、下依知大久根でみられるように、一見神奈川県域が発信源のように思われる。しかし一方で、中里前原遺跡群の方形周溝墓群はすべて長方形のものであり、「長方形」という点からみれば明らかに卓越している。また、埼玉県の北部、行司免でも群中の多数を占めている。このような様相を考えれば、単純な南からの流れ込みを想定するわけにはいかない。見方を変えれば、神奈川県域と埼玉県南部の双方がその発信源になっている可能性が高いように思われる。

　しかし、実際に重要なのはどこか一つの発信源を確かめることではない。このような考えを推し進めるならば、現在行われている弥生～古墳時代の「外来系土器」に関する研究と同じ道をたどるのは明らかである。「中心」を発信源の側に置くならば、それを取り入れた側は常に「中心」を「模倣」したという位置づけを与えられつづける。しかし、先に引いた谷井の論のように、このような要素の交流がみられた場合、本来「模倣」させる「中心」がどこかにあって、そのようなことがみられるわけではない。むしろ、「中心」となる主体は取り入れる側にある。ここでみた「長方形」の分布は、あたかも「中心」からの「拡散」を示すようにみえる。果たしてそうだろうか。むしろ、個々の遺跡に立ち返るなら、それを取り入れた側がどのようにそれを自分たちの形に変えながら取り入れたか、その取り入れ方の相互の関係を探り、そこから何が生み出されたかを検討することの方が重要なのではないだろうか。

　長方形・正方形が多くみられることをもって、それらを中心化することそのものを拒むべきなのかもしれない。そうした中心化は、それを行った途端に両

者が混在するような様相を主従の関係に読み替えてしまい、片方を切り捨てることになりかねないからである。両者がそのような関係にないことは、これまでみてきた具体例で、両者が分け隔てなく連結・連接していることからも明らかである。また、何者かが中心になり得ないのは、本書でこれまで述べてきたところでもある。そういった意味では、長方形・正方形の混在もまた「中心」なのである。同様のことは先ほどみた周溝の平面形についてもいえる。

では、このような混在をどのように考えることができるだろうか。例えば大宮台地南部の各遺跡、上尾市薬師耕地前遺跡、浦和市井沼方遺跡、大久保領家片町遺跡等では、方形＋長方形＋台形という平面形の方形周溝墓により墓群が構成される。一方で、その近傍の中里前原遺跡群では長方形のみで方形周溝墓群が構成されている。これは先ほどみたＤ１型、あるいはＣ１型の長方形と、Ａ１型に多くみられる正方形の組み合わせともみることができる。それは何も大宮台地に限ったことではない。本章でみた関東地方の遺跡に、われわれは長方形、正方形、あるいはＣ１型・Ｄ１型とＡ１型といった平面形態の線的交錯をみているのである。

周溝の近接状況

周溝の近接状況については、伊藤が述べるようにほとんどのものが連接式である。連結式は、２～４基の造営の単位と考えられるまとまりに認められる場合がほとんどである。結合式はほとんど認められない。また、海老名本郷遺跡や王子ノ台遺跡、関東遺跡にみられるような「拡張」もごく少数である。方形周溝墓の「拡張」については、既に近藤英夫（近藤1992）、伊藤敏行（伊藤1993）が検討しているが、ここではその特殊性の「解釈」に重きを置く立場ではないことから機会を改めて扱うこととする。

また、異なる周溝の平面形あるいは方台部の形態が異なるものについても、とくに周溝の近接状況が異なるわけではなく、無差別ともいえるほどの連接・連結状況である。ここでは、周溝の近接が上記のような造営のまとまりを示すと考えられることと、そのなかでの「無差別」さが認められることを確認して

おきたい。

群構成

　群構成については、前述のように2〜4基の単位が認められ、それが列状に集積することによって重列状の、コーナー方向に集積をみせることによって団子状の集合状態をみせている。この点については、先に松井がまとめた静岡県内と同様の様相である。

　本章でみた諸遺跡の集合状況には、およそ次の4とおりの様相が認められる。①集落の外周に重列状に造営されるもの——海老名本郷遺跡・井沼方遺跡。①'集落の外周に団子状に造営されるもの——神谷原遺跡の群全体。②集落との関係が明瞭でない重列状に造営されるもの——稲荷前遺跡・下郷遺跡北群。③団子状に造営されるもの、これには列の複合したものと重列状から団子状の過渡的な様相と考えられるものも含まれる——王子ノ台遺跡、関東遺跡、中耕遺跡、草刈遺跡。④前方後方形のF3型や大型の周溝墓を中心とする団子状—神谷原遺跡a'群、広面遺跡、下郷遺跡南群。このうち、中耕、草刈の両遺跡はF3型の前方後方形周溝墓を含むが、それを中心に造営されたわけではないようである。

　この四つの様相は、例えば前方後方形といった特異な平面形のものが、必ずしも関東地方で造営の中心であったわけではなく、むしろさまざまな造営方法のうちの一つの位置しか占めなかったことを示している。同様の主張は、先にみた利根川の論文によってなされている。ここでも、また何者かを中心とすることが拒まれているのである。

　一方、周溝の平面形、方台部の形態、あるいは群構成のこのような線的な交錯が、ただ単に開かれた均質なものでないのは、これまでみたとおりである。

　例えば神谷原遺跡のa'群は円形周溝墓を中心とするものだが、八王子市域には平塚遺跡（長谷川ほか1993）[12]のように円形周溝墓のみで構成されるものがある。また、埼玉県富士見市北通遺跡（今橋ほか1975）は神谷原遺跡同様の円形＋方形の組み合わせである。

このような点からいえば、先の中里前原遺跡群や徳丸東遺跡、新井３丁目遺跡といったものも、長方形や拡張といった点から一つのまとまりとみることもできる。もちろん、そのようなまとまりは地理的な境界を持つものではない。仮象として設けたこのようなまとまりに、もしそれがあるのであれば、それは絶えず揺れ動くものであろう。このような様相、つまり開きながらも、一方で閉じつつある様相、これは西井がいう「型式」に近いものと考えられる。

　平面形や群構成の検討をとおして得られたいくつかのまとまりを「型式」と呼び得るのか。あるいは、その「型式」をとおして方形周溝墓を検討できるのか。他の要素との関係が明らかでない状態では、ただちにこれらを「型式」と呼ぶのは差し控えねばならない。もし、ここでこれを「型式」と呼ぶのであれば、それは方形周溝墓の中の平面形のみを中心とすることにほかならないからである。

　しかし、これまでの作業によって得られた線的な重なりは、方形周溝墓の「型式」を措呈できる可能性を充分に予感させる。もちろん、それは第Ⅰ部で行ったような、最も貧しい検討を通して行われねばならないのだろうが。

　何かの中心を念頭に置き、それに諸例を刷り合わせていくような「型式」が、私の目指す「型式」でないのは前章でみたとおりである。おそらく要素個々は複雑な線的交錯をみせるだろう。また、個々の要素の間には複雑なズレが予想され、そのズレがどのようなものであるのか。そのズレを含んだ「型式」をどのように考え、立てることができるか。もちろんその「型式」は仮象でしかない。これらの課題の検討を、そしてその「型式」をとおして、方形周溝墓のそれぞれ異なった類似のあり方を考えていくことができると考えられる。

　それが冒頭で掲げた「方形周溝墓とは何か」という問いに対する答えの一つの道筋を示すのではないだろうか。

第3章　方形周溝墓の「区画」

1. 周溝という「区画」をめぐって

　前章では平面形や群構成の検討をもとに、相似と相違が互いに重層的に交差し絡み合う網目のような様相を、「型式」という仮象を設けることによって考察できるのではないかと予察した。ここでは方形周溝墓の多様な様態について考えるために、それとは別に要素の複合したものについて、ここでは試みに各要素が複合した周溝という「区画」について考えてみたい。

　方形周溝墓の周溝は、方形を基調とする以外は平面形や法量がさまざまであることはこれまでみたとおりである。このことは、周溝が明瞭な目的（厳密に定型化した企画性、厳密に分離された法量など）に導かれて造られているのではないことを示す。周溝は、溝がただあるだけなのである。ただある周溝は何らかのただの「区画」であるだけである。

　これまでの考古学における方形周溝墓の周溝の「区画」についての評価は、大きく5つの側面がある。

　第1は、自他の区別の具現として「区画」を考えるものである。石黒立人は方形周溝墓が「分割原理」による「区画」を行っていると主張する（石黒1987）。

　　そもそも方形周溝墓の根本原理が何かといえば、弥生時代になって顕著になる土地分割の一環—墓制への分割原理の導入なのである。（中略）
　　分割が形をもって成立するのは、どう考えても水田耕作の導入以後である。つまり、水田造営にあたって水路・大小の畦畔の設定と、その区画をもととする用益権の分割と固定（占有）という、「分割」を基礎とする水田耕作であればこそ、その導入は社会構造にも影響を及ぼしたと考えられる。こうした分割は集落にも及び「環濠集落」に代表されるような居住

区とその外部との区画あるいは居住区自体の溝や柵・土坑による区画も行われる。分割の場面はそれぞれ異なっており、すべてを同等に扱うわけにはいかないとしても、分割の固定化という点は重視して良かろう。西日本において弥生時代全般を通じて存続する長期継続集落の存在は、そうした分割の固定化を促す要因として必然性がある（石黒1987、p.63）。

　石黒の論は、弥生時代全体を特徴づけるものとして環濠集落や方形周溝墓の「区画」を考えており、「区画」という現象を考えるうえで示唆的である。だが、方形周溝墓が「分割原理」による墓制だとしても、それによって「区画」そのものである「周溝」を説明できるわけではない。周溝がどのような「区画」であるのかを検討する必要があるだろう。

　第2は、「現世よりの隔絶」（山岸1981、p.66）とするもので、私もこの視点から小文を提出している（福田1990）。私はこのなかで方形周溝墓の周溝が、自他を分けるもの、生と死を分けるものと考えた。とくに、周溝を境界的装置とする立場から、「区画」の内外が異なる価値を持と考え、内部が死の空間であることを強調した。

　第3は、階層的に優位に位置するものの墓を隔絶する目的で造られているとするものである。早くに大塚初重・井上裕広が「方形周溝墓の研究」で、「土坑の周囲に溝でかこまれた平坦な方台状平面を用意しえたことは、墓域を一定の範囲内で画することであり、一般民衆と被葬者とを、周溝をもって隔てることに大きな意味を持っていた」（大塚・井上1969、p.313）としており、序章で述べた初期国家成立以前の階級的墓制の研究という研究史の重要な鍵として「区画」が評価されている。

　第4は、集落と墓域との「区画」とするものである。山岸良二は、この視点から集落と墓域の関係の時間的変遷をまとめている（山岸1990、pp.138〜139）。

〔第1段階〕墓域と住居域とが隔絶してくる段階
　畿内の第1ゾーンから四隅の切れるタイプの初現の第3ゾーンに至るまで、初期段階で顕著に現れてくるのが住居域との隔絶である。基本的には同時期の住居とは重ならず、切り合わず、ある程度の距離をおいて墓域を設定

する。環濠集落ならば環濠の外側に、または環濠内でも明らかに住居域とはハズれた場所が選地され造墓されたようである。つまり住居からの隔たりと周溝区画による「二重の隔絶化」が図られたのである。

〔第2段階〕墓域と集落の距離がなくなる段階

墓に埋葬される成員の絶対数が減少するため集落域からあえて離れて墓域を設定する必然性がなくなり、また被葬者の質的変化に応じ権威表示の場としての意味が重視されたようである。そして四周巡るタイプが全国的に主流となるのも、選地が環濠集落ならば環濠内か還濠に接して、またそれ以外ならば集落内に造墓されるため、隔絶の意義を強調するためであろう。つまり「一重溝による完全隔絶化」の様態を示すようになってくる。

〔第3段階〕墓域が聖域化し集落とは完全独立する段階

この時期は一部で定型化した古墳が造営されており、周溝墓もその影響を免れることができず古墳に被葬されない層を中心に集落とは完全に離れ山丘上、丘陵上、台地端部などに造墓される。墳丘の高さが強調されるのもこの立地面と連関している。

山岸は、周溝による「区画」を集落との「隔絶」、あるいは集落内での「完全隔離」と考えている。ここでは、周溝は集落との「区画」である。

第5は、周溝の構築方法の差をもとにする「区画」の評価である。

一瀬和夫の論（一瀬1991）については、伊藤敏行が的確にまとめているので、長くなるがそれを引用する（伊藤1992、pp.1〜3）。

　一瀬氏は「周溝の断面形態」と「区画区域の計画線」といった2つの視点を導入し、畿内地域の遺構を主に用いて方形周溝墓の掘削手法の変化を4手法に分類している。

第1手法（前期から中期初頭）

　断面が「U」字に彫り込まれ明瞭に方形区画されるものもないわけではないが、不整形な溝で画され断面も皿状ないし半円状を呈し、墳丘裾を明瞭にとらえることができない。

「これらのものは溝掘削手法、すなわち区画しようとする区域の計画線

を溝掘削中心軸に据え、各辺に土坑もしくは落ち込み状に掘り込む方法、そして墳丘裾の明瞭さをより欠くというものが主流であるといえる。これを山賀遺跡を典型例として第一手法と呼ぶ。」(p.175)

第2手法（中期中葉・後葉）

「溝断面形は「V」の字、「U」の字、半円形と様々なるが、第一手法と同様、溝下面に広い平坦面をもつものは少なく、墳丘裾はかならずしも明瞭でない。」(p.175) 墳丘側面の斜面は屈折したものとなる。

第3手法（後期・古墳時代前期前半）

「周溝断面形はやはり「U」の字、「V」の字を呈するものが含まれるが、非常に安定した「コ」の字、逆台形を呈するものが増加する。それらは時期の下降に伴ってより顕著である。「コ」の字、逆台形を顕著にとり入れることにより、溝底の平坦面が目立ち、また墳丘四隅も側辺と同様に掘り込みが深くなることから深く墳丘裾が明瞭である。」(p.176)

第4手法（古墳時代段階）

「周溝断面形が「コ」の字、「U」の字を呈するが、墳丘側が比較的急斜面で、掘り込み平面が直線的で明瞭であるが、外側が緩やかでその輪郭は不明瞭なものである。総じて「レ」の字形となる。」……「これにより、墳丘は完全に一個の独立した高塚として形成される。」(p.176)

一瀬氏はこの4手法を3段階にまとめている。つまり第1・2手法、第3手法、第4手法の3段階である。第1・2手法は墳丘の区画が周溝の溝主軸中軸線において設定され、上部平坦面の区画性を導き出す掘削手法であるとし、溝裾は明瞭でなかったとする。これに対して第3手法は断面が「コ」字・逆台形で、溝底面の平坦面を広くし墳丘底をも確実に形造ろうとしている、と第1・2手法との違いを示している。そして円形周溝墓がこの第3手法にかなった形態であるとする。このように、一瀬氏は「周溝の断面形」と「区画区域の計画線」の2つを視点に据えているが、その中心は墳丘裾の作り出しかたを中心とした方形周溝墓の造営視点「区画区域の計画線」の位置が分類の中心であった。

一瀬氏は以上のような視点から第1・2手法と第3手法には大きな違いが存在することを意識し、第1・2手法のものを「弥生区画墓」、第3手法のものを「弥生墳丘墓」と命名した。そして一瀬氏は「弥生区画墓」と「弥生墳丘墓」は方形周溝墓を周溝掘削方法の目的的差異から分類したものであるとし、方形周溝墓をさらに方形台状墓や「丘墓」などとともに弥生時代の墳丘を有する墓の一つとしている。

　次に一瀬氏は、方形周溝墓の掘削方法は中期に入ると2方向の特徴が顕著になるとして、"水平周溝掘削型"と"垂直周溝掘削型"の周溝掘削方法を提唱している。

　「一つは、土砂掘削が墳丘側から外方に向かって水平方向へと範囲が拡大される場合である。これは溝の深さが比較的浅く、墳丘側から離れるほど、より浅くなる。瓜生堂遺跡の中期方形周溝墓など大阪府河内平野沖積地にこの傾向は顕著であり、群内の溝間が重複することにより各方形周溝墓のそれぞれは独立した墳丘のイメージを与えることが多い。こうしたものを近畿型方形周溝墓と呼ぶ。(水平周溝掘削型)」(p.179)

　「もう一つは各側辺中央を中心として、より深く、垂直方向へと掘り進む場合である。四隅の掘削は非常にあまく、神奈川県横浜市歳勝土遺跡のようなもので、いわゆる四隅陸橋型と呼ばれるものに相当する。これを関東型方形周溝墓と呼ぶ。(垂直周溝掘削型)」(p.179)

この一瀬の論に対して伊藤敏行は、南関東地方の方形周溝墓が、あくまで「中心線は中央」(伊藤1992、p.8)で、「墳丘を形成することで方形周溝墓を形造るのではなく溝区画によって墓域をつくり、そこに若干の盛土が一体的にともなう」(p.8)もので、一瀬がいう方台部を重視したものは古墳時代の小数例に限られるとしている。さらに、一瀬の周溝墓の掘削手法に吟味を加え、畿内の方形周溝墓はあくまで「墳丘」を中心とするもので、南関東地方のものとは「当初より異なった"構築"理念が存在していたのではないか」(p.15)とする。

　伊藤の主張は、方形周溝墓の単一的な理解に対して、多様性を主張するもので、第Ⅱ部の第2章でみた様相と方向性は異なるが一致している。

一瀬、伊藤の論のなかでは周溝は地域差を具現するものとして扱われている。

　これらの多くの評価は、実は「周溝」そのもの、「区画」そのものに対する評価ではない。これまで述べられてきた「区画」に対する評価で問題にされているのは、「区画」そのものではなく、何か他の価値を分けるものという「区画」の「意味」である。何かが「区画」されていることについて述べてはいても、「区画」そのものについて、そのありよう、その働きについて述べているわけではない。意味を考えることができるのは、本来その後のはずである。この点から、石黒の論は周溝という分割があること、そのことが重要だと説いており、傾聴に値する。また、一瀬、伊藤の論は「周溝」を中心に置いており、結果として「地域差」を導き出しているが、姿勢としては高く評価できる。

　陸橋部がなく、平面形が全周するものが最も多い点は、周溝が「区画」であるという点から考えれば示唆的である。全周する形態は、周囲との完全な隔絶を志向するものと考えられる。一方、入西遺跡群等で見られる四隅切れのものは、一定の方向からの区画と考えることができる。全周であれ四隅切れであれ、いずれにせよ周囲への「区画」となっていることには変わりがない。したがって、周溝はそこに「ある」ことが重要で、幅や深さ等の多様な様相も「区画」という点から周溝をみた場合には共通する様相と考えることができる。

　「区画」により「内部」と「外部」が生じる。内外はあらかじめ用意されているのではなく、「区画」によって初めて内外となる。その前には内外の価値は問題となっていない。「区画」によって初めて、その「内部」あるいは「外部」に、「内部」であること、「外部」であることの価値が与えられると考えられる。ここでいう価値は、具体的な「高貴なもの」を意味するものではない。内外の価値が同一かどうかはわからないし、それが「高貴なもの」を志向するのかは定かでないからである。

　逆の意味で、陸橋部の存在は示唆的である。陸橋部は、「区画」された「内部」と「外部」が何らかの理由で接触する必要があることを示している。おそらくそれは、「外部」が「外部」であること、「内部」が「内部」であることと

密接に関係しているものと考えられる。内外の接触する場であることで、陸橋部は内外の「区画」と密接に関係している。

　施設の内最も一般的な施設である溝中土坑には、埋葬施設と考えられるもの、焼土や土器が伴い何らかの儀礼の施設と考えられるもの、掘り方の3者があることを既に述べたことがある（福田1991a）。いうまでもなく、埋葬施設は「死」に関わる行為の表示、施設は何らかの行為を表示している。施設そのものの性格は別として、ここでは施設が周溝に造られるという点をまず確認しておきたい。逆にいえば、周溝は施設を造られる場になっているのである。この点で「区画」である周溝と、施設である溝中土坑は関係がある。

　土器棺は例が少なく、第Ⅰ部でみた範囲では上尾市薬師耕地前遺跡3号、岡部町千光寺遺跡4号に認められるのみである。土器棺および土器棺墓については、坂口滋皓の詳細な研究（坂口1992・1993）がある。埼玉県内では、方形周溝墓に伴う先の2例以外には坂戸市附島遺跡等の4例が上げられるのみである。また、坂口によれば関東地方では、方台部の埋葬施設に土器棺が用いられる例は利根川上流域に限られており、中心埋葬施設となるような畿内地方とは異なるようである。方形周溝墓との関係では、方台部の埋葬施設となっている例も少なく、周溝内や方形周溝墓の群中に造られる場合が多い。このことは、関東地方では方形周溝墓と土器棺は、まったく別のものとされていた可能性を示す。

　このように、土器棺は一般的なものではなく、関東地方の方形周溝墓のなかでは特殊なもののようだが、その特殊性については先入観的評価を避けるため問題にしない。

　ここで考えたいのは、関東地方の方形周溝墓では、土器棺が方台部の肩の周溝の斜面や外周に接して、あるいは周溝内に造られる点である。このことは、坂口がいうように埋葬場所として方台部の中心にこだわらないという埋葬に対する姿勢を示すとともに、土器棺と埋葬施設としての溝中土坑とが同様の埋葬の「表示」であることを示している。

　ピットは方台部、周溝内で認められるが、明瞭に伴うと断言できるものはない。伊藤敏行は関東地方の方形周溝墓検出のピットについて、方台部、周溝中

いずれにも認められるが、大部分が不規則でさまざまな解釈が可能であることを指摘する（伊藤1996 a）。

　ピットは何かを立てるための施設だが、伊藤が指摘するようにさまざまな解釈が可能であるため、何を立てたのかについてはとりあえずここでは問題にせず、溝中土坑同様に方台部とともに周溝がピットを造られる場であるという点について確認しておきたい。ピットは何かを立てるものである。その立てられたものは立てたという「行為」を「表示」するとともに、結果として方形周溝墓を「表示」している。

　テラスについては、土坑に対応するもの、周溝に対応し外周に取りつくものの二者がある。前者を溝中土坑とのセットとして、後者を周溝とのセットと考えることができ、相互を補強するものである。

　段は深度の変換点である。そのため、陸橋部に近いものは入り口部からの「階段」と考えられている（伊藤1986）が、その有り様は多様で、一つの役割を考え難い。逆に掘り方とも考えられる不整なものがある点は、積極的な施設の可能性を疑わせるものである。施設として疑わしい段の存在は周溝が特別な何かではなく、「ただある」ということを示している。周溝は、溝がただあるだけなのである。逆に、陸橋部からの入り口と考えられるものは、伊藤氏がいうように周溝が立ち入られなければならない施設であるということを示すものである。このように段は、周溝の一般性と特殊性をよく表している。

　覆土の焼土・炭化物は、火を使用した痕跡である。覆土の上層から下層まで個々の周溝墓によって検出深度も異なり、また平面的な位置も多様である。とくに井沼方4～7号は底面が一面に焼土化しており、周溝内で直接火を焚いたと考えられる。このような多様な状況は、かつて述べたように方形周溝墓における火の使用の一般性を示すものである（福田1992）。私はこの火の機能として、民族学の成果から「境界的装置」と考えたが、経験的な意味づけを避けるため、その評価はとりあえず棚上げしたい。ここでは火が持つ視覚的な明瞭さのみを取り上げ、結果として何らかの「表示」になっていると考えたい。この「表示」は、いうまでもなく「方形周溝墓がここにある」という表示に結果とし

てなっている。その先鋭化した様態が、井沼方の例と考えられる。

　出土遺物のなかで最も多いのは土器だが、ここでは「何かを入れるための容器」という考え方を一度外したい。したがって、供献行為や共食儀礼という「意味」はとりあえず棚上げにする。ここで問題にしたいのは土器が置いてあること、そのものである。第Ⅰ部では出土土器の器種とともに、その出土状況についても概観した。その結果、大宮台地、江南台地、武蔵野台地、荒川低地ではコーナーや陸橋部わきから、比企、児玉地域、入西遺跡群では特定の周溝からの集中した出土がみられることが明らかになった。コーナーや陸橋部は、周溝を「区画」と考えるならば、「区画」がない部分である。陸橋部は明瞭な「区画」の隙間であり、コーナーは周溝２辺のどちらにも属さない部分である。このような状態は、陸橋部とコーナーに区画がないことを示している。この「ない」部分に土器がみられることは、「区画」があることを、そこには「ない区画」に替わって表示している。一方、特定の周溝からの土器の出土は、それとは異なる。この場合、問題になっていると考えられるのは、「辺」すなわち「一つの方向」である。その一つの方向への、方形周溝墓が「あること」、「区画」があることの表示が、特定の周溝からの土器の出土と考えられる。このように土器の出土は、方形周溝墓が「ある」、「区画」があることの表示と考えられる。

　また、底部穿孔壺についてもさまざまな「意味」が語られているが、「容器ではない容器」と考えれば、どのように考えられるだろうか。「容器ではない容器」には何も入れられない。この入れられないことは、逆に「容器」のように使用しないことこそ「使用」であるという転倒があったと考えられる。方形周溝墓には容器ではない容器が、ただ置いてあったと考えられる。ただ置いてあることにより、「方形周溝墓」が「ある」ことを表示しているのではないだろうか。

　このように、諸要素は「区画」である「周溝」と何らかの関係があり、「周溝」のなかで各々が「表示」されている。この点からいえば、方形周溝墓は表示の束である。「区画」の表示である周溝のなかにおける各々の要素は結果として、「周溝」を支えている。逆に「周溝」は、各々の要素がある「場」として各々の

要素を支えている。各々の要素もまた、周溝を支えることによって互いに関係している。「区画」である「周溝」と、各要素が互いに支え合っているのである。この「区画」によって「内外」も表示されている。

このように、「区画」の表示である周溝は、方形周溝墓の中で「場」として大きな役割を果たしている。

2.「区画」の内部の評価

「区画」によって初めて「区画」の内部と「外部」が生じる。このことは、「内部」が価値あるものとして最初からあるのではないことを示している。内部の価値は、あらかじめ備わっているのではなく、「区画」によって外部と内部が生まれることにより「価値」が生じるのである。いい方を変えれば、本来内部も外部もなく、「区画」が価値を生じさせているのである。ここでは、内部を「価値」があらかじめ与えられていないという視点から考えてみたい。

検討に入る前に、これまで「区画」の「内部」がどのように考えられてきたか確認する。

諸氏の「内部」に対する評価は、前項でみた各氏の何のために区画するかという目的を検討しているなかに現れている。

第1は死の空間の「区画」と考える立場で、私もこの立場から小文を出しているのは、先に述べたとおりである。

第2は一定の土地を「区画」するという立場で、占有する被葬者の共同体における優位性を論ずるものである。現在出されているほとんどの論文が、この立場に立っている。

後者は土地の所有を経験的意味から、社会構成史的モデルの一部として考えるものである。その是非について述べることが目的ではないのでここでは述べない。

本書では方形周溝墓が「墓」であることを第1に考え、周溝の内側に「死」があると考えたい。

3.「死」の隠蔽

　「死」については実にさまざまな分野から検討され、多くの見解が提出されている。ここで、そのすべてに触れることは到底かなわないし、それが目的でもない。

　共同体の内部からみた場合の「死」は回復不能な断絶であり、共同体の規則の外側にあるものである。この共通の規則を持たない「死」は、共同体の他者と考えることができる。

　この他者に対する共同体の態度は2通りと考えられる。一つはこの他者を「区画」する態度、もう一つは死者儀礼を行う態度である。前者は「区画」による排除を、後者は共通の規則を持つもののように装わせる行為を示すものと考えられる。

　ここで確認しておきたいのは死者儀礼は生きて残された者達のために、ただ行われているということである。どんなに手を尽くしたところで、この断絶は回復不能である。したがって死者儀礼は、残された者達のために、「死」によって生じた混乱を—断絶は回復されないので—自分達に実践できることで、結果として回復したように装わせる行為である。そこでは「死」は共同体と共通の規則を持つ「何か」に置き換えられると考えられる。第1・2章でみた各要素は「区画」と支え合う関係であると同時に、この死者儀礼とも支え合う関係と考えられ、多面的である。

　死は断絶であると述べたが、「区画」や「死者儀礼」を創り出しているようにもみえる。このことから、「死」が断絶のみではない多面的なものという見方も出てくるだろう。しかし、それは「死」との交換が生み出したものではない。「死」との関わりは、あくまで話す者と聞く者が同一であるような独白的なものである。「死」に働きかけるのは常に残された者の側のみである。死者儀礼は、自らの行為をまるで死者がみているかのようにみる儀礼で、ここには「死」そのものとの関わりはない。つまり、共同体は「死」に対して、まったく

独白的にならざるを得ないのである。多面的であるのは、「死」ではなく、残された者なのである。

　その意味で死者儀礼は、「死」の他者性の隠蔽とも考えられる。さらに「区画」は、この断絶－他者―の、独白的にならざるを得ない関係の隠蔽である。このように考えると「内部」にある死体に、あらかじめ何かが行われなければならない価値があるわけではないことがわかる。価値があるから何かをするわけではない。「区画」による「内部」にあることによって、価値が与えられるのである。

　方形周溝墓という場では、「死」という他者に対する排除と独白的な同化が同時に行われており、そこにある各要素は多面的なものになっている。多面的な各要素がある周溝も多面的な場と考えることができる。

　要素によって支えられ、要素を支える「区画」は、結果として他者である「死」との関係を隠蔽する「区画」となっている。方形周溝墓は、そのような「区画」があり、独白的な共同体の死者儀礼が行われる「墓」である。しかし、第Ⅰ部でみたように、このことを何か具体的な要素をもって条件づけることはできない。そのことは方形周溝墓（の多様な様態）を隠蔽することになるからである。

　「区画」の集合である方形周溝墓群は、この点からいえば「死」という他者を排除する集合と考えられるはずである。ところが、前章まででみたように、群在は新たな異なる規則を持っている。その規則は、「死」がもたらしたものではない。共同体の内部の規則によるものである。群在は区画された他者の集合のようにみえるが、共同体の規則による限り、他者である「死」の「区画」の集合ではない。区画された「死」の集合を、共同体の規則が適用可能な「群」に変容させているのである。別の意味で他者性が隠蔽されているのである。

　個々の方形周溝墓の「区画」による他者である「死」の排除、「死者儀礼」による独白的な同化、群在による共同体の規則が適用可能な集合への変容によって、方形周溝墓では多重の「死」の他者性の隠蔽が行われているのである。この意味で、「死」は共同体により内面化されている。

おわりに——方形周溝墓研究の可能性——

　本書では、方形周溝墓について、その定義を行おうという試みからはじまり、「型式」の模索、要素が複合した周溝の「区画」についての考察へと至った。内容的には、充分に記述できない部分も多かったが一定の問題提起はできたように思える。

　ここでは、最後に本書の内容をとりまとめ、今後の研究の方向性を示したい。

　第Ⅰ部では、方形周溝墓を認定する条件を見出すため、あるいは方形周溝墓を定義するために、良好な方形周溝墓の様相について概観し、その目的に沿ったある程度の目安を提示した。この目安は、第3章において方形周溝墓と「周溝を有する建物跡」が混在する大久保領家片町遺跡の遺構を、時期別にある程度分離することによって一定の有効性を示すことができた。

　しかし、その一方でそれらの目安が安定した条件にはなり得ないことが明らかになり、その作業をつづけることによって「決定不能」は免れないことが判明する。同時に方形周溝墓の多様な様相は、定義という単体系を前提とした目的そのものを否定するものであることが明らかになった。

　第Ⅱ部では、当初の目的が破綻するような方形周溝墓の様相を前提に、集成された方形周溝墓が「相似」することについて検討した。

　第1章1.では、その「相似」は、L・ウィトゲンシュタインがあげる「家族的類似性」に近い、複数方向的、非中心的、動的なものであり、同一化されない場所でさまざまな形で「交換」が行われることによって生み出される実践的なものであるとの認識を得た。

　第2章では、その認識を前提に方形周溝墓を検討する方法として、谷井彪や西井幸雄が用いる仮象としての「型式」を考えることができるのではないかとの予想をもとに、方形周溝墓の平面形、群構成の検討を行い、方形周溝墓の「型

式」を考え、検討することが、方形周溝墓の様相を考えるために有効であるという見通しを得た。

　第3章では、これとは別に要素が複合した周溝という「区画」について検討を行い、方形周溝墓において、共同体による多重の「死」の他者性の隠蔽が行われ、「死」が共同体に内面化されると考えた。

　本書は、方形周溝墓についての本であるはずなのに、方形周溝墓についてはとんど結論的な部分を持たず、問題ばかりを提出したにすぎない。

　例えば「型式」について、それが設定できる見通しを得たが、今後どのように「型式」を立てることができるかという点についてはほとんど未知数といってよい。

　方形周溝墓の多様な様態を多体系的な視点から考える一つの方向性として今後は、「型式」を設定し、その「型式」と「型式」の関係を検討することが考えられる。それだけでも膨大な仕事量になるであろう。また、そこから派生する問題も多岐にわたる。

　この「型式」を巡る問題は、方形周溝墓の問題のみにとどまらない。土器における「型式」、住居跡等の遺構の「型式」、その他のあらゆるものに関する「型式」群と、方形周溝墓の「型式」がどのような関係にあるのかが問題になる。小島敦子がいうように、当時の社会が墳墓のみで考えることができないことからも、この作業はどんなに時間がかかろうと、当時の社会における方形周溝墓の位置を考えるためには欠くことができない。

　同時に、方形周溝墓を構成する要素について、また要素が複合したものとして方形周溝墓を考える態度も求められる。その際には、現在われわれに示されている物質的な情報を判断・評価するのはわれわれであるという認識を忘れてはならないだろう。「当時の人々」における「意味」そのものを、われわれが考えることはできないのである。

　このように列記するだけでも課題は尽きず、加えて序章であげた山岸の示す課題も併せれば、方形周溝墓をめぐる研究に巨大な可能性があるのがわかる。

　しかし、そこに示される問題も数多く、楽観はできない。

現在、考古学における研究、とくに弥生時代以降の研究は単体系的検討方法が主流である。その意味で、谷井等の研究は独自の位置を占めている。単体系的な検討（例えば権力や階層の形成を問題とするような）の隆盛は今更いうまでもない。いたずらに、それを否定するつもりはないが、その結果として考古学が本来考えねばならない問題が閑却されているような気がしてならない。
　また、豊富な民族例を駆使して過去を復元しよう、あるいは創造しようとする風潮があるが、物語ではない「歴史」を考えるのであれば、私はいままでの自分に対する反省をこめて、そうしたものによりかかりたくはない。
　本来考古学が行わねばならないのは、本書におけるような最も貧しい方法ではないのだろうか。このような方法を経て、初めて冒頭の問い「方形周溝墓とは何か」、過去の社会で方形周溝墓とはどのようなものであったかを考えることができるのではないだろうか。本書はそのための私の最初の試みである。方形周溝墓の多体系的理解を志す私の試みは本書からはじまる。

〔註〕
1）現在弥生時代と古墳時代の時代区分については、混沌とした状況がある。定型的な前方後円墳の嚆矢といわれ、最近では布留0式とされている箸墓古墳の時期をもって古墳時代の開始とする説、あるいは庄内式といわれる纒向遺跡群の3大墳丘墓－古墳の成立をもって古墳時代とする説。あるいは大々的に土器の交流が活発になる庄内式をもって古墳時代とする説等々さまざまである。しかし箸墓古墳については橿原考古学研究所による相次ぐ大和古墳群の調査によって安定的な地位を失いつつあるし、纒向遺跡群の3大墓も古墳とするか墳丘墓とするか意見の分かれるところである。また、庄内式や布留式の成立についても一枚岩ではない。私にはこれらの問題についての私見は現在のところないし、本書はそのことを云々するものでもない。したがって、本書ではこれらの時期を弥生－古墳時代の移行期のような立場で扱い、具体的な時期の標記は報告書の記述か、ここで示す編年の時期によって示すにとどめたい。
2）現在、村田健二、石坂俊郎、書上元博、佐藤康二とともに、環濠集落の研究を行っている。そのなかで、遺構間連鎖にもとづく当該期の土器編年を行う予定である。
3）下道添遺跡では細片まで全て実測されており、他遺跡よりも多めの数値が出ていると思われる。
4）下道添遺跡では比率が低いが、註3の影響の可能性もある。
5）川島町史編さん係で1997年調査。現在整理中。担当者の金子直行氏のご厚意により、私も一部を担当させていただいている。ここでは、方形周溝墓という立場をとるが、複雑な重複が見られることから、「周溝を有する建物跡」との混在の可能性もある。
6）同様の掘り込みは荒川低地鴨川右岸の外東遺跡でも認められる。
7）考古学の研究でこの問題について正面から取り組んでいるものとして、鈴木正博の一連の研究がある。例えば鈴木は、近著「「十王台式から観た南関東弥生式（序説）」（鈴木1999）のなかで、自身の十王台式の研究方法から「宮ノ台式」を検討するために、その前提として「縁辺文化」概念の定義について触れ、とくに「変遷構造」＝『流れ』の違いが、「「土器型式」における「相同」/「相似」の判定指標」になるとして次のように述べている。

　即ち、「『流れ』の型式学」によって「変遷：X」と「変遷：Y」の関係には二者があり、それによって「相同」/「相似」の判定が行われるのである。
- 「変遷：X」＝「変遷：Y」の場合：「Y（f（A））系列」は「X（A）式土器」の変容と見做しても良く、「相同」の関係となる。
- 「変遷：X」≠「変遷：Y」の場合：「Y（f（A））系列」は「X（A）式土器」からの変容ではなく、在地の独自の系列と考えられ、「相似」の関係となる（鈴木1999、p.23）。

このような視点が土器を検討する際の一つの考え方であるのは、鈴木のこれまでの仕

事のなかに示されている。しかし、それをもってただちに、このような「鈴木」の視点に依拠してしまって良いかは別問題である。その前提として、やはり方形周溝墓の各資料の検討を尽くしたい。鈴木の視点を方形周溝墓研究に生かせるかは、その後に改めて考えることにしたい。
8) セミ・ラティスについての記述は、市川1978、柄谷1983における紹介をもとに行う。
9) ここで多少回り道となるが、人文科学と数学の関係を見ておくことにする。というのも、これまで述べてきたような「中心」「根」の存在があまりにも当たり前に前提にされていると思えるからである。今更いうまでもないが、現代の人文科学は数学をその基底、拠り所とするものが多い。

例えば「0記号」のような、そこにない何かが全体の構造を支えていると考える構造主義は、代数的構造によって基礎づけられた音韻論に多大な影響を受けている。実際レヴィストロースが、代数的構造を見出したブルバギのリーダーであるアンドレ・ヴェイユの協力を得たのはよく知られている。構造主義の有名な方法に、「多変項分類表」があるが、これは市川がいうように「適切な分類軸を選ぶことにより、直観的にはあいまいな現象のうちに、かくされた明確な構造をみいだそうとする試み」であり、「分類の軸が概念的に固定され、保存されることによって可能となる」（市川1978、p.135・p.136）。だが、この「固定」は共時的均衡な静的状態においてのみ可能であり、不均衡で動的な状態が維持される場合には適用できない。これは、実際の資料が持つ不均衡で動的な状態のある部分を排除することによってのみ可能となる。こうして見出される構造は、「適切な分類軸」を中心とする、実際の多様性を極端に「単純化」した、あり得ない「均衡」なものになっている。これは、どんなに複雑さを装おうと、中心化を志向する限り「ツリー」へと向かわざるを得ない。その構造は、多様性を隠蔽することによってのみ、存立可能なのである。

もとより、われわれが何かを認識する際に、それを「二項対立」や「ツリー」、「セミ・ラティス」に置き換えて考えるのが最も簡便であり、もしそうしないならば生活を決定不能に追いやってしまうだろう。従って、ただそれらを排除すればいいというわけにはいかない。しかし、実際に行われている生活は、ニーチェがいうような巨大な多様性を持つものである。この齟齬について、常に意識する必要があることが肝要と思えるのである。

構造主義のような数学に基づいた理解は、一見具体的な資料を超えた「普遍的」な「法則」や「体系」を提供するように思われる。しかし、数学を基礎に持つことが、本当にその構造が普遍的であることを保証するものなのだろうか。

レヴィ＝ストロースが音韻論が、「精神の無意識的活動の産物」である関係の「客観的な」体系である「言語」を見出したと信じて、「社会生活のさまざまな形態がどれも実質的に同一の性質をもつ行動の体系であり、そのそれぞれが精神の無意識的活動を

支配する普遍的法則の、意識的・社会的思考の面への投影である」(レヴィ・ストロース1972、p.65) と考えるならば、柄谷がいうように、その「無意識的な下部構造」が前提されているのを見逃すことはできない。レヴィストロースはその「下部構造」を、「経験的な事実との合致」や「進化によって形成された遺伝的プログラム」によって保証しようとするが、その「構造」の存在そのものについては問わない。それは、前提であって、問われるものではないのである。いや、むしろ「問う」ことを禁止しているように思える。

　数学的な基礎付けを持つ諸学説は、このようなある前提をもとにし、しかもその前提そのものを問うことはない。

　私はだからといって、それらの諸学説を即座に破棄すべきものだというつもりはない。問題はむしろ、そのような前提を持つにもかかわらず、それを自覚しない。あるいはそれを隠蔽して、唯一の「正当性」を主張し「科学的」だと唱える態度である。問われなければならないのは、その前提であるにもかかわらず。

10) ここでいうⅡ期は、弥生時代中期後半、具体的には宮ノ台式とその併行期を指す。同様にⅢ期は弥生時代後期、Ⅳ期は弥生時代終末から古墳時代初頭、Ⅴ期は古墳時代前期、Ⅵ期は古墳時代中期を指す。以下で、伊藤の文献を引用した場合の「－期」は、この時期を指している。

11) 以下の記述において使用する伊藤の平面形態分類は下図のとおりである。

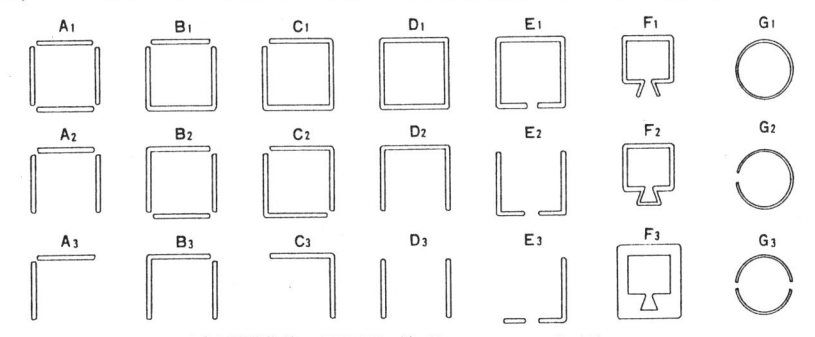

方形周溝墓の平面形（伊藤1996ｂより転載）

12) ただし、段丘上ではあるが、平塚遺跡の１号円形周溝墓の方台部ほぼ中央には同時期の２号住居跡が位置しており、陸橋部の方向と軸方向こそ違うものの、周溝を有する住居跡群である可能性もある。

参考・引用文献 (著者名50音順)

（　）内は、原典の初版年を示す。

会田明ほか：『富士見市文化財報告ⅩⅢ』富士見市教育委員会　1977
赤石光資：『薬師耕地前遺跡』上尾市文化財調査報告第4集　上尾市教育委員会　1978
赤石光資：『殿山古墳・殿山遺跡』上尾市文化財調査報告第6集　上尾市教育委員会　1979
新井　端：『江南村内遺跡群Ⅰ』江南村教育委員会　1984
新屋雅明・福田聖：『上ノ宮遺跡』埼玉県埋蔵文化財調査事業団報告書第252集　(財)埼玉県埋蔵文化財調査事業団　1999
飯島義雄：「古墳時代前期における『周溝をもつ建物』の意義」『群馬県立歴史博物館紀要第19号』pp.65～78　群馬県立歴史博物館　1998
飯田充晴・粕谷吉一：「Ⅲ宮前遺跡の調査」『柳瀬川流域遺跡群（Ⅳ）』pp.6～27　所沢市文化財調査報告書第18集　所沢市教育委員会　1986
岩松　保：「墓地の中の集団構成（前編）－近畿地方の分析を通じて－」『京都府埋蔵文化財情報第44号』pp.14～24　(財)京都府埋蔵文化財調査研究センター　1992
岩松　保：「墓地の中の集団構成（後編）－近畿地方の分析を通じて－」『京都府埋蔵文化財情報第44号』pp.1～15　(財)京都府埋蔵文化財調査研究センター　1992
石坂俊郎ほか：『土器が語る―関東古墳時代の黎明―』　古墳時代土器研究会　第一法規　1997
石黒立人：「伊勢湾周辺における方形周溝墓出現期の様相」『マージナルNo.7』pp.55～65　愛知考古学談話会　1987
伊丹　徹：「相模の方形周溝墓を取り巻く諸問題」『東海大学校地内遺跡調査団報告3』pp.86～91　東海大学校地内遺跡調査団・東海大学校地内遺跡調査委員会　1992
市川　浩：「〈身〉の構造」『講座・現代の哲学②人称的世界』pp.105～175　弘文堂　1978
市川　浩：「分離的直観と癒合的直観」『比較哲学方法論の研究－心源の研究－』pp.223～239　東京書籍　1980
市川　浩：『〈身〉の構造―身体論を超えて－』青土社　1985
一瀬和夫：「墳丘墓」『原始・古代日本の墓制』pp.161～187　同成社　1991
出縄康行・冨沢一明：「大里村船木遺跡の調査」『第25回遺跡発掘調査報告会発表要旨』pp.10・11　埼玉考古学会　1992
伊藤敏行：「東京湾西岸流域における方形周溝墓の研究Ⅰ」『研究論集Ⅳ』pp.43～89　(財)東京都埋蔵文化財センター　1986

参考・引用文献　199

伊藤敏行：「東京湾西岸流域における方形周溝墓の研究Ⅱ」『研究論集Ⅵ』pp.1～69　㈶東京都埋蔵文化財センター　1988
伊藤敏行：「方形周溝墓構築手法の検討」『学芸研究紀要第9集』pp.1～20　東京都教育委員会　1992
伊藤敏行：「方形周溝墓の「拡張」」『学芸研究紀要第10集』pp.15～28　東京都教育委員会　1993
伊藤敏行：「群構成論」『関東の方形周溝墓』pp.331～347　同成社　1996a
伊藤敏行：「個別形態論」『関東の方形周溝墓』pp.365～376　同成社　1996b
今橋浩一ほか：『針ケ谷北通遺跡発掘調査報告書』埼玉県遺跡調査会報告第26集　埼玉県遺跡調査会　1975
植木弘・植木智子：『行司免遺跡－遺構図版編－』嵐山町遺跡調査会報告3　嵐山町遺跡調査会　1987
植木弘・植木智子：『行司免遺跡－本文編－』嵐山町遺跡調査会報告4　嵐山町遺跡調査会　1988
植木弘・植木智子：『行司免遺跡－遺物図版編－』嵐山町遺跡調査会報告5　嵐山町遺跡調査会　1988
岡本幸男：「美里村志渡川遺跡群の調査」『第15回遺跡発掘調査報告会』pp.18・19　埼玉考古学会　1982
大谷徹：『小村田西／小村田／関東』埼玉県埋蔵文化財調査事業団報告書第229集　㈶埼玉県埋蔵文化財調査事業団　1998
大塚初重・井上裕弘：「方形周溝墓の研究」『駿台史学第24号』1969（『駿台考古学論集』pp.266～337に再録、本書はそれによる）
大宮市：『大宮市史第1巻考古編』1968
大村直：『神谷原Ⅰ』八王子市椚田遺跡調査会　1981
大屋道則：「方形周溝墓観察の一視点（1）」『研究紀要第8号』pp.1～8　㈶埼玉県埋蔵文化財調査事業団　1991
尾形則敏：『志木市遺跡群Ⅱ』志木市の文化財第14集　志木市教育委員会　1990
奥村恭史・秦野昌明：『中里前原北遺跡・上太寺遺跡』与野市文化財調査報告書第13集　与野市教育委員会　1989
及川良彦：「関東地方の低地遺跡の再検討－弥生時代から古墳時代前半の「周溝を有する建物跡」を中心に－」『青山考古第15号』pp.1～34　青山考古学会　1998
及川良彦：「関東地方の低地遺跡の再検討（2）－「周溝を有する建物跡」と方形周溝墓および今後の集落研究への展望－」『青山考古第16号』pp.35～66　青山考古学会　1999
小倉均：『井沼方遺跡（第8次）発掘調査報告書』浦和市遺跡調査会報告59集　浦和市遺跡調査会　1987
書上元博：『稲荷台遺跡』埼玉県埋蔵文化財調査事業団報告書第139集　㈶埼玉県埋蔵

文化財調査事業団　1994
柿沼幹夫・書上元博：「神川村前組羽根倉遺跡の研究」『紀要12』pp.1～162　埼玉県立博物館　1985
柿沼幹夫・小久保徹：『下田・諏訪』埼玉県遺跡発掘調査報告書第21集　埼玉県教育委員会　1979
柿沼幹夫：「北関東①埼玉県」『関東の方形周溝墓』pp.247～318　同成社　1996
粕谷吉一・千葉裕之：『第53次・54次調査　東の上遺跡』所沢市埋蔵文化財調査報告書第3集　所沢市教育委員会　1995
柄谷行人：『隠喩としての建築』講談社　1983
柄谷行人：『内省と遡行』講談社学術文庫826　講談社　1988（1985）
柄谷行人：『探求Ⅰ』講談社学術文庫1015　講談社　1992（1987）
柄谷行人：『探求Ⅱ』講談社学術文庫1120　講談社　1994（1989）
君島勝秀：『外東／神田天神後／大久保条里』埼玉県埋蔵文化財調査事業団報告書第206集　㈶埼玉県埋蔵文化財調査事業団　1999
木村俊彦：「滑川町新井・打越遺跡の調査」『第19回遺跡発掘調査報告会発表要旨』pp.14・15　埼玉考古学会　1986
クリフォード・アレグザンダー：「都市はツリーではない」『デザイン1967年7・8月号』（原典未見）　1967（1966）
クロード・レヴィ・ストロース：「言葉と親族」『構造人類学』pp.35～90　みすず書房　1972（1958）
恋河内昭彦：『塩谷下大塚遺跡』児玉町文化財調査報告第11集　児玉町教育委員会　1990
小出輝雄：『富士見市中央遺跡群Ⅰ』文化財報告第15集　富士見市教育委員会　1978
小出輝雄：『富士見市遺跡群Ⅶ』文化財報告第39集　富士見市教育委員会　1989
合田芳正・及川良彦・池田治：『海老名本郷Ⅹ』　本郷遺跡調査団　1995
江南町：『江南町史資料編1　考古』1995
小久貫隆史ほか：『千原台ニュータウンⅠ』㈶千葉県文化財センター　1980
小久貫隆史ほか：『千原台ニュータウンⅡ』㈶千葉県文化財センター　1983
小島敦子：「群馬県の方形周溝墓－群在のパターン分析を通して－」『荒砥北原遺跡・今井神社古墳群・荒砥青柳遺跡』pp.94～102　群馬県埋蔵文化財調査事業団　1986
小島清一：『鍛冶谷・新田口遺跡Ⅴ』戸田市遺跡調査会報告第2集　戸田市遺跡調査会　1990
小島清一：『鍛冶谷・新田口遺跡Ⅵ』戸田市遺跡調査会報告書第4集　戸田市遺跡調査会　1994
小林克利・及川良彦・池田治：『海老名本郷ⅩⅡ』　本郷遺跡調査団　1994
小林清隆：『市原市草刈貝塚』千葉県文化財センター調査報告第171集　㈶千葉県文化財センター　1990

駒宮史朗・山川守男ほか：『万吉下原遺跡』埼玉県埋蔵文化財調査報告第18集　埼玉県教育委員会　1991

近藤英夫：「方形周溝墓雑考」『西相模考古第1号』pp.42〜45　西相模考古学研究会　1992

坂口滋皓：「東日本弥生墓制における土器棺墓（1）―研究史の再検討を中心として―」『神奈川考古第27号』pp.71〜100　神奈川考古同人会　1991

坂口滋皓：「東日本弥生墓制における土器棺墓（2）―関東地方の様相を中心として―」『神奈川考古第28号』pp.1〜41　神奈川考古同人会　1992

さきたま資料館：『埼玉県古墳詳細分布調査報告書』　埼玉県教育委員会　1994

佐々木彰ほか：『舎人遺跡』　足立区伊興遺跡調査会　1996

佐々木保俊：『志木市遺跡群Ⅲ』志木市の文化財第16集　志木市教育委員会　1991

佐々木保俊：『西原大塚の遺跡』志木市遺跡調査会　1998

笹森紀巳子：「篠山遺跡」『中里遺跡・篠山遺跡』大宮市遺跡調査会報告別冊4　大宮市遺跡調査会　1988

笹森健一：『埋蔵文化財の調査（Ⅴ）』郷土史料第29集　上福岡市教育委員会　1983

笹森健一：『埋蔵文化財の調査（Ⅵ）』郷土史料第30集　上福岡市教育委員会　1984

笹森健一：『埋蔵文化財の調査（Ⅷ）』郷土史料第32集　上福岡市教育委員会　1986

佐藤徹郎：「構造と形式」『岩波講座現代思考5　構造論革命』pp.35〜59　岩波書店　1993

佐藤好司：『諏訪遺跡・久城前遺跡（B地点）発掘調査報告書』本庄市埋蔵文化財調査報告第15集　本庄市教育委員会　1989

実川順一・小林重義・小田静夫ほか：『伊興遺跡』足立区伊興遺跡調査会・足立区教育委員会　1992

塩野博・伊藤和彦：『鍛冶谷・新田口遺跡』戸田市文化財調査報告Ⅱ　戸田市教育委員会　1968

塩野博・伊藤和彦：『南原遺跡第2・3次発掘調査概要』　戸田市文化財調査報告Ⅴ　戸田市教育委員会　1972

斯波治：『新開遺跡第3地点発掘調査報告書』　新座市遺跡調査会　1989

嶋村一志・長瀬出：『豊島馬場遺跡』北区埋蔵文化財調査報告25集　東京都北区教育委員会　1999

白井久美子：「《研究ノート》市原市草刈遺跡の方墳群」『研究連絡誌第22号』　pp.9〜16　㈶千葉県文化財センター　1989

ジル・ドゥルーズ、フェリックス・ガタリ：「序－リゾーム」『千のプラトー』pp.15〜39　河出書房新社　1994（1980）

杉崎茂樹：『中耕遺跡』埼玉県埋蔵文化財調査事業団報告書第125集　㈶埼玉県埋蔵文化財調査事業団　1993

鈴木孝之：『蜻蛉遺跡』埼玉県埋蔵文化財調査事業団報告書第53集　㈶埼玉県埋蔵文化財調査事業団　1985

鈴木正博：「「十王台式」研究法から観た南関東弥生式（序説）―「縄文原体論」と「施文帯」による「宮ノ台式縁辺文化」への接近―」『茨城県考古学協会誌第11号』pp.21～46　茨城県考古学協会　1999

大護八郎・柳田敏司：「弥生時代縦穴住居跡発掘及び復元報告書」『埼玉文化月報56号』埼玉県立文化館　1952

田尾政敏：「王子ノ台遺跡の方形周溝墓」『東海大学校地内遺跡調査団報告3』pp.92～102　東海大学校地内遺跡調査委員会・東海大学校地内遺跡調査団　1992

高田博ほか：『千原台ニュータウンⅢ』㈶千葉県文化財センター　1986

高橋　敦：『針ケ谷遺跡群』富士見市遺跡調査会調査報告第27集　富士見市遺跡調査会　1987

高橋康男：『草刈遺跡』市原市文化財センター　1985

高山清司：『本村Ⅳ遺跡発掘調査報告書』浦和市遺跡調査会報告書第52集　浦和市遺跡調査会　1985

瀧瀬芳之・中村倉司：『東川端遺跡』埼玉県埋蔵文化財調査事業団報告書第94集　㈶埼玉県埋蔵文化財調査事業団　1990

田中新史：「出現期古墳の理解と展望―東国神門古墳群の調査と関連して―」『古代第77号』pp.1～53　早稲田大学考古学会　1984

田中正夫：『小沼耕地遺跡』埼玉県埋蔵文化財調査事業団報告書第100集　㈶埼玉県埋蔵文化財調査事業団　1991

谷井彪・細田勝：「水窪遺跡の研究―加曽利E式土器の編年と曽利式の関係からみた地域性―」『研究紀要第13号』pp.13～67　㈶埼玉県埋蔵文化財調査事業団　1997

田部井功・金子真土：『鴻池・武良内・高畑』埼玉県遺跡発掘調査報告書第11集　埼玉県教育委員会　1977

常木晃：「王子ノ台遺跡―1989年度の調査―」『東海大学校地内遺跡調査団報告1』pp.53～78　東海大学校地内遺跡調査委員会・東海大学校地内遺跡調査団　1990

照林敏郎：「朝霞市向山遺跡の調査」『第28回遺跡発掘調査報告会発表要旨』pp.14・15　埼玉考古学会　1995

遠山啓：『無限と連続』岩波新書G3　岩波書店　1952

利根川章彦：「前方後方形墓・方形墓群の構成―いわゆる「飛躍しえない被葬者層の行方―」『紀要―22』pp.1～34埼玉県立博物館　1997

富田和夫：『稲荷前遺跡（B・C区）』埼玉県埋蔵文化財調査事業団報告書第145集　㈶埼玉県埋蔵文化財調査事業団　1994

中島広顕・小林高・小林理恵：『豊島馬場遺跡』北区埋蔵文化財調査報告16集　東京都北区教育委員会　1995

新 座 市：『新座市史第5巻　通史編』　1987
西井幸雄：「Ⅵ．結語」『栗屋・屋渕・中台』pp.48～60　埼玉県埋蔵文化財調査事業団報告書第171集　㈶埼玉県埋蔵文化財調査事業団　1996
西口正純：『鍛冶谷・新田口遺跡』埼玉県埋蔵文化財調査事業団報告書第62集　㈶埼玉県埋蔵文化財調査事業団　1986
西口正純：『王子台遺跡』（弥生時代編）　東海大学考古学研究会　1988
野矢茂樹：『無限論の教室』講談社現代新書1420　講談社　1998
長谷川渉・本山洋子：『平塚遺跡』八王子市平塚遺跡発掘調査団　1993
巾　隆之：『下郷』　群馬県教育委員会　1980
浜野一重ほか：『向原・上新田・西浦』埼玉県埋蔵文化財調査事業団報告書第41集　㈶埼玉県埋蔵文化財調査事業団　1984
原　章二：『《類似》の哲学』筑摩書房　1996
坂野和信：『下道添遺跡』埼玉県埋蔵文化財調査事業団報告書第67集　㈶埼玉県埋蔵文化財調査事業団　1987
福田　聖：『南町Ⅰ遺跡』戸田市遺跡調査会報告書第１集　戸田市遺跡調査会　1987
福田　聖：「方形周溝墓と境界」『戸田市史研究第8号』pp.1～21　戸田市立郷土博物館　1990
福田　聖：「溝中土坑小考」『研究紀要第8号』pp.9～36　㈶埼玉県埋蔵文化財調査事業団　1991 a
福田　聖：「方形周溝墓と儀礼」『埼玉考古学論集』pp.555～568　㈶埼玉県埋蔵文化財調査事業団　1991 b
福田　聖：「方形周溝墓と火」『戸田市史研究第９号』pp.32～60　戸田市立郷土博物館　1992
福田　聖：「方形周溝墓と土器Ⅰ」『研究紀要第11号』pp.1～54　㈶埼玉県埋蔵文化財調査事業団　1994
福田　聖：「方形周溝墓の死者儀礼」『関東の方形周溝墓』pp.395～412　同成社　1996
福田　聖：「埼玉県における低地の周溝墓と建物跡（1）―周溝墓とは何かを探るための試み―」『埼玉考古第34号』pp.31～54　埼玉考古学会　1999 a
福田　聖：「埼玉県における低地の周溝墓と建物跡（2）―周溝墓とは何かを探るための試み―」『研究紀要第15号』pp.35～72　㈶埼玉県埋蔵文化財調査事業団　1999 b
福田　聖：「埼玉県における低地の周溝墓と建物跡（3）―周溝墓とは何かを探るための試み―」『土曜考古第23号』pp.59～80　土曜考古学研究会　1999 c
富士見市：『富士見市史　資料編２　考古』　1986
藤沢真依：「近畿地方の方形周溝墓―その基本形と展開―」『文化史論叢（上）』横田健一先生古稀記念会　1987
本 庄 市：『本庄市史　資料編』　1976

前田清彦:「方形周溝墓平面形態考」『古代文化43巻8号』pp.25～37　古代学協会　1991
増田逸郎・市川修:『千光寺』埼玉県遺跡調査会報告第27集　埼玉県遺跡調査会　1975
増田逸郎・小久保徹:『塚本山古墳群』埼玉県遺跡発掘調査報告書第10集　埼玉県教育委員会　1977
増田逸郎・駒宮史朗:『雷電下・飯玉東』埼玉県遺跡発掘調査報告書第9集　埼玉県教育委員会　1979
増田逸郎:『清水谷・安光寺・北坂』埼玉県埋蔵文化財調査事業団報告書第1集　(財)埼玉県埋蔵文化財調査事業団　1981
増田一裕:『諏訪・久城前・久城往来北遺跡発掘調査報告書』本庄市埋蔵文化財調査報告第17集　本庄市教育委員会　1990
松井一明:「静岡県における中期方形周溝墓の出現過程について」『宇佐八幡境内遺跡』pp.28～39　袋井市教育委員会　1992
美里町:『美里町史　通史編』　1986
宮島秀夫:「銅釧・鉄剣出土の方形周溝墓　観音寺遺跡4号方形周溝墓」『比企丘陵創刊号』pp.75～85　比企丘陵文化研究会　1995
宮塚義人:『上之手八王子遺跡』　玉村町教育委員会　1991
村田健二:『古凍根岸裏遺跡』埼玉県埋蔵文化財調査事業団報告書第37集　(財)埼玉県埋蔵文化財調査事業団　1981
村田健二:『広面遺跡』埼玉県埋蔵文化財調査事業団報告書第89集　(財)埼玉県埋蔵文化財調査事業団　1990
栁田博之・山田尚友・加藤かな子:『上大久保新田遺跡発掘調査報告書』浦和市遺跡調査会報告書第86集　浦和市遺跡調査会　1987
栁田博之:『大久保領家片町遺跡発掘調査報告書(第4地点)』浦和市遺跡調査会報告書第199集　浦和市遺跡調査会　1995
栁田博之:『大久保領家片町遺跡発掘調査報告書(第5地点)』　浦和市遺跡調査会報告書第215集　浦和市遺跡調査会　1996
栁田博之・小倉均:『井沼方遺跡発掘調査報告書(第12次)』　浦和市遺跡調査会報告書第185集　浦和市遺跡調査会　1994
山川守男・福田聖・坂本和俊:「埼玉県の方形周溝墓」『関東の方形周溝墓』P97～119　同成社　1996
山川守男・福田聖・石坂俊郎:「北武蔵における土器群の画期と交流」『庄内土器研究XVIII』pp.38～53　庄内土器研究会　1998
山岸良二:『方形周溝墓』　ニューサイエンス社　1981
山岸良二:「穿孔土器論素描―南関東「周溝墓」出土例を中心に―」『史館第21号』pp.109～122　史館同人　1989
山岸良二:「第2節　方形周溝墓」『原始・古代日本の墓制』pp.120～146　同成社　1990

山岸良二：「第4部　方形周溝墓における今後の課題　関東の「古墳」と「方形周溝墓」
　　―その接点を探る―」『関東の方形周溝墓』pp.413～426　同成社　1996
山岸良二（編）：『関東の方形周溝墓』　同成社　1996
山崎武・河村いえ子・佐々木史郎：『舟渡遺跡第2地点発掘調査報告書調査報告書』板
　　橋区遺跡調査会・舟渡一丁目19番遺跡調査団　1998
山田尚友：『本村Ⅷ遺跡発掘調査報告書』浦和市遺跡調査会報告書第125集　浦和市遺跡
　　調査会　1990
山田尚友：『上大久保新田遺跡発掘調査報告書（第2次）』　浦和市遺跡調査会報告書第
　　175集　浦和市遺跡調査会　1994
山田尚友：『下大久保新田遺跡発掘調査報告書（第1次）』　浦和市遺跡調査会報告書第
　　176集　浦和市遺跡調査会　1994
山田尚友・近藤行仁・岩井昭子：『大久保領家片町遺跡発掘調査報告書（第8地点）』
　　浦和市遺跡調査会報告書第205集　浦和市遺跡調査会　1996
横川好富：「埼玉県の古式土師器」『埼玉県史研究第10号』pp.1～18　埼玉県　1982
ルードウィヒ・ウィトゲンシュタイン：『哲学探究』ウィトゲンシュタイン全集8　大
　　修館書店　1976（1953）
吉田　稔：『小敷田遺跡』埼玉県埋蔵文化財調査事業団報告書第95集　㈶埼玉県埋蔵
　　文化財調査事業団　1991

あ と が き

　本書は、及川良彦、飯島義雄両氏の指摘を発端に、冒頭で述べた問い、方形周溝墓とはいかなるものであるかを考えるために稿を起こしたものである。序章2の一部に山川守男氏、石坂俊郎氏との共著「北武蔵における土器群の画期と交流」の私の書いた部分を用い、第Ⅰ部に「埼玉県における低地の周溝墓と建物跡」に一部を加え再構成した。それ以外の部分は書き下ろしである。
　本書は方形周溝墓という資料に対する、前提を排した問い直しである。したがって、本書のみで固定的な結論を出そうというものではない。その根底には、私が常々感じていた疑問、とくに弥生時代以後の「物語」を志向する考古学への疑問がある。自明なことなど何一つない。そういう思いを込めて、「方形周溝墓の再発見」というタイトルを本書につけた。「発見」するのは、われわれなのである。読者諸氏が考古学の今後の方向性を探る契機の一つにでもなれば、私にとってそれ以上の喜びはない。
　本書では冒頭で述べたようなこれまでの先入観的な意味づけを排除するため、「外部」性を保って検討することに留意した。しかし、私のなかでは外部性と意味に代表される内部性が常に葛藤していた。それが随所に現れ、その点では一貫性を欠くと自覚している。
　また、本書を読まれて私がこれまで書いてきたものとのあまりの違いに腹立たしさを感じている方もいるだろう。その批判は甘んじて受けたい。その意味では、本書は私の姿勢の転回ともいえるものである。これまで書いてきたものについては別にまとめ、今後のために自ら批評したいと考えている。
　いずれにせよ本書での検討方法、すべてはここからはじめたい。
　及川氏から抜刷をいただいてから2年近くになる。その間苦しくもあったが、私にとって初めての方形周溝墓に関する検討である「方形周溝墓と境界」以来、

久しぶりに楽しく書き進めることができた。それは、本書が私にとってまったく新しい試みであるからだろう。この楽しさがつづくよう努力したい。

　本書をまとめるまでには、実に多くの方々にお世話になった。本書を執筆している間、大学での指導教官であった菊池徹夫先生から折に触れ激励していただき、それが大きな心の糧になった。また同成社の山脇氏には出版を承諾いただき多くのアドバイスをいただいた。何とか本書を形にできたのは、菊地先生と山脇氏のお蔭である。まずお二方にお礼申し上げたい。

　このお二方に加え、学生時代より今に至るまで懇切にご指導いただいた埼玉県埋蔵文化財調査事業団の諸氏にも大変お世話になった。とくに本書を執筆した1998年から2000年にかけて、私は2004年の第59回国民体育大会の会場となる熊谷市の北島遺跡の調査を担当し、現在も担当している。一緒に調査を担当した今井宏、小野美代子、利根川章彦、宮井英一、富田和夫、鈴木孝之、細田勝、赤熊浩一、黒坂禎二、新屋雅明、吉田稔、村田章人、大谷徹、田中広明、山本靖、石井伸明、岩田明広の各氏には多大なご迷惑をおかけしたのではないかと感じている。厚くお礼申し上げるとともにお詫びしたい。

　また、及川氏の論文を発端に伊丹徹氏、伊藤敏行氏、及川氏らとともに立ち上げた方形周溝墓研究会の諸兄、飯島義雄、杉崎茂樹、松井一明、青木一男、立花実、酒巻忠史、池田治、小泉範明、長瀬出の各氏には多くの示唆と刺激を受けた。

　このほかにも実に多くの方々に直接、間接にお世話になった。また、本書を執筆している間に次男優が生まれ、ますますにぎやかになった家族、妻恵子と長男誠の支えも忘れられない。以上の方々に、衷心より感謝申し上げる次第である。

　最後に、私の最初の本である本書を、常に私を見守り支援してくれた両親と武井宏氏に捧げたいと思う。

　　　2000年4月　　　　　　　　桜が満開となった夜に、上尾にて

　　　　　　　　　　　　　　　　　　　　　　　　福田　聖

ものが語る歴史シリーズ③
方形周溝墓の再発見

■著者略歴■
福田　聖（ふくだ　きよし）
1964年　福岡県に生まれる
1988年　早稲田大学第2文学部東洋文化専修卒業
現　在　㈶埼玉県埋蔵文化財調査事業団主任調査員
主要論文　「方形周溝墓の死者儀礼」(『関東の方形周溝墓』同成社)、
　　　　　「方形周溝墓と儀礼」(『埼玉考古学論集』)、「方形周溝
　　　　　墓と土器Ⅰ」(『研究紀要第11号』埼玉県埋蔵文化財調
　　　　　査事業団) ほか
現住所　〒362-0061 埼玉県上尾市藤波2-190

2000年7月10日

著　者　福　田　　聖

発行者　山　脇　洋　亮

印　刷　㈱深高社

　　　　㈱平河工業社

発行所　東京都千代田区飯田橋　㈱同成社
　　　　4-4-8 東京中央ビル内
　　　　ＴＥＬ 03-3239-1467　　振替00140-0-20618

Printed in Japan Dohsei Publishing Co.
ISBN4-88621-203-4 C3321